Diogenes Taschenbuch 250/24

D1667269

Friedrich Dürrenmatt

Werkausgabe in dreißig Bänden

Herausgegeben in Zusammenarbeit mit dem Autor

Band 24

Friedrich Dürrenmatt

Theater

*Essays, Gedichte
und Reden*

Diogenes

Umschlag: Detail aus ›Aussätzige Ophelia, schwanger‹ von
Friedrich Dürrenmatt.
Nachweis der einzelnen Texte am Schluß des Bandes.
Namenregister: Ueli Duttweiler.
Die Texte wurden für diese Ausgabe durchgesehen und
korrigiert. Redaktion: Thomas Bodmer.

Berechtigte Lizenzausgabe mit freundlicher Genehmigung
der Verlags AG ›Die Arche‹, Zürich
Alle Rechte an dieser Edition vorbehalten
Diogenes Verlag AG Zürich, 1980
120/80/8/1
ISBN 3 257 20855 3

Inhalt

Theater

Anhang

Theater

Dramaturgischer Rat

Verzapf keinen Tiefsinn
Füge dem Rätsel kein neues bei

Es liegt nicht im Wort
Schaff ein Gebilde

Drei Männer am Tisch
Was sie reden ist unwichtig

Sie wollen richtig handeln
Aber die Würfel sind gefallen

Wer den falschen Zug bestieg
Mag in ihm zurück rennen
Er erreicht doch, wohin er
   nicht wollte

Etwas über die Kunst,
Theaterstücke zu schreiben

1951

> *A Kennen Sie Ibsen?*
> *B Nein, wie macht man das?*

Die Ansicht, daß die Kunst jedem, der sich nur mit
genug Fleiß und Ausdauer hinter die lobenswerte Aufgabe setzt, sie zu produzieren, schließlich doch erlernbar
sei, scheint längst überwunden, doch findet sie sich offensichtlich noch in jenen Urteilen, die über die Kunst,
Theaterstücke zu schreiben, abgegeben werden. Diese
wird als etwas Handfestes angeschaut, als etwas durchaus
Biederes und Braves, schon deshalb besonders für Bür-
gerkunde und Patriotismus geeignet. So wird denn auch
das Verhältnis, das der Dramatiker mit seiner Kunst hat,
im Gegensatz zu dem der andern Künstler, als eine Ehe
betrachtet, in der alles durchaus legitim geschieht, gewissermaßen versehen mit den Sakramenten der Ästhetik.
Daher kommt es wohl auch, daß hier wie nirgends sonst
so oft die Kritik mit der besorgten Feststellung eingreift,
diese oder jene Regel sei nicht eingehalten worden, und
wie nirgends sonst von einem Handwerk spricht, das je
nach dem Fall beherrscht oder nicht beherrscht werde,
und überhaupt ganz unerträglich den sicheren Mann
spielt. Ebenso erstaunlich ist die Art, wie die Literaturwissenschaft das Drama behandelt, in den meisten Fällen
ungefähr als eine Kantate mit gesprochenen Worten –

oder wie wir dieses Unding bezeichnen wollen –, die in einem luftleeren Raum geschieht, was nun möglich macht, daß ein so schlecht schreibender Dramatiker wie etwa Hebbel ernster genommen wird als der in jeder Hinsicht und besonders auch im Dichterischen unendlich wichtigere Nestroy. Aber Hebbel samt seinem monströsen Gedankengebäude paßt nun eben einmal in das dramatische Schema von einer Musterehe, die man ständig einer Kunst zumutet, in der es in Hinblick auf die Mittel wie in keiner anderen wichtig ist, ein Don Juan zu sein.

Ich will hier nichts gegen den Fleiß und das Bestreben jener gesagt haben, die solid gebaute Stücke schreiben, obgleich es sicher kaum etwas Langweiligeres unter der Sonne gibt als ein zwar schlecht geschriebenes, aber solid gebautes Stück, ganz davon zu schweigen, daß es auch vollendet gebaute Stücke gibt, die gut geschrieben sind und dennoch langweilig wirken. Ich möchte hier nur mit allem Nachdruck bemerken, daß die Kunst, Theaterstücke zu schreiben, nicht unbedingt mit der Planung eines bestimmten Kindes anfängt, sondern entscheidend von der Möglichkeit entflammt wird, *mit* der Bühne zu dichten. Die grandiosen, wenn auch nüchternen Bauten klassischer Dramen mögen in diesen ersten Liebesstunden fern liegen, in denen es darum geht, erst einmal den Raum und die Zeit zu empfinden und die Abenteuer zu erfahren, die im *gesprochenen* Worte liegen. Das scheint mir doch auch beachtenswert zu sein. Vielleicht ist es, weil die Dramatik die sinnlichste Kunst ist, daß ihre wesentlichsten Gebiete kaum vorkommen in einer Ästhetik, in der notgedrungen alles auf eine Anatomie zielen muß. Diese ist dann, wenn es einmal ernst wird, wirklich ganz und gar nicht zu gebrauchen.

Ich möchte hier einschieben, daß ich seit jeher ein großes Mißtrauen gegen jene Dramatiker habe, von denen es heißt, sie stellten Menschen aus Fleisch und Blut auf die Bühne. Hauptmann ausgenommen, wenn auch bei ihm die Grenze gerade dort liegt, wo nun menschlicherweise das Blut und das Fleisch endlich einmal aufhören sollten. Es ist sehr eigentümlich, daß gerade schlechte Schriftsteller sich auf dieses Fleisch und Blut etwas zugute halten, das sie angeblich dichten; sie flüchten sich gleichsam in ein Gebiet, in welchem, wie man doch meinen möchte, vor allem der echte Dichter herrscht und wo sie nun um so leichter Gefahr laufen sollten, entlarvt zu werden. Was die Hasen jedoch vor den Kugeln der Jäger schützt, ist der blinde Glaube, daß alles, was sich in jenem Gestrüpp regt, in welchem man die Vitalität vermutet, gleich ein Löwe sei. Besonders in der deutschen Literatur, die hinter jedem klaren Verstand Papier, hinter jeder Sentimentalität Tiefe und hinter jedem Fluch gleich Kraft vermutet, ist das leicht möglich. Es wird leider nichts so sehr bewundert wie die Flucht in die Vitalität, und es scheint manchmal Mode zu werden, daß ein Dichter auch gleich ein Dummkopf sein muß. Alles Vitale hat einen so großen Kredit, auch wenn kein Hirn mehr dahintersteckt, daß schon der bloße Abklatsch davon angebetet wird, obgleich es doch schließlich die Ochsen sind und nicht die Denker, die uns zu Tode trampeln. Anderseits werden extreme Moralisten wie Wedekind oder Brecht, von denen ich eine hohe Meinung habe, als Nihilisten empfunden, und das ist lächerlich. Die Männer von echtem Schrot und Korn, zwar nicht sehr hell, aber gut, die zu Hauf durch die deutschen Dramen poltern und am Ende meistens die Welt nicht

mehr verstehen, sind mir immer unsympathisch vorgekommen. Auch habe ich oft tagelang über das Pech
nachdenken müssen, daß die interessanteste deutsche
Bühnenfigur gleich der Teufel ist.

Es ist natürlich zu bedenken, daß nicht nur die Leiden-
schaft, *mit* der Bühne zu dichten, zu dieser Kunst ver-
führt, sondern auch die nicht weniger große, *von* der
Bühne her zu dichten. Ich meine hier nicht nur das
Abenteuer, die Wahrheit zu sagen, sondern auch jenes,
Zuschauer zu haben.

Daß es ein Vergnügen gewährt, zu unterhalten und zu
erschüttern, wird kaum bestritten werden, hingegen wird
das Vergnügen, sein Publikum zu ärgern, merkwürdiger-
weise meistens von den Schriftstellern geleugnet, obgleich ich überzeugt bin, daß viele Theaterstücke nur zu
diesem Zweck geschrieben worden sind, und nicht die
schlechtesten.

Um nun auf die Form zurückzukommen, so ist schon
darum hier schwer eine Forderung zu stellen, weil es
offenbar nicht allein die Ästhetik ist, die eine Form
schafft; das Publikum spielt darin eine ebenso große
Rolle. Goethe muß schon eine sehr hohe Meinung vom
Weimarer Hof gehabt haben, als er die *Iphigenie* schrieb,
und nur die Verbindung mit der Religion macht die Form
der griechischen Tragiker möglich: Nicht einmal bei den
Kommunisten sind heute die Sprechchöre genießbar. Auf
diese Formen greift man denn heute überall da zurück,
wo eine Gemeinschaft vorhanden sein soll; doch Gutes
ist dabei noch nie herausgekommen. Ein Revolutionär
stellt sich dagegen ein anderes Publikum vor und greift zu
einer anderen Form; die *Räuber* lassen sich nicht mit
Jamben denken. Sich heute ein Publikum vorzustellen,

ist nicht eben leicht. Da dieses kaum sehr anders sein kann als die Welt, in der wir leben, so muß es sich denn schon aus diesem Grunde auf Verschiedenes gefaßt machen. Doch ist den Liebhabern der strengen Form doch noch eine Chance geblieben, die nämlich, daß eine geschlossene Form aus Kühnheit wieder erstrebt wird, weil es oft so ist, daß etwas, was einmal eine Formel war, auf einmal als ein Abenteuer wünschenswert erscheint, doch dies nicht mehr als Regel, sondern als eine Ausnahme.

Schriftstellerei und Bühne

1951

Wohl stets neigen einige Dramatiker dazu, die Bühne mit genauen Partiturvorschriften zu beherrschen. Die Vorstellung, die sie vom Theater haben, ist die einer Hierarchie. In ihr nimmt der Schriftsteller die oberste Stellung ein, der alles unterzuordnen ist. Eine solche Herrschaft kann rechtmäßig erworben sein. Es gibt schriftstellerische Päpste, die legitimerweise auf dem Thron der von der Zeit akzeptierten Dramatik sitzen. Sie erfinden nicht. Sie vollziehen die Dramatik wie ein Hofzeremoniell. Dann gibt es Ketzer, Vorsteher von Sekten. Ihnen ist die Dramatik eine kultische Handlung, die dramaturgischen Regeln heilige Gesetze; ein neues Weltbild, ein neues Zeitalter bricht an, das übrige ist profan, hoffnungslos veraltet, stinkt zum Himmel. Andere wieder nehmen ihren Platz als Usurpatoren ein, Dschingiskhane des Theaters, wie etwa Brecht, Gründer neuer Stile und leider auch Schulen. Doch gibt es auch immer wieder Autoren, die ihre Herrschaft nur beschränkt ausüben. Sie zweifeln, ob sich die Bühne überhaupt beherrschen lasse, begnügen sich, Theater zu ermöglichen, oft erstaunt und amüsiert, was sie alles anrichten, sei es bloß durch ein Mißverständnis. Zwar ist die Bühne auch bei diesen Schriftstellern das Material, mit dem und an dem sie arbeiten, doch als solches lebendig, eigenwillig, eigengesetzlich. Dann endlich einige wenige Dichter, denen weit ab vom Metier und außerhalb jeder Zunft gleich auf Anhieb, ohne Bühnenerfahrung, Theater glückt. Wie, begreift niemand.

Aber auch die Theater sind verschieden. Es ist nicht gleichgültig, ob der Schriftsteller einer kleinen Bühne oder einer großen, einem Repertoire- oder einem Ensuitetheater gegenübersteht, ob er mit einer Institution rechnen muß, die finanziell gesichert ist, oder mit einer, die Gefahr läuft, bei jedem Fehlschlag zu verschwinden, ob das Theater, an das er sich wendet, von der Willkür des Publikums abhängig ist oder ob es über dem Publikum steht, indem dieses durch Abonnemente bis zu einem gewissen Grade als ein sicherer Faktor eingesetzt werden kann (dies alles freilich nur vorsichtig gesprochen, denn welches Theater steht schon über dem Publikum). Gesetze zeichnen sich ab. So gibt es etwa für die kleinen, stets vom Ruin bedrohten Theater in Paris nur zwei Haltungen: Sie spielen auf Nummer Sicher oder wagen alles. In *En attendant Godot* oder in Ionesco spiegelt sich vielleicht mehr die wirtschaftliche und organisatorische Situation der Pariser Theater wider als die des geistigen Europa oder gar der Welt, wie man öfters und besonders natürlich in Deutschland meint. Dem gegenüber sind anderswo die subventionierten Theater oft weniger mutig, wie große Banken neigen sie zu gesicherten Geschäften, die auch den Ministerien und Verwaltungsräten einleuchten: zu den Klassikern und zu jenen der Heutigen, mit deren Erfolg sie rechnen können. Gerade die, welche es sich leisten könnten, etwas zu wagen, wagen meistens nichts. Daneben spielen natürlich noch andere Faktoren mit. Ein Theater muß sich über seine Fähigkeiten im klaren sein, seine Truppe berücksichtigen, politische und religiöse Rücksichten nehmen, an diesen und jenen Star denken, und schließlich hat der Intendant oder der Dramaturg seine Vorurteile.

Theater ist ein Resultat, die Begegnung des Schriftstellers mit der Bühne. Auf ihr muß die Arbeit des Dramatikers aufgehen. Die Bühne ›beweist‹ ein Theaterstück. Zwar ist der Beweis nicht unfehlbar. Wie der Dramatiker kann sich auch das Theater irren, und es ist oft nicht leicht, zu unterscheiden, ob nun eine Szene schlecht geschrieben oder schlecht gespielt wurde; wenn es wohl auch öfter, als es dem Schriftsteller lieb ist, vorkommt, daß eine schlecht geschriebene Szene eben auch gar nicht gut zu spielen ist. Natürlich können die Regie und die Schauspielkunst nachhelfen oder auch einiges verpatzen, doch ein Stück stimmt erst dann, wenn es auch schlechte Aufführungen aushält. Die Bühne ist immer die Lehrmeisterin des Autors, von ihr kann er immer lernen. Vor allem das Schwierigste: die Unterscheidung, was des Schriftstellers und was des Theaters ist. Wie oft müht sich der Autor am Schreibtisch mit einer Szene ab, die sich dann, kommt sie auf die Bühne, als so nebensächlich erweist, daß sie gestrichen werden kann. Ferner weist jedes Stück Möglichkeiten auf, die erst auf der Bühne sichtbar werden, Wirkungen, an die man nicht im Traume dachte. Anderes dagegen, von dem sich der Autor viel versprach, bleibt wirkungslos.

Dies ist nun freilich allgemein gesprochen, die Praxis kennt konkretere Sorgen. Besetzungs- und Textschwierigkeiten usw. Jede Bühne hat ihre besonderen Eigenheiten. So glaube ich kaum, daß es ein zweites Theater gibt, in welchem sich die Dramatik aller Zeiten besser widergespiegelt sieht als im Schauspielhaus Zürich, gezwungenermaßen, gilt es doch, jede Saison an die zwanzig Stücke herauszugeben, dazu Gastspiele anderer Bühnen. Es ist eine schnell atmende Bühne mit einem instruierten Weltkleinstädter Publikum, das freilich – etwas schwierig für einen Berner – mit Zürchern durchsetzt ist und von Aischylos bis Osborne alles kennt. Doch bedingen die vielen Premieren eine kurze Probenzeit. Perfektion ist unmöglich (beurteilt man die Aufführungen im ganzen und nicht im einzelnen). An ihre Stelle muß die Intensität treten. Daß das in den entscheidenden Aufführungen immer wieder geschah und geschieht, nur das macht den Ruhm dieser Bühne aus. Jede Premiere des Schauspielhauses kann nur durch einen besonderen Einsatz zu einem großen Abend werden, auch wenn allererste Kräfte vorhanden sind. Mit diesen Umständen muß deshalb der Autor auch rechnen. Es wird ihm auf dieser Bühne kaum gelingen, seinem Werk bei einer Uraufführung eine endgültige Bühnengestalt zu geben, vieles wird vorläufig bleiben müssen, doch sein Stück wird kaum eine bessere Feuerprobe durchmachen können. Das Schauspielhaus ist mit seinen Autoren strenger als andere Bühnen, es kann sich nicht leisten, seine Fehler zu retouchieren, denn es ist eine handelnde, nicht eine ausklügelnde Bühne, aber gerade wie der Schauspieler sich an diesem Ort nur dann behaupten kann, wenn er schauspielerische Substanz mitbringt, so auch der Schriftsteller. Das Zürcher Schauspielhaus ist gerade durch seine Unvollkommenheit ein vollkommenes Theater, und ich liebe es deshalb auch mehr als andere Häuser.

Anmerkung zur Komödie

1952

Es liegt mir daran, festzustellen, daß einer der wesentlichsten Unterschiede der Kunst des Aristophanes zu
jener etwa des Sophokles im Einfall liegt, der denn auch
eines der wichtigsten Merkmale der alten attischen Komödie ist. Ich will damit nicht sagen, die Tragödienschreiber der Antike hätten keine Einfälle gehabt, wie das
heute vorkommt, doch bestand ihre unerhörte Kunst
darin, keine nötig zu haben. Das ist ein Unterschied.

Eine Vorbedingung des Pathetisch-Dichterischen auf
der Bühne ist ein Stoff, der allgemein bekannt ist. Diese
merkwürdige Tatsache ist viel wichtiger, als man auf den
ersten Blick glauben möchte: der Aufführung jener Tragödie des *Agathon,* von der Aristoteles berichtet, ihr
Inhalt sei als erster erfunden gewesen, wollte ich nicht
unbedingt beigewohnt haben. Die *Braut von Messina* ist
darum Schillers zweifelhaftestes Werk, weil er sie erfand,
und auch Goethes ungleich dichterischere *Natürliche
Tochter* leidet sehr an diesem Umstand. Aristophanes
jedoch lebt vom Einfall, ist Einfall, insofern eine Merk-
würdigkeit unter den griechischen Künstlern. Seine Stoffe sind nicht Mythen wie jene der Tragiker, sondern
erfundene Handlungen, die sich nicht in der Vergangenheit, sondern in der Gegenwart abspielen. In den *Acharnern* schließt ein attischer Bauer mitten im Peloponnesi-
schen Krieg mit den Spartanern einen Privatfrieden, in

einer seiner andern Komödien errichten die Vögel zwischen Himmel und Erde ein Zwischenreich und zwingen so Menschen und Götter zur Kapitulation, im *Frieden* steigt man mit einem Riesenkäfer in den Himmel, um den Frieden, eine Hure, der Menschheit zurückzubringen, in der *Lysistrata* gelingt es den Frauen, durch ein simples, aber erfolgreiches Mittel den Krieg zwischen den griechischen Männern zu beenden. Das gemeinsame All dieser Vorgänge liegt durchaus im Einfall, darin, daß sie vom Einfall leben, nur durch den Einfall möglich sind. Es sind Einfälle, die in die Welt wie Geschosse einfallen (um ein Bild zu brauchen), welche, indem sie einen Trichter aufwerfen, die Gegenwart ins Komische umgestalten: mit dem Reich der Vögel ist das tollkühne Sizilienabenteuer des Alkibiades gemeint, an dem Athen zugrunde ging. Diese Komödien sind Eingriffe in die Wirklichkeit, denn die Personen, mit denen sie spielen und die sie auftreten lassen, sind keine abstrakten, vielmehr gerade die konkretesten, die Staatsmänner, Philosophen, Dichter und Feldherren der damaligen Zeit: Kolon, Demosthenes, Euripides, über den sich Aristophanes nicht beruhigen kann, den er in immer neuen unerhörten Situationen lächerlich macht. Sokrates schließlich muß als des Aristophanes Opfer angesehen werden: hier wirkte der gefährliche Spott seiner Komödie *Die Wolken* tödlich.

Ferner ist der Verdacht auszusprechen, daß der Gegensatz, in dem sich die alte attische Komödie (Aristophanes) zur neuen attischen Komödie (Menander) befindet, mehr sei als ein Familienzwist. Soweit die Akten einzusehen sind, besitzt die neue attische Komödie den zentralen, gewaltigen Einfall – diese Kraft, die Welt in eine Komödie zu verwandeln – nicht mehr. Sie ist nicht die

Komödie der Gesellschaft, sondern die Komödie in der Gesellschaft, nicht politisch, sondern unpolitisch. In ihren Mittelpunkt treten nicht mehr bestimmte Persönlichkeiten des täglichen Lebens, sondern bestimmte Typen: die Kupplerin, der dumme Bauer, die Witwe, der Geizige, der großsprecherische Soldat. Ihre Technik ist jener der Tragödie angenähert.

Die neue attische Komödie konnte Schule machen wie alles, was nicht vom Einfall abhängig ist. Ihre Stoffe wurden von Dichter zu Dichter übernommen. Nicht der Einfall wurde wichtig, sondern die Einfälle, die Pointen, oft nur noch die Kunst der Ausführung, die Fähigkeit zur Variation und, immer entscheidender, die Psychologie. Sie nahm ihren Weg über Menander, Plautus zu Molière und findet in ihm ihren absoluten Höhepunkt. Er ist denn auch nicht der witzigste, aber der präziseste Dichter, der vollendetste in der Beherrschung der Mittel. Die Franzosen spielen ihn den folgerichtig auch heute noch ganz von außen her, ohne daß seine Dämonie verloren ginge: nicht von innen her, wie wir dies im Deutschen tun müssen, wo wir ja seine Sprache, seine Präzision nicht haben. Derart hat sich die neue attische Komödie eine Dynastie errichtet, die noch heute vorhanden ist, die Dreieckskomödien des französischen Theaters stammen von ihr, Frys großartiges *Ein Phönix zuviel* ist einer ihrer letzten Triumphe. Daß noch Aristophanes in sie einmündete, beweist, wie notwendig ihr Kommen war, wie legitim ihr Siegeszug ist.

Der Weg der alten attischen Komödie ist schwerer aufzuzeigen und wohl mehr Sache der Kriminalisten der Literaturgeschichte als gerade meine. Auch kennen wir von den anderen Dichtern, die mit Aristophanes zur alten attischen Komödie gehörten, nur Bruchstücke. Sie ist ihrem Wesen nach zu grotesk und eigenwillig, als daß sie sich unbeschadet in andere Zeiten hätte hinüberretten können. Zu politisch, um nicht von der Politik abhängig zu sein, und zu derb, um ihren Platz in der Ästhetik einzunehmen, verschwand sie mit ihrem Höhepunkte von der Bühne. Daß die Kunst Gozzis, die Zauberpossen Raimunds, das Theater Nestroys viel von ihr haben (aber gerade so viel auch von der neuen attischen Komödie), gebe ich zu: doch sehe ich keinen großen Sinn darin, der naheliegenden Versuchung nachzugeben, nun die Welt der Komödie in einen alten attischen und in einen neuen attischen Kontinent einzuteilen: wesentliche Gebiete würden als Inseln dazwischen liegen und in einen sinnlosen Krieg verwickelt. In Shakespeares Komödien *Maß für Maß* und *Der Sturm* sehe ich vor allem gewaltige Neuschöpfungen dieser Gattung, wie auch in Kleists Komödien *Amphitryon* und *Der zerbrochene Krug*: das sind Gleichnisse der menschlichen Situation, Komödien als Ausdruck einer letzten geistigen Freiheit, gerade weil sie nicht Tragödien sind. Doch gibt es Nachfahren des Aristophanes, daran zweifle ich nicht. Bei den Deutschen Wedekind, Brecht und Karl Kraus, bei den Franzosen in vielem Giraudoux. Aristophanische Kunst kommt jedoch am reinsten in einer anderen Literaturgattung wieder zum Ausdruck: im *Gargantua* Rabelais' wird das Leben eines Riesen im damaligen Frankreich geschildert, bei Swift kommt Gulliver zuerst zu Zwergen, dann zu Riesen und strandet schließlich auf einer Insel, auf der die Pferde Verstand besitzen und die Menschen Tiere sind, Don Quijote, der Ritter von der traurigen Gestalt, glaubt an die Riesen und Feen seiner Bücher, und Gogols

Tschitschikow [*Die toten Seelen*] kauft tote Bauern ein. Die Ähnlichkeit all dieser Geschichten mit einer Fabel des Aristophanes fällt auf. Wie bei ihm wird durch einen Einfall die Wirklichkeit verändert, ins Groteske gehoben. Wie beim Griechen ist der Einfall die Explosion, die diese Weltgebäude bildet.

Aktuell wird jedoch Aristophanes erst durch die Frage nach der Distanz. Die Tragödien stellen uns eine Vergangenheit als gegenwärtig vor, überwinden Distanz, um uns zu erschüttern. Aristophanes, dieser große Meister der Komödie – warum sollte man nicht einmal von ihm her, von seiner Position Prinzipien der Dramatik folgern, was man von den Tragikern her schon längst getan hat –, Aristophanes geht den umgekehrten Weg. Da sich seine Komödien in der Gegenwart abspielen, schafft er Distanz, und ich glaube, daß das für eine Komödie wesentlich ist. Daraus wäre zu schließen, daß ein Zeitstück nur eine Komödie im Sinne des Aristophanes sein kann: der Distanz zuliebe, die nun einmal in ihm zu schaffen ist, denn einen anderen Sinn als diesen kann ich mir für ein Zeitstück gar nicht denken.

Es ist wichtig, einzusehen, daß es zwei Arten des Grotesken gibt: Groteskes einer Romantik zuliebe, das Furcht oder absonderliche Gefühle erwecken will (etwa indem es ein Gespenst erscheinen läßt), und Groteskes eben der Distanz zuliebe, die *nur* durch dieses Mittel zu schaffen ist. Es ist nicht zufällig, daß Aristophanes, Rabelais und Swift kraft des Grotesken ihre Handlungen *in* ihrer Zeit abspielen ließen, Zeitstücke schrieben, *ihre* Zeit meinten. Das Groteske ist eine äußerste Stilisierung, ein plötzliches Bildhaftmachen und gerade darum fähig, Zeitfragen, mehr noch, die Gegenwart aufzunehmen, ohne Tendenz oder Reportage zu sein. Ich könnte mir daher wohl eine schauerliche Groteske des Zweiten Weltkrieges denken, aber *noch* nicht eine Tragödie, da wir noch nicht die Distanz dazu haben können. Darum denn Don Quijote und Sancho Pansa, aber auch die *Vögel* des Aristophanes. Diese Kunst will nicht mitleiden wie die Tragödie, sie will darstellen. So sind die grotesken Reisen des Gulliver gleich einer Retorte, in der durch vier verschiedene Experimente die Schwächen und die Grenzen des Menschen aufgezeigt werden. Das Groteske ist eine der großen Möglichkeiten, genau zu sein. Es kann nicht geleugnet werden, daß diese Kunst die Grausamkeit der Objektivität besitzt, doch ist sie nicht die Kunst der Nihilisten, sondern weit eher der Moralisten, nicht die des Moders, sondern des Salzes. Sie ist eine Angelegenheit des Witzes und des scharfen Verstandes (darum verstand sich die Aufklärung darauf), nicht dessen, was das Publikum unter Humor versteht, einer bald sentimentalen, bald frivolen Gemütlichkeit. Sie ist unbequem, aber nötig ...

Die alte Wiener Volkskomödie

1953

Wer die alte Sage noch glaubt, es gebe im Deutschen nur drei Lustspiele, wird wohl etwas erstaunt den über tausend Seiten starken, reich illustrierten Band Otto Rommels betrachten, den der Verlag Anton Schroll in Wien herausgibt. Doch ist es klug vom Verfasser, gleich mit der mehr praktisch als theoretisch brauchbaren Unterscheidung zwischen »Literaturdrama« und »Spielstück« zu beginnen und die alte Wiener Volkskomödie dem Spielstück zuzuweisen, einer Gattung also, die durchaus der Bühne bedarf und durchaus für die Bühne geschrieben ist (was freilich das Literaturdrama auch sollte). So sind es denn vor allem Theaterstücke, die von Schauspielern geschrieben sind. Stranitzky, Kurz, Prehauser, Schikaneder, Raimund und Nestroy, um die Bekanntesten zu nennen (denen sich einige Literaten wie Hafner, Hensler, Kringsteiner, Gleich, Meisel, Bäuerle anschließen, Schriftsteller, von denen viele durch ihr erbärmliches Schicksal auffallen). Der Vorgang ist legitim.

Stranitzky, im Anfang des achtzehnten Jahrhunderts, baute sich als Hanswurst in die Staats- und Götteraktionen des Barocktheaters ein. Dieser Einbruch konnte nun immer mehr erweitert werden. Der Schauspieler weiß, was das Publikum will, und richtet sich nach dem Publikum, ein viel gesünderes Prinzip, als man dort glaubt, wo nur ›an sich‹ gedichtet wird. Raimund und Nestroy sind

große Theaterdichter, weil sie große Schauspieler waren;
ihr dramatischer Stil und ihre Schauspielkunst sind eins.
So stand der Schauspieler denn im Mittelpunkt. Komiker
wie Laroche, Hasenhut, Schuster trugen die Theater. Die
Komödie wurde zum Textbuch, zu einer Unterlage, von
der aus man seine Rolle frei gestaltete. Es galt, immer
neue Gestalten zu finden, in denen sich der Zuschauer
sehen konnte, nicht als Held – was ihm gar nicht immer
so angenehm ist, wie man glaubt –, sondern als eine Art
komische und kosmische Urmaterie, die zwar immer
Pech hat, aber immer gerade noch einmal davonkommt.
So entstanden der Bernardon, der Kasperl, Thaddädl,
Staberl, und endlich, nun nicht mehr als Typen, sondern
als Charaktere, die Gestalten Raimunds und Nestroys:
Valentin und Knieriem und wie sie sonst noch hießen. So
wurde das Publikum gewonnen, »Handwerker, kleine
Kaufleute, Arbeiter und Angestellte jeder Art«, daneben
aber auch »die Männer und Frauen des gebildeten Bürgertums«, und selten fehlten in den Logen die Vertreter
der »ersten Gesellschaft«, ja auch des regierenden Hauses. Das sind die Massen, die von den achtziger Jahren
des achtzehnten Jahrhunderts bis zu Nestroys Abgang
von der Bühne (1860) die Volkstheater in der Leopold-
stadt, an der Wien und in der Josefstadt füllen. Rommel
kommt auf achtzigtausend Spielabende: eine erstaunliche
Tatsache innerhalb einer Kultur, deren größter Dramatiker, Kleist, kein Publikum hatte. Otto Rommel weist
nach, daß sich die alte Wiener Volkskomödie aus dem
Barocktheater entwickelte, aus einem metaphysischen
Theater, bei dem der Himmel und die Hölle um den
Menschen kämpfen, Kämpfe, die eine immer raffiniertere
Maschinerie notwendig machten. Der Beweis überzeugt.

Die Freude an der Theaterei, an der Maschine, an der Verwandlung, Versenkung und was alles dazu gehört, ist der Volkskomödie geblieben. Die Bühne füllt sich mit Gespenstern, Räubern, Ungeheuern, mit Feen, Zauberern und verfolgten Jungfrauen. Schikaneder besonders scheint nicht die geringsten Hemmungen gehabt zu haben. Die Volkskomödie ist ebenso farbig wie phantastisch. Doch auch die formalen Möglichkeiten der Bühne werden ausgenützt, der Monolog neigt bei Nestroy dazu, eine Ansprache ans Publikum zu werden, das Chanson wurde ein fester Bestandteil jeder Komödie, und sogar die Simultanbühne kannte man. Doch bleibt es nicht bei diesen Äußerlichkeiten. Gerade in den Zauberstücken wird oft eine echte Bühnenpoesie erreicht, eine höhere Durchsichtigkeit der Dinge. Das Theater selbst wird Dichtung, das Requisit Poesie, die Verwandlung ein Weiterführen der Handlung auf einer höheren Ebene.

Durch den Andrang des Publikums wurde der Stoffhunger der Volkskomödie ungeheuerlich. Nestroy schrieb dreiundachtzig Stücke, Gleich gegen zweihundertzwanzig, vierzig bis fünfzig war der Durchschnitt, den »Dutzende von Theaterdichtern« erreichten. Nestroy selbst hat über achthundert Rollen gespielt. Carl, Nestroys Direktor, der die Volksdramatiker planmäßig ausbeutete, wurde Millionär. Neben den Zauber-, Besserungs- und Allegorienstücken gab es die echte Parodie: jedes Erfolgsstück der Literatur, jede Oper erschien noch einmal auf der Volksbühne, verwandelt und gleichzeitig kritisiert, und oft war die Parodie besser als das Parodierte. Das passierte keinem Geringeren als Hebbel: sein Holofernes kommt nicht an jenen Nestroys heran. Doch ist es falsch, nun die Wiener Volkskomödie nur grotesk zu sehen. Jedes Publikum will auch seine Probleme sehen, seine Sorgen, seine Schwierigkeiten, und so entstand bald das echte Volksstück, bildeten sich Lokalstücke, mit Dienstboten, vertrottelten Aristokraten, biederen Handwerkern, mit urwüchsigen Bauern aus dem Tirol, Neureichen und Kutschern. Wie bei Aristophanes die Athener, sahen sich die Wiener in der Komödie wieder.

Bleiben wir bei diesem Vergleich. Es ist möglich, die alte Wiener Volkskomödie mit dem Theater des elisabethanischen London oder mit jenem der Athener zu vergleichen, doch besitzt sie weder das Bewußtsein, eine Geschichte, einen Staat zu haben, das die Engländer auszeichnet, noch die Freiheit der Griechen, alles mit Namen zu nennen: sie zeichnet sich geradezu durch ihre Unpolitik aus. An Stelle der Könige und der Kardinäle sind Zauberer und Feen getreten, ein nicht unbedenklicher Zug. Als Gleich in seinem Volksstück *Der Pächter Valentin* schon vorsichtig an Stelle des Todes einen Vertreter des Todes auftreten ließ, verfügte die Zensur, auch um metaphysische Schicklichkeit bemüht, diesen in einen Vertreter Plutos umzuändern. Die Komödie der Wiener gibt vollendet eine Stadt wieder, doch nicht als ein politisches Gebilde, das Wien doch auch ist, als die Hauptstadt eines Kaiserreichs, sondern als ein Durcheinander von Kleinbürgern und Grafen, denen man nie eine politische Handlung zutraut. Die Regierung, die Kirche, das Kaiserhaus bleiben ausgeklammert, und an die Stelle der Politik tritt allzuoft eine verworrene Metaphysik; es ist nicht immer gut, wenn die Dichter gezwungen werden, tief zu sein. Hier mag einer der Gründe liegen, warum diese Komödie nie so recht über Wien hinausgreifen konnte, nicht allgemeiner Besitz des Abendlandes wurde.

Nur ein Werk verfiel diesem Schicksal nicht, weil es sich mit jenem Medium verband, in welchem Wien am größten ist, mit der Musik: Schikaneders *Zauberflöte,* zu der Mozart die Musik schrieb und deren sonderbare Handlung ihre Seltsamkeit verliert, wenn man sie von der Wiener Volkskomödie her sieht, wohin sie auch als eines ihrer typischen Stücke gehört.

Theaterprobleme

1954

In der Kunst, wie sie in diesen Tagen praktiziert wird,
fällt ein Zug nach Reinheit auf. Man ist um das rein
Dichterische bemüht, um das rein Lyrische, das rein
Epische, das rein Dramatische. Dem Maler ist das rein
Malerische, dem Musiker das rein Musikalische ein Ziel,
aufs innigste zu wünschen, und schon sagte mir ein
Rundfunkmann, das rein Funkische sei eine Synthese
zwischen Dionysos und Logos. Doch noch merkwürdiger ist in dieser Zeit, die sich doch sonst nicht durch
Reinheit auszeichnet, daß jeder seine besondere, einzig
richtige Reinheit gefunden zu haben glaubt; so viele
Kunstjungfrauen, so viele Arten an Keuschheit möchte
man meinen. So sind denn auch die Theorien über das
Theater, über das rein Theatralische, das rein Tragische,
das rein Komische, die modernen Dramaturgien wohl
kaum zu zählen, jeder Dramatiker hat deren drei, vier
bereit, und schon aus diesem Grunde bin ich etwas
verlegen, nun auch mit den meinen zu kommen.

Dann möchte ich bitten, in mir nicht einen Vertreter
einer bestimmten dramatischen Richtung, einer bestimmten dramatischen Technik zu erblicken oder gar zu glauben, ich stehe als ein Handlungsreisender irgendeiner der
auf den heutigen Theatern gängigen Weltanschauungen
vor der Tür, sei es als Existentialist, sei es als Nihilist,
als Expressionist oder als Ironiker, oder wie nun

auch immer das in die Kompottgläser der Literaturkritik Eingemachte etikettiert ist. Die Bühne stellt für mich nicht ein Feld für Theorien, Weltanschauungen und Aussagen, sondern ein Instrument dar, dessen Möglichkeiten ich zu kennen versuche, indem ich damit spiele. Natürlich kommen in meinen Stücken auch Personen vor, die einen Glauben oder eine Weltanschauung haben, lauter Dummköpfe darzustellen, finde ich nicht interessant, doch ist das Stück nicht um ihrer Aussage willen da, sondern die Aussagen sind da, weil es sich in meinen Stücken um Menschen handelt und das Denken, das Glauben, das Philosophieren auch ein wenig zur menschlichen Natur gehört. Die Probleme jedoch, denen ich als Dramatiker gegenüberstehe, sind arbeitspraktische Probleme, die sich mir nicht vor, sondern während der Arbeit stellen, ja, um genau zu sein, meistens nach der Arbeit, aus einer gewissen Neugier heraus, wie ich es denn eigentlich nun gemacht habe. Von diesen Problemen möchte ich etwas sagen, auch auf die Gefahr hin, daß der allgemeinen Sehnsucht nach Tiefe nicht genügend Rechnung getragen und der Eindruck erweckt wird, man höre einen Schneider sprechen. Ich habe freilich keine Ahnung, wie ich es anders machen könnte, wie man es anstellen müßte, unschneiderisch über die Kunst zu reden, und so kann ich nur zu jenen reden, die bei Heidegger einschlafen.

Es geht um die empirischen Regeln, um die Möglichkeiten des Theaters, doch da wir in einer Zeit leben, in der die Literaturwissenschaft, die Literaturkritik blüht, kann ich der Versuchung nicht ganz widerstehen, einige Seitenblicke auf die theoretische Dramaturgie zu werfen. Zwar braucht der Künstler die Wissenschaft nicht. Die

Wissenschaft leitet ihre Gesetze von etwas Vorhandenem ab, sonst wäre sie nicht Wissenschaft, die so gefundenen Gesetze sind jedoch für den Künstler wertlos, auch wenn sie stimmen. Er kann kein Gesetz übernehmen, das er nicht gefunden hat, findet er keines, kann ihm auch die Wissenschaft nicht helfen, wenn sie ein solches fand, und hat er eines gefunden, so ist es ihm gleichgültig, ob es nun auch von der Wissenschaft gefunden worden sei oder nicht. Doch steht die verleugnete Wissenschaft wie ein drohendes Gespenst hinter ihm, um sich immer dann einzustellen, wenn er über Kunst reden will. So auch hier. Über Fragen des Dramas zu reden ist nun einmal ein Versuch, sich mit der Literaturwissenschaft zu messen. Doch beginne ich mein Unternehmen mit Bedenken. Für die Literaturwissenschaft ist das Drama ein Objekt; für den Dramatiker nie etwas rein Objektives, von ihm Abgelöstes. Er ist beteiligt. Seine Tätigkeit macht zwar das Drama zu etwas Objektivem (was eben sein Arbeiten darstellt), doch zerstört er sich dieses geschaffene Objekt wieder, er vergißt, verleugnet, verachtet, überschätzt es, um Neuem Platz zu machen. Die Wissenschaft sieht allein das Resultat: Den Prozeß, der zu diesem Resultat führte, kann der Dramatiker nicht vergessen. Sein Reden ist mit Vorsicht aufzunehmen. Sein Denken über seine Kunst wandelt sich, da er diese Kunst macht, ständig, ist der Stimmung, dem Moment unterworfen. Nur das zählt für ihn, was er gerade treibt, dem zuliebe er verraten kann, was er vorher trieb. So sollte er nicht reden, doch redet er einmal, ist es gar nicht so unnütz, ihn zu vernehmen. Eine Literaturwissenschaft ohne Ahnung von den Schwierigkeiten des Schreibens und von den versteckten Riffen (die den Strom der Kunst in oft unver-

mutete Richtungen lenken) läuft Gefahr, zu einem bloßen Behaupten, zu einer sturen Verkündigung von Gesetzen zu werden, die keine sind.

So ist es etwa zweifellos, daß die Einheit des Ortes, der
Zeit und der Handlung, die Aristoteles, wie man lange
meinte, aus der antiken Tragödie folgerte, als Ideal einer
Theaterhandlung gefordert ist. Dieser Satz ist vom logischen und demnach ästhetischen Standpunkte aus unanfechtbar, so unanfechtbar, daß sich die Frage stellt, ob
damit nicht ein für allemal das Koordinatensystem gegeben sei, nach welchem sich jeder Dramatiker richten
müßte. Die Einheit des Aristoteles ist die Forderung nach
größter Präzision, größter Dichte und größter Einfach-
heit der dramatischen Mittel. Die Einheit des Ortes, der
Zeit und der Handlung wäre im Grunde ein Imperativ,
den die Literaturwissenschaft dem Dramatiker stellen
müßte und den sie nur deshalb nicht stellt, weil das
Gesetz des Aristoteles seit Jahr und Tag niemand befolgt;
aus einer Notwendigkeit heraus, die am besten das Verhältnis zwischen der Kunst, Theaterstücke zu schreiben,
und den Theorien darüber illustriert.

Die Einheit des Ortes, der Zeit und der Handlung
nämlich setzt der Hauptsache nach die griechische Tragödie als Bedingung voraus. Nicht die Einheit des Aristoteles macht die griechische Tragödie möglich, sondern die
griechische Tragödie die Einheit des Aristoteles. So abstrakt eine ästhetische Regel auch zu sein scheint, so ist
doch das Kunstwerk, aus dem sie gefolgert wurde, in ihr
enthalten. Wenn ich mich anschicke, eine Handlung zu
schreiben, die sich, sagen wir, innerhalb zweier Stunden
am selben Ort entwickeln und abspielen soll, so muß
diese Handlung eine Vorgeschichte haben, und diese

Vorgeschichte wird um so größer sein müssen, je weniger Personen mir zur Verfügung stehen. Das ist eine Erfahrung der praktischen Dramaturgie, eine empirische Regel. Unter einer Vorgeschichte verstehe ich die Geschichte vor der Handlung auf der Bühne, eine Geschichte, die erst die Bühnenhandlung möglich macht. Die Vorgeschichte des Hamlet etwa ist die Ermordung seines Vaters, das Drama dann die Aufdeckung dieses Mordes. Auch ist die Bühnenhandlung in der Regel kürzer als das Geschehen, das sie schildert, sie setzt oft mitten im Geschehen ein, oft erst gegen den Schluß: Ödipus muß zuerst seinen Vater getötet und seine Mutter geheiratet haben, Handlungen, die eine gewisse Zeit benötigen, bevor das Theaterstück des Sophokles einsetzen kann. Die Bühnenhandlung konzentriert ein Geschehen, je mehr sie der Einheit des Aristoteles entspricht: um so wichtiger wird daher die Vorgeschichte, hält man an der Einheit des Aristoteles fest.

Nun kann natürlich eine Vorgeschichte und damit eine Handlung erfunden werden, die für die Einheit des Aristoteles besonders günstig zu sein scheint, doch gilt hier die Regel, daß, je erfundener oder je unbekannter dem Publikum ein Stoff ist, um so sorgfältiger seine Exposition sein muß, die Entwicklung seiner Vorgeschichte. Die griechische Tragödie nun lebt von der Möglichkeit, die Vorgeschichte nicht erfinden zu müssen, sondern zu besitzen: die Zuschauer kannten die Mythen, von denen das Theater handelte, und weil diese Mythen allgemein waren, etwas Vorhandenes, etwas Religiöses, wurden auch die nie wieder erreichten Kühnheiten der griechischen Tragiker möglich, ihre Abkürzungen, ihre Gradlinigkeit, ihre Stichomythien und ihre Chöre und somit auch die Einheit des Aristoteles. Das Publikum wußte, worum es ging, war nicht so sehr auf den Stoff neugierig als auf die Behandlung des Stoffs. Da die Einheit die Allgemeinheit des Stoffs voraussetzt – eine geniale Ausnahme ist etwa der *Zerbrochene Krug* von Kleist – und damit das religiöse, mythische Theater, mußte eben, sobald das Theater die religiöse, mythische Bedeutung verlor, die Einheit des Aristoteles umgedeutet oder fallen gelassen werden. Ein Publikum, das sich einem fremden Stoff gegenüber sieht, achtet mehr auf den Stoff als auf die Behandlung des Stoffs, notwendigerweise muß deshalb ein solches Theaterstück reicher, ausführlicher sein als eines mit bekannter Handlung. Die Kühnheiten des einen sind nicht die Kühnheiten des andern. Jede Kunst nützt nur die Chancen ihrer Zeit aus, und eine chancenlose Zeit wird es nicht so leicht geben. Wie jede Kunst ist das Drama eine gestaltete Welt, doch kann nicht jede Welt gleich gestaltet werden, die natürliche Begrenzung jeder ästhetischen Regel, auch wenn diese noch so einleuchtend ist. Doch ist damit die Einheit des Aristoteles nicht veraltet: was einmal eine Regel war, wird nun eine Ausnahme, ein Fall, der immer wieder eintreten kann. Auch der Einakter gehorcht ihr, wenn auch unter einer anderen Bedingung. An Stelle der Vorgeschichte dominiert die Situation, wodurch die Einheit wieder möglich wird.

Was aber von der Dramaturgie des Aristoteles gilt, ihre Gebundenheit an eine bestimmte Welt und ihre nur relative Gültigkeit, gilt auch von jeder anderen Dramaturgie. Brecht ist nur konsequent, wenn er in seine Dramaturgie jene Weltanschauung einbaut, der er, wie er meint, angehört, die kommunistische, wobei sich dieser Dichter freilich ins eigene Fleisch schneidet. So scheinen seine Dramen manchmal das Gegenteil von dem auszusagen, was sie auszusagen behaupten, doch kann dieses Mißverständnis nicht immer dem kapitalistischen Publikum zugeschoben werden, oft ist es einfach so, daß der Dichter Brecht dem Dramaturgen Brecht durchbrennt, ein durchaus legitimer Vorfall, der nur dann bedrohlich wird, wenn er nicht mehr stattfindet.

Reden wir hier deutlich. Wenn ich das Publikum als einen Faktor eingeführt habe, so mag das viele befremden; doch wie ein Theater ohne Publikum nicht möglich ist, so ist es auch sinnlos, ein Theaterstück als eine Art Ode mit verteilten Rollen im luftleeren Raum anzusehen und zu behandeln. Ein Theaterstück wird durch das Theater, in dem man es spielt, etwas Sichtbares, Hörbares, Greifbares, damit aber auch Unmittelbares. Diese seine Unmittelbarkeit ist eine seiner wichtigsten Bestimmungen, eine Tatsache, die in jenen heiligen Hallen, in denen ein Theaterstück von Hofmannsthal mehr gilt als eines von Nestroy und ein Richard Strauß mehr denn ein Offenbach, oft übersehen wird. Ein Theaterstück ereignet sich. In der Dramatik muß alles ins Unmittelbare, ins Sichtbare, ins Sinnliche gewandt, verwandelt werden, mit dem Zusatz, der heute offenbar berechtigt ist, daß sich nicht alles ins Unmittelbare, ins Sinnliche übersetzen läßt, zum Beispiel nicht Kafka, der denn auch eigentlich nicht auf die Bühne gehört. Das Brot, das einem da vorgesetzt wird, ist keine Nahrung, es bleibt unverdaut in den unverwüstlichen Mägen der Theaterbesucher und Abonnenten liegen. Doch halten zum Glück viele den inneren Druck, den es so ausübt, nicht für Leibschmerzen, sondern für den Alpdruck, der von Kafkas richtigen Werken ausgeht, und so kommt die Sache durch ein Mißverständnis wieder in Ordnung.

Die Unmittelbarkeit, die jedes Theaterstück anstrebt, die Sichtbarkeit, in die es sich verwandeln will, setzt das Publikum, das Theater, die Bühne voraus. So tun wir gut daran, auch das Theater in Augenschein zu nehmen, für das man schreiben muß. Wir kennen alle diese defizitbelasteten Institutionen. Sie sind, wie viele Einrichtungen heutzutage, nur noch ideell zu rechtfertigen: eigentlich gar nicht mehr. Ihre Architektur, ihr Theaterraum und ihre Bühne, hat sich aus dem Hoftheater entwickelt oder, wie wir besser sagen, ist darin stecken geblieben. Das heutige Theater ist schon aus diesem Grunde kein heutiges Theater. Im Gegensatz zur primitiven Bretterbühne der Shakespearezeit etwa, zu diesem »Gerüste«, um mit Goethe zu reden, »wo man wenig sah, wo alles nur bedeutete«, war das Hoftheater darauf bedacht, der Natürlichkeitsforderung nachzugeben, obgleich so eine viel größere Unnatürlichkeit erreicht wurde. Man war nicht mehr bereit, hinter einem »grünen Vorhang« das Zimmer des Königs anzunehmen, sondern ging daran, das Zimmer nun auch zu zeigen. Das Merkmal dieses Theaters ist die Tendenz, das Publikum und die Bühne zu trennen, durch den Vorhang und dadurch, daß die Zuschauer im Dunkeln einer beleuchteten Bühne gegenüber sitzen, die wohl verhängnisvollste Neuerung, wurde doch so erst die weihevolle Stimmung möglich, in der unsere Theater ersticken. Die Bühne wurde zu einem Guckkasten. Man erfand eine immer bessere Beleuchtung, die Drehbühne – und der drehbare Zuschauerraum soll auch schon erfunden worden sein. Die Höfe gingen, doch das Hoftheater blieb. Zwar fand auch die heutige Zeit ihre eigene Theaterform, den Film. Wie sehr man auch die Unterschiede betont und wie wichtig es auch ist, sie zu betonen, so muß doch darauf hingewiesen werden, daß der Film aus dem Theater hervorgegangen ist und gerade das kann, was sich das Hoftheater mit seinen Maschinerien, Drehbühnen und anderen Effekten erträumte: die Wirklichkeit vortäuschen.

Der Film ist nichts anderes als die demokratische Form des Hoftheaters. Er steigert die Intimität ins Unermeßliche, so sehr, daß er Gefahr läuft, die eigentlich pornographische Kunst zu werden, die den Zuschauer in die Situation des Voyeurs zwingt, und die Beliebtheit der Filmstars liegt nur darin, daß jeder, der sie auf der Leinwand sah, auch das Gefühl hat, schon mit ihnen geschlafen zu haben, so gut werden sie photographiert. Eine Großaufnahme ist an sich unanständig.

Was ist nun aber das heutige Theater? Wenn der Film die moderne Form des alten Hoftheaters sein soll, was ist es denn noch? Es ist heute weitgehend ein Museum geworden, das kann nicht verschwiegen werden, in welchem die Kunstschätze alter Theaterepochen gezeigt werden. Dem ist in keiner Weise abzuhelfen. Es ist dies in unserer rückwärtsgewendeten Zeit, die alles zu besitzen scheint außer einer Gegenwart, nur natürlich. Zu Goethes Zeiten spielte man weniger die Alten, hin und wieder einen Schiller und zur Hauptsache Kotzebue und wie sie alle hießen. Es mag hier ausdrücklich auf die Tatsache hingewiesen sein, daß der Film dem Theater die Kotzebue und die Birch-Pfeiffer wegnimmt. Es wäre nicht auszudenken, was man heute auf den Theatern spielen müßte, wenn der Film nicht erfunden wäre und die Filmautoren Theaterstücke schrieben.

Wenn das heutige Theater zum Teil ein Museum ist, so hat das für die Schauspieler, die sich darin beschäftigen, eine bestimmte Auswirkung. Sie sind Beamte geworden, oft pensionsberechtigt, soweit die Filmarbeit sie noch theaterspielen läßt, wie ja überhaupt der einst verachtete Stand, menschlich erfreulich, künstlerisch bedenklich, schon längst ins Bürgertum übergesiedelt ist und heute in der Rangordnung etwa zwischen den Ärzten und den kleinen Großindustriellen liegt; innerhalb der Kunst nur noch von den Nobelpreisträgern, Pianisten und Dirigenten übertroffen. Manche sind eine Art Gastprofessoren oder Privatgelehrte, die der Reihe nach in den Museen auftreten oder Ausstellungen arrangieren. Danach richtet sich auch der Betrieb, der seinen Spielplan immer mehr nach den Gästen richtet: Was spielt man, wenn die oder jene Kapazität auf dem oder jenem Gebiet zu der oder jener Zeit zur Verfügung steht? Ferner sind die Schauspieler gezwungen, sich in den verschiedenen Stilarten zu bewegen, bald im Barock, bald in der Klassik, bald im Naturalismus und morgen bei Claudel, was etwa ein Schauspieler zur Zeit Molières nicht nötig hatte. Der Regisseur ist wichtig, beherrschend geworden wie noch nie, entsprechend dem Dirigenten in der Musik. Die Forderung nach richtiger Interpretation der historischen Werke stellt sich, sollte sich stellen, doch ist man auf den Theatern noch nicht zur Werktreue vorgestoßen, die einigen Dirigenten selbstverständlich ist. Man interpretiert nicht immer, sondern exekutiert allzu oft die Klassiker, der fallende Vorhang deckt einen verstümmelten

Leichnam. Doch ohne Gefahr, denn stets stellt sich auch die rettende Konvention ein, die alles Klassische als vollendet hinnimmt, als eine Art Goldwährung in der Kultur, und die aus der Meinung besteht, daß alles Gold sei, was da in Dünndruckausgaben glänzt. Das Publikum strömt zu den Klassikern, ob sie nun gut oder schlecht gespielt werden, der Beifall ist gewiß, ja, Pflicht des Gebildeten, und man ist auf eine legitime Weise der Nötigung enthoben, nachzudenken und ein anderes Urteil zu fällen als das, welches die Schule einem einpaukte.

Doch gerade die vielen Stilarten, die das heutige Theater zu bewältigen hat, weisen ein Gutes auf. Dieses Gute erscheint zuerst als etwas Negatives. Jede große Theaterepoche war möglich, weil eine bestimmte Theaterform gefunden worden war, ein bestimmter Theaterstil, in welchem und durch welchen man Theaterstücke schrieb. Dies läßt sich bei der englischen, der spanischen Bühne verfolgen, oder beim Wiener Volkstheater, bei dieser wundervollsten Erscheinung im Theaterwesen deutscher Zunge. Nur so läßt sich etwa die große Zahl der Theaterstücke erklären, die Lope de Vega schreiben konnte. Stilistisch war ihm das Theaterstück kein Problem. In dem Maße aber, wie es einen einheitlichen Theaterstil nicht mehr gibt, nicht mehr geben kann, in dem Maße wird das Theaterschreiben ein Problem und damit schwieriger. So ist denn das heutige Theater zweierlei, einerseits ein Museum, anderseits aber ein Feld für Experimente, so sehr, daß jedes Theaterstück den Autor vor neue Aufgaben, vor neue Stilfragen stellt. Stil ist heute nicht mehr etwas Allgemeines, sondern etwas Persönliches, ja, eine Entscheidung von Fall zu Fall geworden. Es gibt keinen Stil mehr, sondern nur noch Stile, ein Satz,

der die Situation der heutigen Kunst überhaupt kenn-
zeichnet, denn sie besteht aus Experimenten und nichts
anderem, wie die heutige Welt selbst.

Gibt es nur noch Stile, gibt es nur noch Dramaturgien
und keine Dramaturgie mehr: die Dramaturgie Brechts,
die Dramaturgie Eliots, jene Claudels, jene Frischs, jene
Hochwälders, eine Dramaturgie von Fall zu Fall: Dennoch ist eine Dramaturgie vielleicht denkbar, eine Dramaturgie aller möglichen Fälle eben, so wie es eine Geo-
metrie gibt, die alle möglichen Dimensionen einschließt.
Die Dramaturgie des Aristoteles wäre in dieser Dramaturgie nur eine der möglichen Dramaturgien. Von einer
Dramaturgie wäre zu reden, welche die Möglichkeiten
nicht einer bestimmten Bühne, sondern *der* Bühne untersuchen müßte, von einer Dramaturgie des Experiments.

Was läßt sich endlich über die Besucher sagen, ohne die
kein Theater möglich ist, wie wir ausführten? Sie sind
anonym geworden, nur noch Publikum eben, eine
schlimmere Angelegenheit, als es wohl auf den ersten
Blick scheinen mag. Der moderne Autor kennt kein
bestimmtes Publikum mehr, will er nicht für die Dorf-
theater schreiben oder für Caux, was doch auch kein
Vergnügen wäre. Er fingiert sein Publikum, in Wahrheit
ist er es selber, eine gefährliche Situation, die weder zu
ändern noch zu umgehen ist. Das Zweifelhafte, Abge-
nutzte, für politische Zwecke zu Mißbrauchende, das
sich heute an die Begriffe ›Volk‹ und ›Gesellschaft‹ heftet
– von der ›Gemeinschaft‹ gar nicht zu reden –, hat sich
notgedrungen auch ins Theater geschlichen. Wie setzt er
nun die Pointen? Wie findet er nun die Stoffe, wie die
Lösungen? Fragen, auf die wir vielleicht eine Antwort

finden, wenn wir uns über die Möglichkeiten etwas im klaren sind, die das Theater immer noch bietet.

Wenn ich es unternehme, ein Theaterstück zu schreiben, so ist der erste Schritt, daß ich mir klar mache, wo denn dieses Theaterstück zu spielen habe. Das scheint auf den ersten Blick keine wichtige Frage zu sein. Ein Theaterstück spielt in London oder in Berlin, in einem Hochgebirge, in einem Spital oder auf einem Schlachtfeld, wie dies nun eben die Handlung verlangt. Doch stimmt das nicht ganz. Ein Theaterstück spielt auf der Bühne, die London oder das Hochgebirge oder ein Schlachtfeld darstellen muß. Das ist ein Unterschied, den man nicht zu machen braucht, aber machen kann. Es kommt darauf an, wie sehr der Autor die Bühne mit einbezieht, wie sehr er die Illusion will, ohne die kein Theater auskommt, ob dick aufgetragen, wie Farbberge auf eine Leinwand gehäuft, oder nur durchsichtig, durchscheinend, brüchig. Den dramatischen Ort kann ein Theaterschriftsteller blutig ernst nehmen, als Madrid, als das Rütli, als die russische Steppe, oder nur als Bühne, als die Welt oder als seine Welt.

Der Ort, den die Bühne darzustellen hat, ist die Aufgabe des Bühnenmalers. Nun ist die Bühnenmalerei schließlich auch eine Art Malerei, und die Entwicklung, die in der Malerei stattgefunden hat, kann an ihr nicht vorübergegangen sein. Wenn auch das abstrakte Bühnenbild im wesentlichen gescheitert ist, weil das Theater nie abstrahieren kann vom Menschen und von der Sprache, die abstrakt und konkret zugleich ist, und weil das Bühnenbild ja stets etwas Konkretes darstellen muß, auch wenn es sich noch so abstrakt gebärdet, will es einen

Sinn haben, so ist man doch wieder zurück zum grünen Vorhang gegangen, hinter dem der Zuschauer das Zimmer des Königs anzunehmen hat. Man erinnerte sich der Tatsache, daß der dramatische Ort auf der Bühne nicht vorhanden ist, und wäre das Bühnenbild noch so ausführlich, noch so täuschend, sondern durch das Spiel entstehen muß. Ein Wort, wir sind in Venedig, ein Wort, wir sind im Tower. Die Phantasie des Zuschauers braucht nur leichte Unterstützung. Das Bühnenbild will andeuten, bedeuten, verdichten, nicht schildern. Es ist transparent geworden, entstofflicht. Entstofflicht kann jedoch auch der Ort des Dramas werden, den die Bühne darstellen soll. Die beiden Theaterstücke der letzten Jahre, die am deutlichsten die Möglichkeit illustrieren, die ich Entstofflichung des Bühnenbildes und Entstofflichung des dramatischen Orts nennen will, sind Wilders *Kleine Stadt* und *Wir sind noch einmal davongekommen*. Die Entstofflichung der Bühne in der *Kleinen Stadt* ist diese: Sie ist leer, nur die Gegenstände stehen da, die man zur Probe benötigt, Stühle, Tische, Leitern usw., und aus diesen Alltagsgegenständen entsteht der Ort, der dramatische Ort, die kleine Stadt, allein durch das Wort, durch das Spiel, das die Phantasie des Zuschauers erweckt. Im andern Stück dieses großen Theaterfanatikers ist der dramatische Ort entstofflicht: wo nun eigentlich das Haus der Familie Anthropus steht, in welcher Zeit und in welchem Stand der Zivilisation, wird nie recht ersichtlich, bald befinden wir uns in der Eiszeit, bald in einem Weltkrieg. Überhaupt ist dieses Experiment in der modernen Bühnenliteratur oft anzutreffen: unbestimmt ist es etwa, wo sich bei Frisch der unheimliche Graf Öderland befindet; wo man Herrn Godot erwartet, weiß kein Mensch, und in der *Ehe des Herrn Mississippi* habe ich die Unbestimmtheit des Ortes damit ausgedrückt (um das Stück in den Witz, in die Komödie hinein zu hängen), daß man durch das eine Fenster des selben Raums eine nördliche Landschaft mit einer gotischen Kathedrale und einem Apfelbaum erblickt, durch das andere eine südliche, eine antike Ruine, etwas Meer und eine Zypresse. Entscheidend dabei ist, daß *mit* der Bühne gedichtet wird, um Max Frisch zu zitieren, eine Möglichkeit, die mich seit jeher beschäftigt und die einer der Gründe, wenn nicht der Hauptgrund ist, warum ich Theaterstücke schreibe. Man hat ja jederzeit nicht nur auf, sondern mit der Bühne gedichtet, ich denke etwa an die Komödien des Aristophanes oder an die Lustspiele Nestroys.

Doch dies nur nebenbei. Wie sehen nun die einzelnen Probleme aus, denen zum Beispiel ich mich gegenüberfand, um einen Autor zu nennen, den ich einigermaßen kenne, wenn auch nicht ganz überblicke? Im *Blinden* ging es mir darum, dem dramatischen Ort das Wort entgegenzustellen, das Wort gegen das Bild zu richten. Der blinde Herzog glaubt, er lebe in seinem unzerstörten Schloß, und lebt in einer Ruine, er wähnt, sich vor Wallenstein zu demütigen, und sinkt vor einem Neger nieder. Der dramatische Ort ist der gleiche, aber durch das Spiel, das man dem Blinden vorspielt, wird er ein Doppeltes, ein Ort, den der Zuschauer sieht, und ein Ort, an welchem sich der Blinde glaubt. Und wenn ich in meiner Komödie *Ein Engel kommt nach Babylon* als dramatischen Ort die Stadt des Turmbaus wählte, so habe ich im wesentlichen zwei Probleme lösen müssen: Erstens mußte mit der Bühne zum Ausdruck kommen, daß es in dieser Komödie zwei Orte gibt: den Himmel und die Stadt Babylon. Der Himmel als der geheimnisvolle Ausgangspunkt der Handlung und Babylon als der Ort, wo sich die Handlung abspielt.

Nun, den Himmel könnte man einfach mit einem dunklen Hintergrund wiedergeben, als eine Ahnung seiner Unendlichkeit, doch da es mir in meiner Komödie darum geht, den Himmel nicht so sehr als einen Ort des Unendlichen, sondern des Unbegreiflichen, des ganz anderen einzusetzen, schreibe ich vor, daß den Hintergrund der Bühne, den Himmel über der Stadt Babylon, ein Riesenbild des Andromedanebels einnehmen müsse, wie wir es in dem Spiegel des Mount Palomar sehen. Damit versuche ich zu erreichen, daß der Himmel, das Unbegreifliche, Unerforschliche, auf der Bühne Gestalt annimmt, Theatergestalt. Auch wird damit das Heranrücken des Himmels gegen die Erde hin deutlich, ein Heranrücken, welches in der Handlung in der Weise zum Ausdruck kommt, daß eben ein Engel Babylon besucht. Auch wird so eine Welt konstruiert, in der das Resultat der Handlung, der Turmbau zu Babel, möglich wird.

Zweitens war zu überlegen, wie nun etwa der Ort, in welchem das Stück spielt, Babylon, durch die Bühne dargestellt werden kann. Was mich an Babylon reizte, war das Heutige, das Zyklopische dieser Stadt, als eine Art New York mit Wolkenkratzern und Elendsvierteln, wobei dadurch, daß sich die beiden ersten Akte am Euphratquai abspielen, Paris hineinkommt: Babylon steht für Großstadt überhaupt. Es ist ein Phantasiebabylon, das einige typisch babylonische Züge aufweisen muß, doch in einer ins Moderne parodierten Form, ebenso moderne Züge, wie etwa eine Straßenlaterne, auf babylonisch parodiert. Natürlich ist die Ausführung, der Bau dieser Bühne, Sache des Bühnenmalers, doch muß sich der Dramatiker überlegen, was für eine Bühne er will.

Ich liebe das farbige Bühnenbild, das farbige Theater, die Bühne Teo Ottos, um einen Namen mit Verehrung auszusprechen. Mit dem Theater vor schwarzen Vorhängen, wie es einmal Mode war, oder mit dem Hang, Armut auszustrahlen, dem einige Bühnenmaler nachgeben, kann ich nicht viel anfangen. Gewiß, auf dem Theater ist vor allem das Wort wichtig, aber eben: vor allem. Nach dem Wort kommt noch vieles, was auch zum Theater gehört, auch der Übermut, und wenn einer zu meinem *Mississippi* tiefsinnig fragte, ob denn eigentlich ein vierdimensionales Theater möglich sei, weil darin eine Person durch eine Standuhr die Bühne betritt, so muß ich dazu bemerken, daß ich dabei nicht an Einstein gedacht habe. Es wäre mir im täglichen Leben oft ein Vergnügen, eine Gesellschaft zu besuchen und bei dieser Gelegenheit zum Erstaunen der Anwesenden durch eine Standuhr ins Zimmer zu treten oder durchs Fenster zu schweben. Daß wir Bühnenautoren es manchmal lieben, solchen Wünschen wenigstens auf dem Theater nachzugeben, wo sie nun eben möglich sind, darf uns gewiß niemand verwehren. Der alte Streit, was vorher gewesen sei, das Ei oder das Huhn, kann in der Kunst dahin abgewandelt werden, ob das Ei oder das Huhn darzustellen sei, die Welt als Potential oder als Reichtum. Die Künstler wären dann in solche einzuteilen, die zum Ei, und in solche, die zum Huhne hin tendieren. Der Streit besteht, und wenn Alfred Polgar zu mir einmal bemerkte, es sei doch merkwürdig, daß, während die heutige angelsächsische Dramatik alles im Dialog zur Darstellung bringe, bei mir immer viel zu viel auf der Bühne geschehe, und er sähe einmal gern einen einfachen Dürrenmatt, so steckt hinter dieser Wahrheit nur meine Weigerung, das Ei über das Huhn zu stellen, und mein Vorurteil, das Huhn mehr als das Ei zu lieben. Es ist meine nicht immer glückliche Leidenschaft, auf dem Theater den Reichtum, die Vielfalt der Welt darstellen zu wollen. So wird mein Theater oft vieldeutig und scheint zu verwirren. Auch schleichen sich Mißverständnisse ein, indem man verzweifelt im Hühnerstall meiner Dramen nach dem Ei der Erklärung sucht, das zu legen ich beharrlich mich weigere.

Doch ist ein Theaterstück ja nun nicht nur an einen Ort gebunden, es gibt auch eine Zeit wieder. Wie die Bühne einen Ort darstellt, stellt sie auch Zeit dar, die Zeit, welche die Handlung dauert (und die Zeit, in der sie sich abspielt). Hätte Aristoteles die Einheit des Ortes, der Zeit und der Handlung wirklich gefordert, so hätte er damit die Zeitdauer einer Tragödie der Zeitdauer ihrer Handlung gleichgesetzt (was die griechischen Tragiker annähernd erreichen), weshalb denn auch alles auf diese Handlung konzentriert sein müßte. Die Zeit würde so ›naturalistisch‹ wiedergegeben als ein fugenloses Nacheinander. Dies braucht jedoch nicht immer der Fall zu sein. Im allgemeinen erscheinen zwar die Handlungen auf der Bühne als ein Nacheinander, in der Zauberposse *Der Tod am Hochzeitstag* von Nestroy aber, um ein Beispiel zu nehmen, gibt es zwei Akte, die gleichzeitig spielen, und mit Geschick ist diese Gleichzeitigkeit dadurch vorgetäuscht, daß die Handlung des zweiten Akts die Geräuschkulisse für den ersten und die Handlung des ersten die Geräuschkulisse für den zweiten Akt bildet. Weitere Beispiele der Anwendung der Zeit als einer Möglichkeit des Theaters könnten mit Leichtigkeit erbracht werden. Die Zeit kann verkürzt, verlangsamt, gesteigert, angehalten, wiederholt werden, wie ein Josua vermag der Dramatiker seiner Theatersonne zuzurufen: Stehe still zu Gibeon, und, Theatermond, im Tal Ajalon.

Hierzu ist weiter zu bemerken, daß die Einheit des Aristoteles auch in der antiken Tragödie nicht vollkommen erfüllt ist. Die Handlung wird durch die Chöre unterbrochen und damit die Zeit durch die Chöre eingeteilt. Der Chor unterbricht die Handlung und ist, im Hinblick auf die Zeit und ganz untiefsinnig, nach Schneiderart gesprochen, das, was heute der Vorhang ist. Durch den Vorhang wird die Zeit einer Handlung zerlegt. Nichts gegen dieses ehrwürdige Mittel. Der Vorhang hat das Gute, daß er einen Akt deutlich schließt, reinen Tisch macht. Auch ist es, psychologisch, oft nur allzu nötig, den erschöpften und erschrockenen Zuschauer ausruhen zu lassen. Doch ist man nun dazu übergegangen, die Sprache mit der Zeit auf eine neue Weise zu verknüpfen.

Wenn ich Wilders *Kleine Stadt* noch einmal heranziehe, so deshalb, weil dieses schöne Theaterstück allgemein bekannt sein dürfte. Jedermann weiß, daß sich in ihm verschiedene Personen ans Publikum wenden und von den Nöten und Sorgen der kleinen Stadt erzählen. Damit erreicht Wilder, daß er keinen Vorhang mehr braucht. Der Vorhang ist durch die Anrede an das Publikum ersetzt. Zu der Dramatik tritt die Epik, die Schilderung. Daher nennt man diese Theaterform episches Theater.

Nun sind jedoch auch, sieht man genau hin, Shakespeare oder etwa der *Götz* in einem gewissen Sinne episches Theater. Nur auf eine andere, verstecktere Weise. Da sich Shakespeares Königsdramen oft über längere Zeit hin erstrecken, ist diese Zeitspanne wieder in verschiedene Handlungen eingeteilt, in verschiedene Episoden, die jede für sich dramatisch behandelt werden. *Heinrich der Vierte* weist 19, der *Götz* gegen Ende des vierten Aktes schon 41 Bilder auf. Weiter habe ich nicht gezählt. Betrachtet man den Aufbau der Gesamthandlung, so erscheint er, was die Behandlung der Zeit angeht, dem Epischen angenähert, wie ein Film, der zu langsam gedreht wird, so daß die Bilder einzeln sichtbar werden, denn die Zusammenballung auf eine bestimmte Zeit hin ist zugunsten einer Episodendramatik aufgegeben.

Wenn nun in neueren Theaterstücken sich der Autor ans Publikum wendet, so wird damit versucht, das Bühnenstück kontinuierlicher zu gestalten, als dies sonst einer Episodendramatik möglich ist. Die Leere zwischen den Akten soll aufgehoben, die Zeitspanne nicht durch eine Pause, sondern durch das Wort überbrückt werden, durch die Schilderung dessen, was inzwischen geschehen ist, oder durch die Selbsteinführung einer neuen Person. Die Expositionen werden episch durchgeführt, nicht die Handlungen, zu denen die Expositionen führen. Es ist dies ein Vorstoß des Wortes auf dem Theater, das Wort schickt sich an, ein Terrain zurückzuerobern, das es schon längst verloren hatte. Wird versucht, sagte ich, denn oft dient heute die Ansprache an das Publikum nur dazu, das Stück zu erklären, ein ganz unsinniges Unternehmen: Wenn das Publikum von einer Handlung mitgerissen ist, braucht es nicht nachzukommen, wird es jedoch nicht mitgerissen, kommt es auch nicht mit, wenn es nachkommt.

Im Gegensatz zur Epik jedoch, die den Menschen zu beschreiben vermag, wie er ist, stellt die Kunst des Dramas den Menschen mit einer Einschränkung dar, die nicht zu umgehen ist und den Menschen auf der Bühne stilisiert. Diese Einschränkung ist durch die Kunstgattung hervorgerufen. Der Mensch des Dramas ist ein redender Mensch, das ist seine Einschränkung, und die Handlung ist dazu da, den Menschen zu einer besonderen Rede zu zwingen. Die Handlung ist der Tiegel, in welchem der Mensch Wort wird, Wort werden muß. Das heißt nun aber, daß ich den Menschen im Drama in Situationen zu bringen habe, die ihn zum Reden zwingen. Wenn ich zwei Menschen zeige, die zusammen Kaffee trinken und über das Wetter, über die Politik oder über die Mode reden, sie können das noch so geistreich tun, so ist dies noch keine dramatische Situation und noch kein dramatischer Dialog. Es muß etwas hinzukommen, was ihre Rede besonders, dramatisch, doppelbödig macht. Wenn der Zuschauer etwa weiß, daß in der einen Kaffeetasse Gift vorhanden ist, oder gar in beiden, so daß ein Gespräch zweier Giftmischer herauskommt, wird durch diesen Kunstgriff das Kaffeetrinken zu einer dramatischen Situation, aus der heraus, auf deren Boden, sich die Möglichkeit des dramatischen Dialogs ergibt. Ohne den Zusatz einer besonderen Spannung, einer besonderen Situation gibt es keinen dramatischen Dialog.

Muß der Dialog aus einer Situation entstehen, so muß er in eine Situation führen, in eine andere freilich. Der dramatische Dialog bewirkt: ein Handeln, ein Erleiden, eine neue Situation, aus der ein neuer Dialog entsteht usw.

Nun ist der Mensch ja nicht nur ein redender Mensch. Die Tatsache, daß er denkt oder doch denken sollte, daß er fühlt, vor allem fühlt, und daß er dies Denken, dies Fühlen anderen nicht immer offenbaren will, hat dazu geführt, das Kunstmittel des Monologs anzuwenden. Zwar ist ein Mensch, der auf der Bühne ein lautes Selbstgespräch führt, nicht gerade etwas Natürliches, was ja auch, und in erhöhtem Maße, von der Arie in der Oper zu sagen wäre. Doch ist der Monolog (und die Arie) ein Beweis, daß ein Kunstkniff, der doch vermieden werden sollte, zu einer unverhofften Wirkung gelangen kann, auf den, und mit Recht, das Publikum immer wieder hereinfällt, so sehr, daß der Monolog »Sein oder Nichtsein« im *Hamlet* oder der Monolog des Faust wohl das Beliebteste und Berühmteste sind, was es auf der Bühne gibt.

Doch ist nicht alles Monolog, was sich wie ein Monolog anhört. Der Sinn des Dialogs ist es nicht nur, den Menschen dahin zu bringen, wo er handeln oder erleiden muß, sondern bisweilen auch in die große Rede zu münden, in die Erklärung seines Standpunktes. Viele haben den Sinn für das Rhetorische verloren, seit, wie Hilpert berichtet, ein textunsicherer Schauspieler den Naturalismus erfunden hat. Das ist schade. Die Rede vermag wie kein anderes Kunstmittel über die Rampe zu dringen. Doch können auch die Kritiker nicht mehr viel mit ihr anfangen. Dem Autor, der heute die Rede wagt, wird es wie dem Bauern Dikaiopolis gehen, er wird seinen Kopf auf den Richtpflock legen müssen; nur daß im Gegensatz zu den Acharnern des Aristophanes die meisten Kritiker zuschlagen: die normalste Sache der

Welt. Niemand köpft leichter als jene, die keine Köpfe haben.

Auch gab es immer eine Erzählung innerhalb des Dramas, man braucht dazu nicht erst an das epische Theater zu denken. So muß etwa eine Vorgeschichte erzählt oder in der Form eines Botenberichts ein Ereignis gemeldet werden. Eine Erzählung auf der Bühne ist nicht ungefährlich, weil sie nicht in der Weise lebt, greifbar ist wie eine Handlung, die auf der Bühne geschieht. Man hat dem oft abzuhelfen versucht, indem man den Boten dramatisiert, ihn etwa in einem spannenden Augenblick auftreten oder einen Dummkopf sein läßt, dem der Bericht nur mit Mühe zu entlocken ist. Doch muß ein sprachliches Moment hinzutreten, will man auf der Bühne erzählen. Die Bühnenerzählung kommt nicht ohne Übertreibung aus. Man achte, wie Shakespeare den Bericht des Plutarch von der Barke der Kleopatra übertreibt. Dieses Übertreiben ist nicht nur ein Merkmal des barocken Stils, sondern ein Mittel, die Barke der Kleopatra gleichsam auf die Bühne zu stellen, sichtbar zu machen. Keine Theatersprache kommt ohne Übertreibung aus, freilich ist es nötig, zu wissen, wo man übertreiben muß und vor allem: wie.

Ferner: Wie die Personen auf der Bühne, kann auch ihre Sprache ein Schicksal erleiden: Der Engel etwa, der nach Babylon kommt, wird von Akt zu Akt über die Schönheit der Erde begeisterter, seine Sprache muß diese steigende Begeisterung ausdrücken und sich bis zum Hymnus steigern. Der Bettler Akki in der gleichen Komödie erzählt sein Leben in Makamenform, in einer Prosa, die Reime enthält und aus dem Arabischen kommt. Damit versuche ich, das Arabische dieser Gestalt, die Freude am Fabulieren, am Wortgefecht, am Wortspiel auszudrücken, ohne jedoch in eine andere Form, etwa ins Chanson, zu fallen. Die Makamen des Akki sind nichts anderes als die äußerste Möglichkeit seiner Sprache und somit eine Verdichtung seiner Gestalt. Akki wird in ihnen ganz Sprache, ist in ihnen Sprache geworden, und das hat ein Bühnenschriftsteller immer anzustreben: daß es in seinem Theater Momente gibt, in denen die Gestalten, die er schreibt, Sprache werden und nichts anderes.

Freilich lauert hier eine Gefahr. Die Sprache kann verführen. Die Freude, mit einem Mal schreiben zu können, Sprache zu besitzen, wie sie mich etwa während der Arbeit am *Blinden* überfiel, kann den Autor überreden, gleichsam vom Gegenstand weg in die Sprache zu flüchten. Nah am Gegenstande zu bleiben ist eine große Kunst, die nur dann erreicht wird, wenn ein Gegentrieb vorhanden ist, den es zu bändigen gilt. Auch Dialoge können verführen, Wortspiele, die einen unvermutet vom Stoffe wegtreiben. Doch gibt es immer wieder Einfälle, denen man nicht widerstehen darf, auch wenn sie drohen den mühsam errichteten Plan über den Haufen zu rennen. Neben der Vorsicht, den Einfällen zu widerstehen, muß auch der Mut vorhanden sein, sich ihnen auszusetzen.

All diese Elemente und Probleme des Ortes, der Zeit und der Handlung, hier nur angedeutet, eng miteinander verschlungen, gehören zu den Elementen, Kunstgriffen und Werkzeugen des dramatischen Handwerks. Nun kann ich nicht verschweigen, daß ich mit dem Begriff des dramatischen Handwerks im Kriege stehe. Die Ansicht, daß die Kunst jedem, der sich mit genügendem Fleiß und Ausdauer hinter die Aufgabe setzt, sie zu produzieren, schließlich doch erlernbar sei, scheint längst überwunden, doch findet sie sich offenbar noch in jenen Urteilen, die über die Kunst, Theaterstücke zu schreiben, abgegeben werden. Diese wird als etwas Handfestes angenommen, als etwas Biederes und Braves. So wird denn auch das Verhältnis, das der Dramatiker mit seiner Kunst hat, als eine Ehe betrachtet, in der alles legitim vor sich geht, versehen mit den Sakramenten der Ästhetik. Daher kommt es wohl auch, daß hier wie nirgends sonst so oft die Kritik von einem Handwerk spricht, das je nach dem Fall beherrscht oder nicht beherrscht werde; doch untersucht man genauer, was sie unter dem Handwerk eigentlich denn nun versteht, so stellt es sich heraus, daß es nichts anderes ist als die Summe ihrer Vorurteile. Es gibt kein dramatisches Handwerk, es gibt nur die Bewältigung des Stoffs durch die Sprache und durch die Bühne: eine Überwältigung, um es genauer zu sagen, denn jedes Schreiben ist ein Waffengang mit seinen Siegen, Niederlagen und unentschiedenen Gefechten. Vollkommene Stücke gibt es nicht, das ist eine Fiktion der Ästhetik, bei der es immer etwas wie im Kino zugeht, wo allein noch der vollkommene Held zu finden ist. Noch nie hat ein Theaterschreiber unverwundet das Schlachtfeld verlassen, und jeder hat seine Achillesferse. Dabei ist der Gegner, der Stoff, nie fair. Er ist listig, oft nicht aus seiner Festung zu locken und wendet die geheimsten, niederträchtigsten Fallen an, und so muß der Dramatiker denn auch mit allen erlaubten und unerlaubten Mitteln kämpfen, die weisen Mahnungen, Regeln und Sittensprüche der Handwerksmeister und der altehrwürdigen Zunft hin oder her. Mit dem Hute in der Hand kommt man in der Dramatik nicht durchs ganze Land, nicht einmal über die Grenze. Die Schwierigkeiten der Dramatik liegen dort, wo sie niemand vermutet, oft nur in der Schwierigkeit, zwei Personen sich begrüßen zu lassen, oder in der Schwierigkeit des ersten Satzes. Was man heute unter dem dramatischen Handwerk versteht, lernt man leicht in einer halben Stunde. Wie schwer es jedoch ist, etwa einen Stoff in fünf Akte zu teilen, und wie wenig Stoffe es gibt, bei denen man dies kann, wie fast unmöglich es ist, noch Jamben zu schreiben, ahnen die Stückezimmerer am wenigsten, die jeden Stoff mühelos in fünf Akte teilen und stets mit Leichtigkeit in Jamben geschrieben haben und noch schreiben. Die wählten ihren Stoff und ihre Sprache wirklich so aus, wie sich die Kritik vorstellt, daß man es mache; bei denen geht es nicht, wenn sie über Kunst reden, wie beim Schneider zu, sondern wenn sie Kunst verfertigen. Da gibt es bei jedem Stoff den immer gleichen Schlafrock, in welchem sich kein Publikum erkältet und ruhig weiter schläft. Nichts Idiotischeres als die Meinung, nur das Genie habe sich nicht an die Regeln zu halten, die der Kritiker dem Talent vorschreibt. Da halte ich mich lieber gleich selber für ein Genie. Mit allem Nachdruck möchte ich bemerken, daß die Kunst, Theaterstücke zu schreiben, nicht unbedingt mit der Planung eines bestimmten Kindes anfängt, oder wie sich der Eunuch die Liebe denkt, sondern mit der Liebe, die der Eunuch nicht kann. Die Schwierigkeiten, die Mühen, aber auch das Glück des Schreibens liegen jedoch nicht im Bereich dessen, was zu berichten ist, was berichtet werden kann: Berichtet kann nur von einem dramatischen Handwerk werden, welches es nur gibt, wenn man über das Drama redet, aber nicht, wenn man es macht. Das dramatische Handwerk ist eine optische Täuschung. Über Dramen, über Kunst zu reden, ist ein viel utopischeres Unternehmen, als jene glauben, die es meistens tun.

Mit diesem Handwerk nun, das es nicht gibt, machen wir uns daran, einen bestimmten Stoff darzustellen. Er weist meistens einen Mittelpunkt auf, den Helden. In der Dramaturgie wird zwischen einem tragischen Helden, dem Helden der Tragödie, und einem komischen Helden, dem Helden der Komödie, unterschieden. Die Eigenschaften, die ein tragischer Held haben muß, sind bekannt. Er muß fähig sein, unser Mitleid zu erwecken. Seine Schuld und seine Unschuld, seine Tugenden und seine Laster müssen aufs angenehmste und exakteste gemischt und dosiert nach bestimmten Regeln erscheinen, derart etwa, daß, wähle ich zum Helden einen Bösewicht, ich ihm zur Bosheit eine gleich große Menge Geist beimengen muß, eine Regel, die bewirkte, daß in der deutschen Literatur die sympathischste Theatergestalt gleich der Teufel wurde. Das ist so geblieben. Geändert hat sich nur die soziale Stellung dessen, der unser Mitleid erweckt.

In der antiken Tragödie und bei Shakespeare gehört der Held der höchsten Gesellschaftsklasse an, dem Adel. Das Publikum sieht einen Helden leiden, handeln, rasen, der eine höhere soziale Stellung besitzt, als es selber einnimmt. Das ist noch immer für jedes Publikum höchst eindrucksvoll.

Wenn nun bei Lessing und bei Schiller das bürgerliche Trauerspiel eingeführt wird, so sieht damit das Publikum sich selbst als leidenden Helden auf der Bühne. Dann ging man noch weiter. Büchners Woyzeck ist ein primitiver Proletarier, der weniger darstellt, sozial gesehen, als der durchschnittliche Theaterbesucher. Das Publikum soll nun eben gerade in dieser extremen Form des Daseins, in dieser letzten, erbärmlichsten Form auch den Menschen, sich selbst, sehen.

Hier ist endlich Pirandello zu erwähnen, der den Helden, die Person auf der Bühne, als erster, soweit ich sehe, entstofflicht, transparent machte, wie Wilder etwa den dramatischen Ort, wobei das Publikum, das solchen Schemen gegenüber sitzt, seiner eigenen Zergliederung beiwohnt, der Psychoanalyse seiner selbst, und die Bühne zum Innenraum, zum Weltinnenraum wird.

Nun hat das Theater auch schon vorher nicht nur von Königen und Feldherren gehandelt, die Komödie kannte seit je den Bauer, den Bettler, den Bürger als Helden, aber eben, die Komödie. Bei Shakespeare tritt nirgends ein komischer König auf, seine Zeit konnte einen Herrscher wohl als bluttriefendes Scheusal, doch nie als Narren zeigen. Komisch sind bei ihm die Hofschranzen, die Handwerker, die Arbeiter. So zeigt sich denn in der Entwicklung des tragischen Helden eine Hinwendung zur Komödie. Das gleiche läßt sich beim Narren nachweisen, der immer mehr zur tragischen Figur wird. Dieser Tatbestand ist jedoch nicht bedeutungslos. Der Held eines Theaterstückes treibt nicht nur eine Handlung vorwärts oder erleidet ein bestimmtes Schicksal, sondern stellt auch eine Welt dar. Wir müssen uns daher die Frage stellen, wie unsere bedenkliche Welt dargestellt werden muß, mit welchen Helden, wie die Spiegel, diese Welt aufzufangen, beschaffen und wie sie geschliffen sein müssen.

Läßt sich die heutige Welt etwa, um konkret zu fragen, mit der Dramatik Schillers gestalten, wie einige Schriftsteller behaupten, da ja Schiller das Publikum immer noch packe? Gewiß, in der Kunst ist alles möglich, wenn sie stimmt, die Frage ist nur, ob eine Kunst, die einmal stimmte, auch heute noch möglich ist. Die Kunst ist nie wiederholbar, wäre sie es, wäre es töricht, nun nicht einfach mit den Regeln Schillers zu schreiben.

Schiller schrieb so, wie er schrieb, weil die Welt, in der er lebte, sich noch in der Welt, die er schrieb, die er sich als Historiker erschuf, spiegeln konnte. Gerade noch. War doch Napoleon vielleicht der letzte Held im alten Sinne. Die heutige Welt, wie sie uns erscheint, läßt sich dagegen schwerlich in der Form des geschichtlichen Dramas Schillers bewältigen, allein aus dem Grunde, weil wir keine tragischen Helden, sondern nur Tragödien vorfinden, die von Weltmetzgern inszeniert und von Hackmaschinen ausgeführt werden. Aus Hitler und Stalin lassen sich keine Wallensteine mehr machen. Ihre Macht ist so riesenhaft, daß sie selber nur noch zufällige, äußere Ausdrucksformen dieser Macht sind, beliebig zu ersetzen, und das Unglück, das man besonders mit dem ersten und ziemlich mit dem zweiten verbindet, ist zu weitverzweigt, zu verworren, zu grausam, zu mechanisch geworden und oft einfach auch allzu sinnlos. Die Macht Wallensteins ist eine noch sichtbare Macht, die heutige Macht ist nur zum kleinsten Teil sichtbar, wie bei einem Eisberg ist der größte Teil im Gesichtslosen, Abstrakten versunken. Das Drama Schillers setzt eine sichtbare Welt voraus, die echte Staatsaktion, wie ja auch die griechische Tragödie. Sichtbar in der Kunst ist das Überschaubare. Der heutige Staat ist jedoch unüberschaubar, anonym, bürokratisch geworden, und dies nicht etwa nur in Moskau oder Washington, sondern auch schon in Bern, und die heutigen Staatsaktionen sind nachträgliche Satyrspiele, die den im Verschwiegenen vollzogenen Tragödien folgen. Die echten Repräsentanten fehlen, und die tragischen Helden sind ohne Namen. Mit einem kleinen Schieber, mit einem Kanzlisten, mit einem Polizisten läßt sich die heutige Welt besser wiedergeben als mit einem Bundesrat, als mit einem Bundeskanzler. Die Kunst dringt nur noch bis zu den Opfern vor, dringt sie überhaupt zu Menschen, die Mächtigen erreicht sie nicht mehr. Kreons Sekretäre erledigen den Fall Antigone. Der Staat hat seine Gestalt verloren, und wie die Physik die Welt nur noch in mathematischen Formeln wiederzugeben vermag, so ist er nur noch statistisch darzustellen. Sichtbar, Gestalt wird die heutige Macht nur etwa da, wo sie explodiert, in der Atombombe, in diesem wundervollen Pilz, der da aufsteigt und sich ausbreitet, makellos wie die Sonne, bei dem Massenmord und Schönheit eins werden. Die Atombombe kann man nicht mehr darstellen, seit man sie herstellen kann. Vor ihr versagt jede Kunst als eine Schöpfung des Menschen, weil sie selbst eine Schöpfung des Menschen ist. Zwei Spiegel, die sich ineinander spiegeln, bleiben leer.

Doch die Aufgabe der Kunst, soweit sie überhaupt eine Aufgabe haben kann, und somit die Aufgabe der heutigen Dramatik ist, Gestalt, Konkretes zu schaffen. Dies vermag vor allem die Komödie. Die Tragödie, als die gestrengste Kunstgattung, setzt eine gestaltete Welt voraus. Die Komödie – sofern sie nicht Gesellschaftskomödie ist wie bei Molière – eine ungestaltete, im Werden, im

Umsturz begriffene, eine Welt, die am Zusammenpacken ist wie die unsrige. *Die Tragödie überwindet die Distanz.* Die in grauer Vorzeit liegenden Mythen macht sie den Athenern zur Gegenwart. *Die Komödie schafft Distanz,* den Versuch der Athener, in Sizilien Fuß zu fassen, verwandelt sie in das Unternehmen der Vögel, ihr Reich zu errichten, vor dem Götter und Menschen kapitulieren müssen. Wie die Komödie vorgeht, sehen wir schon in der primitivsten Form des Witzes, in der Zote, in diesem gewiß bedenklichen Gegenstand, den ich nur darum zur Sprache bringe, weil er am deutlichsten illustriert, was ich Distanz schaffen nenne. Die Zote hat zum Gegenstand das rein Geschlechtliche, das darum, weil es das rein Geschlechtliche ist, auch gestaltlos, distanzlos ist und, will es Gestalt werden, eben Zote wird. Die Zote ist darum eine Urkomödie, ein Transponieren des Geschlechtlichen auf die Ebene des Komischen, die einzige Möglichkeit, die es heute gibt, anständig darüber zu reden, seit die Van de Veldes hochgekommen sind. In der Zote wird deutlich, daß das Komische darin besteht, das Gestaltlose zu gestalten, das Chaotische zu formen.

Das Mittel nun, mit dem die Komödie Distanz schafft, ist der Einfall. Die Tragödie ist ohne Einfall. Darum gibt es auch wenige Tragödien, deren Stoff erfunden ist. Ich will damit nicht sagen, die Tragödienschreiber der Antike hätten keine Einfälle gehabt, wie dies heute etwa vorkommt, doch ihre unerhörte Kunst bestand darin, keine nötig zu haben. Das ist ein Unterschied. Aristophanes dagegen lebt vom Einfall. Seine Stoffe sind nicht Mythen, sondern erfundene Handlungen, die sich nicht in der Vergangenheit, sondern in der Gegenwart abspielen. Sie

fallen in die Welt wie Geschosse, die, indem sie einen
Trichter aufwerfen, die Gegenwart ins Komische, aber
dadurch auch ins Sichtbare verwandeln. Das heißt nun
nicht, daß ein heutiges Drama nur komisch sein könne.
Die Tragödie und die Komödie sind Formbegriffe, dramaturgische Verhaltensweisen, fingierte Figuren der Ästhetik, die Gleiches zu umschreiben vermögen. Nur die
Bedingungen sind anders, unter denen sie entstehen, und
diese Bedingungen liegen nur zum kleineren Teil in der
Kunst.

Die Tragödie setzt Schuld, Not, Maß, Übersicht, Ver-
antwortung voraus. In der Wurstelei unseres Jahrhunderts, in diesem Kehraus der weißen Rasse, gibt es keine
Schuldigen und auch keine Verantwortlichen mehr. Alle
können nichts dafür und haben es nicht gewollt. Es geht
wirklich ohne jeden. Alles wird mitgerissen und bleibt in
irgendeinem Rechen hängen. Wir sind zu kollektiv schuldig, zu kollektiv gebettet in die Sünden unserer Väter und
Vorväter. Wir sind nur noch Kindeskinder. Das ist unser
Pech, nicht unsere Schuld: Schuld gibt es nur noch als
persönliche Leistung, als religiöse Tat. Uns kommt nur
noch die Komödie bei. Unsere Welt hat ebenso zur
Groteske geführt wie zur Atombombe, wie ja die apoka-
lyptischen Bilder des Hieronymus Bosch auch grotesk
sind. Doch das Groteske ist nur ein sinnlicher Ausdruck,
ein sinnliches Paradox, die Gestalt nämlich einer Unge-
stalt, das Gesicht einer gesichtslosen Welt, und genau so
wie unser Denken ohne den Begriff des Paradoxen nicht
mehr auszukommen scheint, so auch die Kunst, unsere
Welt, die nur noch ist, weil die Atombombe existiert: aus
Furcht vor ihr.

Doch ist das Tragische immer noch möglich, auch

wenn die reine Tragödie nicht mehr möglich ist. Wir können das Tragische aus der Komödie heraus erzielen, hervorbringen als einen schrecklichen Moment, als einen sich öffnenden Abgrund, so sind ja schon viele Tragödien Shakespeares Komödien, aus denen heraus das Tragische aufsteigt.

Nun liegt der Schluß nahe, die Komödie sei der Ausdruck der Verzweiflung, doch ist dieser Schluß nicht zwingend. Gewiß, wer das Sinnlose, das Hoffnungslose dieser Welt sieht, kann verzweifeln, doch ist diese Verzweiflung nicht eine Folge dieser Welt, sondern eine Antwort, die man auf diese Welt gibt, und eine andere Antwort wäre das Nichtverzweifeln, der Entschluß etwa, die Welt zu bestehen, in der wir oft leben wie Gulliver unter den Riesen. Auch der nimmt Distanz, auch der tritt einen Schritt zurück, der seinen Gegner einschätzen will, der sich bereit macht, mit ihm zu kämpfen oder ihm zu entgehen. Es ist immer noch möglich, den mutigen Menschen zu zeigen.

Dies ist denn auch eines meiner Hauptanliegen. Der Blinde, Romulus, Übelohe, Akki sind mutige Menschen. Die verlorene Weltordnung wird in ihrer Brust wieder hergestellt, das Allgemeine entgeht meinem Zugriff. Ich lehne es ab, das Allgemeine in einer Doktrin zu finden, ich nehme es als Chaos hin. Die Welt (die Bühne somit, die diese Welt bedeutet) steht für mich als ein Ungeheures da, als ein Rätsel an Unheil, das hingenommen werden muß, vor dem es jedoch kein Kapitulieren geben darf. Die Welt ist größer denn der Mensch, zwangsläufig nimmt sie so bedrohliche Züge an, die von einem Punkt außerhalb nicht bedrohlich wären, doch habe ich kein Recht und keine Fähigkeit, mich außerhalb zu stellen.

Trost in der Dichtung ist oft nur allzubillig, ehrlicher ist es wohl, den menschlichen Blickwinkel beizubehalten. Die Brechtsche These, die er in seiner Straßenszene entwickelt, die Welt als Unfall hinzustellen und nun zu zeigen, wie es zu diesem Unfall gekommen sei, mag großartiges Theater geben, was ja Brecht bewiesen hat, doch muß das meiste bei der Beweisführung unterschlagen werden: Brecht denkt unerbittlich, weil er an vieles unerbittlich nicht denkt.

Endlich: Durch den Einfall, durch die Komödie wird das anonyme Publikum als Publikum erst möglich, eine Wirklichkeit, mit der zu rechnen, die aber auch zu berechnen ist. Der Einfall verwandelt die Menge der Theaterbesucher besonders leicht in eine Masse, die nun angegriffen, verführt, überlistet werden kann, sich Dinge anzuhören, die sie sich sonst nicht so leicht anhören würde. Die Komödie ist eine Mausefalle, in die das Publikum immer wieder gerät und immer noch geraten wird. Die Tragödie dagegen setzt eine Gemeinschaft voraus, die heute nicht immer ohne Peinlichkeit als vorhanden fingiert werden kann: es gibt nichts Komischeres etwa, als in den Mysterienspielen der Anthroposophen als Unbeteiligter zu sitzen.

Dies alles zugegeben, muß nun doch eine Frage gestellt werden: Ist es erlaubt, von etwas Allgemeinem auf eine Kunstform zu schließen, das zu tun, was ich eben getan habe, wenn ich von der behaupteten Gestaltlosigkeit der Welt auf die Möglichkeit schloß, heute Komödien zu schreiben? Ich möchte dies bezweifeln. Die Kunst ist etwas Persönliches, und mit Allgemeinheiten soll nie Persönliches erklärt werden. Der Wert einer Kunst hängt nicht davon ab, ob mehr oder weniger gute Gründe für sie zu finden sind. So bin ich denn auch gewissen Problemen aus dem Weg gegangen, so etwa dem Streit, der heute aktuell geworden ist, ob es besser sei, Vers- oder Prosadramen zu schreiben. Meine Antwort besteht einfach darin, daß ich in Prosa schreibe, ohne die Frage entscheiden zu wollen. Einen Weg muß man schließlich gehen, und warum soll immer einer schlechter sein als der andere? Was nun meine Darstellung der Komödie angeht, so glaube ich, daß auch hier persönliche Gründe wichtiger sind als allgemeine, die ja doch zu widerlegen sind – welche Logik in Dingen der Kunst wäre nicht zu widerlegen! Von Kunst redet man am besten, wenn man von seiner Kunst redet. Die Kunst, die man wählt, ist der Ausdruck zugleich der Freiheit, ohne die keine Kunst bestehen kann, und der Notwendigkeit, ohne die auch keine Kunst bestehen kann. Der Künstler stellt immer die Welt und sich selber dar. Wenn früher einmal die Philosophie lehrte, das Besondere vom Allgemeinen herzuleiten, so kann ich jetzt nicht mehr ein Drama wie Schiller bauen, der vom Allgemeinen ausgeht, da ich ja bezweifle, daß je vom Allgemeinen her das Besondere zu erreichen ist: Mein Zweifel aber ist der meine und nicht der eines Katholiken zum Beispiel, der in der Dramatik Möglichkeiten besitzt, die sonst niemand hat, das muß zugegeben werden, wenn ihm auch, nimmt er sich ernst, Möglichkeiten verbaut sind, die sonst jedermann hat; und die Gefahr dieses Satzes besteht nur darin, daß es immer wieder Künstler gibt, die ihm zuliebe übertreten, ein merkwürdiger Schritt, bei dem noch das Pech hinzutritt, daß er nichts nützt. Die Schwierigkeiten, die ein Protestant mit der Kunst des Dramas hat, sind genau die

seines Glaubens. So ist es denn mein Weg, dem zu
mißtrauen, was man den Bau des Dramas nennt, und ihn
vom Besonderen, vom Einfall her zu erreichen zu suchen, und nicht vom Allgemeinen, vom Plane her. Es
besteht für mich die Notwendigkeit, ins Blaue hinein zu
schreiben, wie ich mich ausdrücke, um der Kritik ein
Stichwort hinzuwerfen. Sie braucht es denn auch oft
genug, ohne es zu begreifen.

Doch geht es bei dem allem um meine Angelegenheit,
und darum ist es auch nicht nötig, die Welt heranzu-
ziehen, diese meine Angelegenheit als die Angelegenheit
der Kunst im allgemeinen hinzustellen, wie der Dorfrichter Adam den Teufel, um die Herkunft einer Perücke zu
erklären, die in Wahrheit nur die seine ist. Wie überall
und nicht nur auf den Gebieten der Kunst gilt auch hier
der Satz: Keine Ausreden, bitte.

Dennoch bleibt die Tatsache bestehen (mit dem Vorbe-
halt, den wir gemacht haben), daß wir in ein anderes
Verhältnis zu dem geraten sind, was wir Stoff nennen.
Unsere ungeformte, ungestaltete Gegenwart ist dadurch
gekennzeichnet, daß sie von Gestalten, von Geformtem
umstellt ist, die unsere Zeit zu einem bloßen Resultat,
weniger noch, zu einem Übergangsstadium machen und
die der Vergangenheit als dem Abgeschlossenen und der
Zukunft als dem Möglichen ein Übergewicht verleihen.
Diese Bemerkung könnte auch ohne weiteres auf die
Politik bezogen werden, auf die Kunst bezogen bedeutet
sie, daß der Künstler nicht nur von den Meinungen über
Kunst umstellt ist und von Forderungen, die man nicht
aus ihm, sondern aus etwas Historischem, Vorhandenem
folgerte, sondern auch von Stoffen, die nicht mehr Stoff,

das heißt: Möglichkeiten, sondern schon Gestalten, das heißt: Geformtes sind; Cäsar ist für uns kein reiner Stoff mehr, sondern ein Cäsar, den die Wissenschaft zum Objekt ihrer Forschung gemacht hat. Es ist nun einmal so, daß die Wissenschaft, indem sie sich, und immer heftiger, nicht nur auf die Natur, sondern auch auf den Geist und die Kunst stürzte, Geisteswissenschaft, Literaturwissenschaft, Philologie und wer weiß was alles wurde, Fakten schuf, die nicht mehr zu umgehen sind (denn es gibt keine bewußte Naivität, welche die Resultate der Wissenschaft umgehen könnte), dem Künstler aber dadurch die Stoffe entzog, indem sie selber das tat, was doch Aufgabe der Kunst gewesen wäre. Die Meisterschaft etwa, mit der ein Richard Feller die Geschichte Berns schreibt, schließt die Möglichkeit aus, über Bern ein historisches Drama zu schreiben, die Geschichte Berns ist schon Gestalt vor der Dichtung, aber eben, eine wissenschaftliche Gestalt (nicht eine mythische, die den Weg der Tragiker offen ließe), eine Gestalt, die den Raum der Kunst einengt, ihr nur die Psychologie übrigläßt, die auch schon Wissenschaft geworden ist; die Dichtung wäre eine Tautologie, eine Wiederholung mit untauglichen Mitteln, eine Illustration zu wissenschaftlichen Erkenntnissen: gerade das, was die Wissenschaft in ihr sieht. Shakespeares *Cäsar* war auf Grund Plutarchs möglich, der noch nicht ein Historiker in unserem Sinne, sondern ein Geschichtenerzähler war, ein Verfasser von Lebensbildern. Hätte Shakespeare unser Wissen über Rom besessen, hätte er den Cäsar nicht geschrieben, weil ihm in diesem Augenblick notwendigerweise die Souveränität abhanden gekommen wäre, mit der er über seine Stoffe schrieb. Das gleiche ist sogar bei den griechischen

Mythen der Fall, die für uns, da wir sie nicht mehr erleben, sondern begutachten, erforschen, sie eben als Mythen erkennen und damit vernichten, Mumien geworden sind, die, mit Philosophie und Theologie behängt, nur allzu oft Lebendiges ersetzen.

Aus diesem Grunde muß denn auch der Künstler die Gestalten, die er trifft, auf die er überall stößt, reduzieren, will er sie wieder zu Stoffen machen, hoffend, daß es ihm gelinge: Er parodiert sie, das heißt, er stellt sie im bewußten Gegensatz zu dem dar, was sie geworden sind. Damit aber, durch diesen Akt der Parodie, gewinnt er wieder seine Freiheit und damit den Stoff, der nicht mehr zu finden, sondern nur noch zu erfinden ist, denn jede Parodie setzt ein Erfinden voraus. Die Dramaturgie der vorhandenen Stoffe wird durch die Dramaturgie der erfundenen Stoffe abgelöst. Im Lachen manifestiert sich die Freiheit des Menschen, im Weinen seine Notwendigkeit, wir haben heute die Freiheit zu beweisen. Die Tyrannen dieses Planeten werden durch die Werke der Dichter nicht gerührt, bei ihren Klageliedern gähnen sie, ihre Heldengesänge halten sie für alberne Märchen, bei ihren religiösen Dichtungen schlafen sie ein, nur eines fürchten sie: ihren Spott. So hat sich denn die Parodie in alle Gattungen geschlichen, in den Roman, ins Drama, in die Lyrik. Weite Teile der Malerei, der Musik sind von ihr erobert, und mit der Parodie hat sich auch das Groteske eingestellt, oft getarnt, über Nacht: es ist einfach auf einmal da.

Doch auch damit wird unsere mit allen Wassern gewaschene Zeit fertig, und durch nichts läßt sie sich beikommen: Sie hat das Publikum erzogen, in der Kunst etwas

Weihevolles, Heiliges, Pathetisches zu sehen. Das Komische gilt als das Minderwertige, Dubiose, Unschickliche, man läßt es nur gelten, wo einem so kannibalisch wohl wird als wie fünfhundert Säuen. Doch in dem Moment, wo das Komische als das Gefährliche, Aufdeckende, Fordernde, Moralische erkannt wird, läßt man es fahren wie ein heißes Eisen, denn die Kunst darf alles sein, was sie will, wenn sie nur gemütlich bleibt.

Uns Schriftstellern wird oft vorgeworfen, unsere Kunst sei nihilistisch. Nun gibt es heute natürlich eine nihilistische Kunst, doch nicht jede Kunst ist nihilistisch, die so aussieht: Wahre nihilistische Kunst sieht überhaupt nicht so aus, sie gilt meistens als besonders human und für die reifere Jugend überaus lesenswert. Der muß schon ein arger Stümper von einem Nihilisten sein, den die Welt als solchen erkennt. Als nihilistisch gilt nur, was unbequem ist. Nun hat der Künstler zu bilden, nicht zu reden, sagt man, zu gestalten, nicht zu predigen. Gewiß. Doch fällt es immer schwerer, rein zu gestalten, oder wie man sich dies vorstellt. Die heutige Menschheit gleicht einer Autofahrerin. Sie fährt immer schneller, immer rücksichtsloser ihre Straße. Doch hat sie es nicht gern, wenn der konsternierte Mitfahrer »Achtung!« schreit und »Hier ist eine Warnungstafel«, »Jetzt sollst du bremsen« oder gar »Überfahre nicht dieses Kind«. Sie haßt es, wenn einer fragt, wer denn den Wagen bezahlt oder das Benzin und das Öl geliefert habe zu ihrer Wahnsinnsfahrt, oder wenn er gar ihren Führerschein zu sehen verlangt. Ungemütliche Wahrheiten könnten zutage treten. Der Wagen wäre vielleicht einem Verwandten entwendet, das Benzin und das Öl aus den Mitfahrern selber gepreßt und gar kein Öl und Benzin, sondern unser aller

Blut und unser aller Schweiß, und der Führerschein wäre
möglicherweise gar nicht vorhanden; es könnte sich gar
herausstellen, daß sie zum ersten Mal fährt. Dies wäre
freilich peinlich, fragte man nach so naheliegenden Dingen. So liebt sie es denn, wenn man die Schönheit der
Landschaft preist, durch die sie fährt, das Silber eines
Flusses und das Glühen der Gletscher in der Ferne, auch
amüsante Geschichten liebt sie, ins Ohr geflüstert. Diese
Geschichten zu flüstern und die schöne Landschaft zu
preisen, ist einem heutigen Schriftsteller jedoch oft nicht
mehr so recht mit gutem Gewissen möglich. Leider kann
er aber auch nicht aussteigen, um der Forderung nach
reinem Dichten Genüge zu tun, die da von allen Nicht-
dichtern erhoben wird. Die Angst, die Sorge und vor
allem der Zorn reißen seinen Mund auf.

Mit dieser Emphase wäre schön zu schließen, ein halbwegs gesicherter Abgang im Bereich des nicht gerade
Unmöglichen. Doch ist aus Ehrlichkeit zu fragen, ob
denn dies alles heute noch einen Sinn habe, ob wir uns
nicht viel lieber im Schweigen üben sollten. Ich habe
gezeigt, daß heute das Theater zu einem Teil ein Museum
ist, im besten Sinne des Wortes freilich, und zum andern
Teil ein Feld für Experimente, und ich bemühte mich
auch, ein wenig zu zeigen, worin etwa diese Experimente
bestehen. Kann nun das Theater diese seine andere Be-
stimmung erfüllen? Ist das Stückeschreiben heute schwierig geworden, so auch das Spielen, das Einstudieren
dieser Stücke, schon aus Zeitmangel kommt im besten
Falle nur ein anständiger Versuch, ein erstes Abtasten,
ein Vorstoß in einer bestimmten, vielleicht guten Richtung heraus. Ein Theaterstück ist allein vom Schreibtisch

aus nicht mehr zu lösen, wenn es nicht in einer Konvention geschrieben ist, sondern ein Experiment sein will: Giraudoux' Glück war Jouvet. Leider ist solches fast einmalig. Unsere Repertoiretheater vermögen solches immer weniger zu leisten, können es sich immer weniger leisten. Das Stück muß so schnell wie möglich heraus. Das Museum überwiegt. Das Theater, die Kultur leben von den Zinsen des gut angelegten Geistes, dem nichts mehr passieren kann und dem man nicht einmal mehr Tantiemen zu zahlen braucht. Mit dem Bewußtsein, einen Goethe, einen Schiller, einen Sophokles auf seiner Seite zu haben, nimmt man die modernen Stücke entgegen. Am liebsten nur zur Uraufführung. Heroisch erfüllt man seine Pflicht, um beim nächsten Shakespeare wieder aufzuatmen. Dagegen ist nichts zu sagen. Es läßt sich nur die Bühne räumen. Platz den Klassikern. Die Welt der Museen wächst, bist von Schätzen. Noch sind die Kulturen der Höhlenbewohner nicht zur Gänze erforscht. Custoden anderer Jahrtausende mögen sich mit unserer Kunst abgeben, wenn wir an der Reihe sind. So ist es gleichgültig, ob Neues hinzukommt, ob Neues geschrieben wird. Die Forderungen, welche die Ästhetik an den Künstler stellt, steigern sich von Tag zu Tag, alles ist nur noch auf das Vollkommene aus, die Perfektion wird von ihm verlangt, die man in die Klassiker hineininterpretiert – ein vermeintlicher Rückschritt, und schon läßt man ihn fallen. So wird ein Klima erzeugt, in welchem sich nur noch Literatur studieren, aber nicht mehr machen läßt. Wie besteht der Künstler in einer Welt der Bildung, der Alphabeten? Eine Frage, die mich bedrückt, auf die ich noch keine Antwort weiß. Vielleicht am besten, indem er Kriminalromane schreibt, Kunst da tut, wo sie niemand vermutet. Die Literatur muß so leicht werden, daß sie auf der Waage der heutigen Literaturkritik nichts mehr wiegt: Nur so wird sie wieder gewichtig.

Wer die Erde wohnbar
    machen will
Und freundlicher

Den lacht man aus

Jagt ihn fort
    in stinkende Sümpfe

Dann vergißt man ihn

Doch sein Werk ist nicht
    verloren

Den fernen Nachfahren
    bringen es
Leichtfertige Komödianten
    wieder zurück

Gedanken vor einer neuen Aufführung

1957

Sind am Autor mehrere Aufführungen eines Stücks vorübergegangen, denen er teils erfreut, teils gequält oder
gar erheitert beiwohnte, kann er sich mit der Zeit der
Aufgabe kaum entziehen, Erfahrungen, die ihm die Bühne lieferte, nun auch zu realisieren. Neufassungen entstehen. Eine Handlung muß deutlicher, genauer erfaßt,
Szenen müssen umgestellt oder gar gestrichen werden, ja
ganze Partien entstehen neu. Doch, glaube ich, wird es
immer zwei Sorten von Theaterautoren geben. Auch was
das Umschreiben betrifft. Jene, die danach trachten,
möglichst genaue Partituren zu liefern, genaue Szenenan-
weisungen, genaue Tempibezeichnungen, Autoren, denen einzig mögliche Aufführungen, Modellaufführungen
vorschweben. Sie schreiben ein Stück in der Hoffnung
um, die endgültige Form zu finden. Ihr Umschreiben hat
etwas Wissenschaftliches, Philologisches. Die anderen
dagegen sehen in ihren Texten eine Substanz, die jedes
Theater, jede Truppe auf eine immer andere Weise zum
Erscheinen, zum Leuchten bringen muß – um es etwas
feierlich zu sagen –, wenn es gelingt (und es gelingt nicht
immer). Es gibt für sie viele mögliche Aufführungen.
Diese Autoren schreiben aus einem gewissen Pflichtge-
fühl um, oder besser, spüren noch einmal der alten Fabel
nach. Angeregt durch verschiedene Aufführungen, prüfen sie noch einmal, wägen sie noch einmal. Nicht so sehr

in der Hoffnung, Endgültiges zu finden, mehr aus Plaisir, ein altes Abenteuer noch einmal zu bestehen.

Auch zum Verhältnis, in welchem die Autoren zur Bühne stehen – oder soll ich sagen, das die Autoren mit der Bühne haben? –, ist vieles zu sagen. Teilen wir auch hier ein. Da gibt es die Unerbittlichen, die Diktatoren, die Strengen, die sich immer ärgern, denen die Bühne nie genügt, die das immer gleiche perfekte Produkt verlangen, und es gibt jene, die sich über die immer neuen, die immer verwandelten Produkte amüsieren. Ich zähle mich zu den letzteren – wenn auch mit gewissen Einschränkungen. Entscheidend ist für mich der immanente Stil, nicht der äußere. Es ist auszudrücken, was der Autor will, was ihm vorschwebt, man hat seine Tonart zu treffen. Wie man das macht, kann verschieden sein, dem Regisseur soll Freiheit, aber keine Willkür gewährt werden.

So versucht etwa eine Bühne zu stilisieren! Es gibt keine Requisiten mehr, Zigarettenrauchen, Trinken wird ohne Objekte gespielt. Einer breitet die Hand aus und tut so, als ob er in ein Notizbuch schriebe. Das mag gelingen, ich mag damit einverstanden sein, wenn sich diese Stilisierung durchführen läßt. Wenn jedoch plötzlich Requisiten dennoch notwendig werden, wenn sich das Prinzip nicht vollständig durchführen läßt, wenn nun auf einmal ein Mann eben doch mit einem Gewehr auftreten muß oder mit einem Beil, so muß ich mich fragen, ob die Stilisierung noch einen Sinn habe. Stil halte ich für etwas Unmerkliches, für eine Idee der Kenner, nicht des Publikums. Erst hinterher soll man auf ihn kommen, nicht im Augenblick, im Gegenüber mit der Bühne.

Oder ein anderes Beispiel. In einem meiner Theaterstücke stellen die Schauspieler Bäume dar. Ein Wald wird gespielt. Das geschieht aus einem ganz bestimmten Sinn. Es soll eine ganz bestimmte Szene möglich werden. Durch das Bäumespielen gebe ich die Tonart der Szene an; was nicht in Frage kommen soll, ist deutscher Wald, Ganghofer, Karfreitagszauber. Wird jedoch, wie ich es auch schon sah, die Szene mit Dekoration gespielt, senkt sich Waldgeäst hernieder, Wurzelgeschlinge, ja, äst vor dem beglückten Publikum eine Tänzerin als Reh verkleidet auf der Bühne und übernimmt das Tonband Windesrauschen und Kuckucksrufe: gleich stellt sich die alte deutsche Romantik wieder ein, Wildschützstimmung regiert ungebrochen, nicht gespielt, sondern vorgeblufft; die vorher mögliche Szene wird unmöglich.

Sorgen eines Autors. Interpretationsfehler, gegen das Stück gerichtet. Peinliches Mißverständnis. Seien wir nicht zu bitter. Allzuoft korrigiert das Theater den Autor, verwandeln Schauspieler Blech in Gold. Der Autor verfertigt sein Stück am Schreibtisch, stellt sich, während er schreibt, die Bühne immer wieder vor, doch stets droht ihm auch der Fehler, dort mit dem Wort fechten zu wollen, wo es des Wortes gar nicht bedarf. Ein Schweigen kann eine ganze Passage ersetzen, eine Geste eine Szene. Die Bühne ist zu großen Abkürzungen, Vereinfachungen fähig und verlangt bei weitem nicht alle Kommentare, die dem Autor immer wieder unterlaufen. Übrigens: es gibt auch Regisseure, die nicht eigentlich ein Stück, sondern ihren Kommentar zum Stück inszenieren. Solchen Vorstellungen wohnt dann der Autor besonders verdutzt bei. Er wundert sich über seine Tiefe, die einem andern eingefallen ist und in die das Publikum dann auch meistens prompt hereinfällt.

Dann gibt es in jedem Stück immer wieder Szenen, die nie, oder einige, die nur selten gelingen oder gar vielleicht nur einmal gelingen könnten. Sollen diese Szenen gestrichen werden? Zu den Schwierigkeiten der Theaterschriftstellerei, ja vielleicht jeder Kunst, gehört das Sichabfinden. Ein Theaterstück ist nachträglich nur bedingt noch zu verbessern, ja meistens nur noch zu verschlechtern. Es ist da, mit allen Fehlern, doch es sind nicht Fehler, wie wir sie bei Objekten vorfinden, bei einem Stuhl oder bei einer Schaltanlage. Es sind mehr ›organische Delikte‹, Charakterfehler. Fehlerlose Menschen gibt es ja auch kaum. Aber es gibt Menschen, die wir lieben, verehren, daneben leider auch Mißgeburten, schöne Dummköpfe, unerträgliche Schwätzer. Und alle diese Individuen besitzen Väter, die kraft ihrer Vaterschaft in ihnen etwas Besonderes sehen. So geht es auch den Autoren. Ein Stück neu zu bearbeiten ist der Versuch, es zu erziehen. Eine problematische Arbeit, doch gehört sie zu den Notwendigkeiten unseres Berufs. Ein Theaterband muß zusammengestellt werden, neue Aufführungen stehen bevor. Aber so schön es ist, so aufregend, noch einmal alte Spannungen durchzumachen, alte Zweifel noch einmal durchzudenken, hin und wieder neue Lösungen zu versuchen, die Arbeit, die der Autor restlos liebt und an die er – indem er sie tut – in ewiger Naivität doch restlos glaubt, ist stets die Arbeit an einem neuen Theaterstück. In der Arbeit ›nachher‹ steckt immer ein bitterer Kern: die Ernüchterung.

Amerikanisches und europäisches Drama

1959

Meine Damen, meine Herren,
In Europa hört man oft die Meinung, der Gegensatz
zwischen dem amerikanischen und dem europäischen
Theater bestehe in der Hauptsache darin, daß die großen
Dramatiker Amerikas realistisch, ja naturalistisch schrieben, im Gegensatz zu jenen Europas, die abstrakt seien,
mehr Spekulationen nachgingen, kurz, die Avant-Garde
bildeten. Das ist nun freilich ein sehr allgemeines Urteil,
aber eben doch ein Urteil, das man öfter zu hören
bekommt. Das amerikanische Theater ist in Europa als
konservativ verschrien, man wirft ihm vor, es treibe im
Grunde nichts anderes, als was vor ihm das europäische
Theater zur Zeit Ibsens, Hauptmanns, Čechovs auch
schon getrieben habe; dem europäischen Theater dagegen
hält man vor, es verliere sich in Experimenten, habe den
Kontakt zur Realität aufgegeben und, was noch schlimmer sei, den Kontakt zum Publikum.

Es ist nun nicht zu leugnen, daß dieser Meinung eine
gewisse Wahrheit zugrunde liegt. Ein zukünftiger Litera-
turwissenschaftler wird ohne Zweifel aus den heutigen
amerikanischen Stücken ein ungemein lebendigeres Bild
über das heutige Amerika gewinnen können, als ihm das
aus den europäischen Stücken hinsichtlich Europas möglich sein wird; demgegenüber werden ihm aber die europäischen Stücke offenbar mehr Auskunft über unsere

heutige Philosophie, oder besser Nicht-Philosophie, über unsere Zweifel und Schwierigkeiten geben können. Aus dieser Tatsache aber eine Überlegenheit der europäischen Literatur über die amerikanische postulieren zu wollen, ist nicht nur falsch, sondern auch dilettantisch. Der Gegensatz, der sich hier abzuzeichnen beginnt, ist vielmehr ganz anderer Art. Wie es heute leider, und durchaus nicht zum Guten der Welt, nur noch zwei Großmächte gibt, gibt es heute, da die eine dieser Großmächte aufgehört hat, in der heutigen Literatur eine wesentliche Rolle zu spielen, nur noch eine Großmacht, die Literatur, wesentliche Literatur herstellt, nämlich die amerikanische, der die Literatur von Kleinstaaten gegenübersteht.

Was ich damit vermute, wird Sie möglicherweise überraschen. Ich vermute nämlich, daß der Unterschied zwischen dem amerikanischen und dem europäischen Theater darin bestehe, daß ein Dramatiker, der einer Großmacht angehört, sich ganz anders verhalte, ein ganz anderes Theater, einen ganz anderen Theaterstil anstrebe als ein Dramatiker eines Kleinstaates. Diese Unterscheidung ist, falls sie stimmt, weitaus wichtiger, als man zuerst glauben möchte. Das amerikanische Theater als Resultat der amerikanischen Großmacht rückt in dem Augenblick in eine beinah tragische Position, in welchem wir es als Versuch begreifen, sich selber zu sehen, sich selber nicht zu verlieren. Jede Riesenmacht wächst an sich ins Unheimliche, Unmenschliche, Abstrakte, ob sie es nun will oder nicht, unabhängig von ihren Zielen, von ihrem Willen, flößt Schrecken ein, nach außen allein durch ihr Vorhandensein, droht, ohne es zu wollen, allein durch die Möglichkeit der Vergewaltigung, die ihr innewohnt, isoliert sich selber, vereinsamt, doch erweckt sie auch gegen innen, neben den Gefühlen der Macht und der Freiheit, die sie ihren Bürgern einflößt, ein Gefühl, das, etwas Unkontrollierbarem, Unpersönlichem, Willkürlichem, Schicksalshaftem, Bildlosem, ja Blindwütigem gegenüberzustehen. In diesem technischen Großraum fällt nun dem Schriftsteller, besonders dem Dramatiker, eine ganz bestimmte Rolle zu, die er, ob instinktiv oder bewußt, ausübt, ausüben muß. Das Drama ist an die Darstellung von Menschen gebunden, in jedem Drama wird eine Welt aus Leibern errichtet, die Bausteine des Dramas sind Menschen und werden es immer sein. Dramatisieren heißt vermenschlichen, und der heutige amerikanische Dramatiker vermenschlicht die kontinentale Großmacht, in der er lebt, gibt der Gegenwart ihr Bild zurück, entreißt sie der Abstraktion, indem er den Großraum gewissermaßen zerschlägt, zum Milieu verdichtet. Die Kunstform des heutigen Großstaates ist Realismus. Doch ist dies keine Flucht, kein Provinziellwerden. Ein Tennessee Williams wird nicht etwa nur für die Südstaaten verständlich, weil er seine Stücke hauptsächlich im Süden der Vereinigten Staaten ansiedelt, im Gegenteil, er wird gerade dadurch international. Die Möglichkeit, provinziell zu werden, ist ihm an sich versperrt, weil das Interesse der Welt für Amerika zu groß ist. Man atmet auf: auch die Amerikaner sind Menschen wie wir, die gleichen Fehler, die gleichen Laster, die gleiche Güte! Wir finden ein Antlitz, ein Gesicht, ein Gespenst nimmt vertraute Konturen an, ein Götze vermenschlicht sich. Auch möchte ich hier, wenn zwar nur nebenbei, bemerken, daß auch die vorkommunistische russische Literatur unter diesen Aspekt fällt, der russische Roman und das russische Theater haben sehr vieles mit der amerikanischen Literatur gemeinsam. Doch man verstehe mich recht: ein O'Neill, ein Williams, ein Miller sind nicht deshalb große Dramatiker, weil sie amerikanische Staatsbürger sind, sie wären es auch, wenn sie, sagen wir, Liechtensteiner wären, nur würden sie in diesem Falle anders schreiben.

Wir sind nun also bei der Frage angelangt: Wie schreibt der Schriftsteller eines Kleinstaats, wie schreibt, um einen ganz kleinen Kleinstaat zu wählen, der Liechtensteiner? Nun weiß ich nicht, ob es Liechtensteiner gibt, die Dramen schreiben, aber ich kann mir vorstellen, daß ein Liechtensteiner ein Stück verfaßt, das im Milieu eines Vaduzer Autobusschaffners spielt. Das Stück wird anläßlich einer schweizerisch-liechtensteinischen Freundschaftswoche in Sankt Gallen aufgeführt und freundlich aufgenommen, der Regisseur wird dem Autor an der Premierenfeier beim Kaffee Kirsch sogar versichern, er halte das Stück für weitaus dichterischer als *Die Katze auf dem heißen Blechdach* von Tennessee Williams, aber damit wird es sein Bewenden haben. Der Autor wird sehr traurig sein und das Schicksal verfluchen, das ihn Liechtensteiner werden ließ. Aber ich kann mir noch einen ganz anderen Schriftsteller denken, einen Schriftsteller, der mit ungeheurem Vergnügen Liechtensteiner ist und nur Liechtensteiner, für den Liechtenstein viel mehr ist, unermeßlich viel größer als die 61 Quadratmeilen, die es tatsächlich mißt. Für diesen Schriftsteller wird Liechtenstein zum Modell der Welt werden, er wird es verdichten, indem er es ausweitet, aus Vaduz ein Babylon und aus seinem Fürsten meinetwegen einen Nebukadnezar schafft. Die Liechtensteiner werden zwar protestieren, alles maßlos übertrieben finden, den liechtensteinischen Jodel und die Liechtensteiner Käseproduktion vermissen, aber diesen Schriftsteller wird man nicht nur in Sankt Gallen spielen, er wird international werden, weil die Welt sich in seinem erfundenen Liechtenstein widerspiegelt. Dieser liechtensteinische Schriftsteller wird immer neue Einfälle anwenden müssen, aus Liechtenstein ein immer neues Weltmodell erschaffen, er wird notgedrungen als Dramatiker revolutionäre Wege einschlagen müssen, und diese neuen Wege werden stimmen, weil es für ihn eben gar keine anderen Wege mehr gibt.

Diesen von mir hier fingierten liechtensteinischen Dramatiker gibt es immer wieder in allen Kleinstaaten. Denken Sie an Ibsen, Strindberg, Beckett heute oder an Max Frisch, meinen Schweizer Kollegen, meinetwegen denken Sie auch etwas an mich oder an die Rolle der Iren in der angelsächsischen Literatur. Aber auch an Kleist und Büchner, die noch aus der deutschen Kleinstaaterei stammen, während Gerhart Hauptmann typischerweise der einzigen Epoche angehört, in der Deutschland leider ein Großstaat war, während Brecht schon wieder und wesentlich dem Kleinstaat Deutschland zugehört – Sie sehen, ich mache mir als Europäer keine politischen Illusionen. Nun ist es natürlich ein Unterschied, ob ein Staat schon weiß, daß er ein kleiner Staat ist, oder ob er noch an seine Größe glaubt, ohne wirklich groß zu sein – bei Brecht etwa ist vielleicht damit seine Neigung zum Kommunismus zu erklären –, doch glaube ich ein Gesetz auszusprechen, daß, hat sich einmal der Staat entschlossen als Kleinstaat installiert, er damit dem Schriftsteller eine ganz neue Freiheit verschafft. Die Freiheit nämlich, den Staat als das zu nehmen, was er sein soll: eine technische Notwendigkeit und nicht ein menschenfressender Mythos. Der installierte, technisch und zivilisatorisch bewältigte Kleinstaat, wie man ihn in Europa findet, hat sich politisch selber entschärft: die Welt als Ganzes ist nun sein Problem, aber damit ist auch die Welt das Problem seiner Schriftsteller geworden. Einer der großen Beweise für diese These ist etwa Ibsen. Als Schriftsteller eines Kleinstaates hat er die Waffen für die Schriftsteller der Großstaaten geschmiedet, weil ihm nicht nur seine Gesellschaft, sondern die Gesellschaft schlechthin zum Problem wurde. Der Schriftsteller einer kleinen Nation, so möchte ich es etwas boshaft definieren, kann es sich schon geschäftlich nicht leisten, allzu patriotisch zu sein. Damit aber, meine Damen und Herren, will ich keinen Wert aufstellen, keine Noten austeilen: Gute Schriftstellerei ist immer gleichwertig. Und vor allem: Wenn ich hier einen Unterschied zwischen den Dramatikern von Großmächten und jenen von Kleinstaaten mache, ist dies nur ein sehr allgemeines, beinah statistisches Gesetz, das ich festgestellt habe. Ausnahmen gibt es immer, man denke an Gotthelf, man denke an Thornton Wilder, denn die Schriftstellerei hat ihren Grund letzten Endes in der menschlichen Freiheit, ist einer der wenigen Beweise dafür, daß es sie gibt.

Literatur nicht aus Literatur

Für Kurt Hirschfeld
1962

Literatur nicht aus Literatur: Der Schriftsteller produziert zwar Literatur, doch zu lesen, was heute über die Literatur alles gedacht, gemeint und behauptet wird, fehlt ihm Zeit, wohl auch Neugier. Darin liegt nicht Mißachtung. Er bewundert die stolzen Dome der heutigen Literaturwissenschaft, läßt ihre Päpste herzlich grüßen, ist höflich zu den Gläubigen, zieht überhaupt den Hut, nur tritt er dem Verein nicht bei, weniger aus Prinzip als aus der Befürchtung heraus, Wechselbälge zu kriegen. Der Umgang mit der Zeit verlangt gewisse Vorsichtsmaßnahmen, die aus den umlaufenden Vorurteilen errechnet werden können. So ist die Meinung, Literatur entstehe aus Literatur, unausrottbar. Begreiflicherweise. Die Literatur als ein Geschehen zu sehen, das sich nach immanenten Gesetzen entwickelt, in welchem ein Stil den andern hervorbringt und ein Dichter den anderen, hat viel Bestechendes. Diese Annahme mag denn auch für die Literaturwissenschaft notwendig sein – und sei es nur als Arbeitshypothese –, der Schriftsteller geht ihr aus dem Weg. Er fühlt sich nicht als Resultat einer historischen Entwicklung. Er steht in der Literatur und nicht ihr gegenüber. Er ist weniger ein Erkennender als ein Handelnder. Er muß die Literatur vergessen, soll sie ihn nicht lähmen. Sein Vorrecht ist Ungerechtigkeit den Vorfahren und den Kollegen gegenüber. Brecht kann ihn unsäglich langweilen und irgendein längst verschollener, unspielbarer Dramatiker maßlos aufregen, alles ist da möglich, das Absurdeste kann seiner eigenen Produktion dienlicher sein als das Vernünftige, Gesicherte. Doch vor allem wird ihn nicht die Literatur, sondern die Welt beschäftigen, in der er nun einmal lebt, durch jede Nachricht, die er von ihr erhält, durch jede Zuckung ihrer unermeßlichen Vitalität, dermaßen und so eindringlich, daß ihr gegenüber literarische, artistische Fragen sekundär erscheinen: Die Welt allein liefert den Stoff, den es in Literatur umzumünzen gilt. Hier den Weg aus tappenden alchimistischen Versuchen in bewußte Umwandlungsprozeduren zu finden, ist das Ziel der Dramaturgie.

Schwierigkeiten der Schriftstellerei: Immer wieder wird der Schriftsteller gefragt, warum er eigentlich schreibe. Diese Frage weist auf Schwierigkeiten seines Berufs hin. Sie wird gestellt, weil der Beruf eines Schriftstellers nicht für selbstverständlich, sondern für etwas Besonderes gilt. Gibt der Schriftsteller nun auf die Frage eine selbstverständliche Antwort, etwa, er schreibe, um Geld zu verdienen oder um die Leute zum Lachen, oder, was doch ebenso wichtig ist, um sie zum Ärgern zu bringen, werden die Fragenden ungehalten, denn sie fragten in der Hoffnung, von jenem, den sie für etwas Besonderes halten, Besonderes zu hören. Wir haben für sie Dichter zu sein, das ist das Schwierige, Löser von Welträtseln, Aussteller von Lebensrezepten oder gar Magier. Schwierig ist damit natürlich auch das Arbeitsklima geworden. Weihrauch vernebelt die Köpfe, klärt nicht. Die Zeit macht beinahe alle fertig, nicht durch Boshaftigkeit, sondern durch ihr Verlangen nach Tiefsinn. Doch muß hier menschlicherweise zugegeben werden, daß jede

Frage ein Denken voraussetzt, sei es nun schwach oder mächtig, und jedes Denken, ja, noch der geringste Ansatz zu dieser Tätigkeit verdient, respektiert zu werden. Wenn das Narrenschiff der Literatur nicht mehr ungestört weitersegeln darf, so nur, weil auch von seiner Besatzung Auskunft und Paß verlangt wird: Was seid ihr für Menschen? Wißt ihr eine Antwort auf unsere Fragen? Vielleicht ohne Wissen, daß ihr etwas wißt, was wir nicht wissen? Nicht nur der Neugierige fragt, auch jener, der in Not geraten ist. Die Menschheit rückt zusammen, was einer unternimmt, unternimmt er nicht mehr allein. Und endlich, auch das muß zugegeben werden, wollen auch die Schriftsteller wissen, was sie da eigentlich treiben, sie selber sind die lästigen Frager. So werden sie denn auch immer wieder und immer aufs neue vor die Fragen gestellt, denen sie gerne entgehen möchten. Warum schreiben sie? Die Antwort fällt je nach dem Antwortenden aus. Der eine schreibt aus einem Gefühl des Zornes heraus, ein anderer aus Angst, dieser aus Ordnungsliebe, jener aus Begeisterung, ein anderer will die Welt ändern, wieder ein anderer bewahren, dann gibt es solche, die sich einem bestimmten Programm oder gar einer bestimmten Partei verschreiben. All dies ist legitim, irgendwelche Gründe sind nicht nötig, einen Menschen zum Schreiben zu überlisten. Was für Fiktionen, Einbildungen, Irrtümer, Narrheiten, Lappalien können ihn manchmal dazu bringen, ja oft sogar Größenwahn! Denn der Schriftsteller, vom Grunde seines Schreibens her gesehen, ist damit ja noch nicht erfaßt, diese Frage gibt keine Antwort über seinen Wert oder über sein Können, sondern nur eine Antwort über das, was ihn zu schreiben bewog: Antwort über etwas Gleichgültiges. Der Stein, der die Lawine auslöste, ist nicht wichtig. Wichtig ist nur, daß er im richtigen Augenblick ins Rollen kam und die richtigen Bedingungen vorfand.

Schriftstellerei als Geschäft: Oft tun brutale Gesichtspunkte gut. Der Schriftsteller verdient Geld, indem er Geschriebenes an den Mann bringt, meistens an einen Mann, der mit Geschriebenem ebenfalls Geld verdienen will, an einen Verleger, an einen Theaterdirektor oder an einen Filmproduzenten usw. Schriftstellerei ist deshalb ein Beruf. Noch genauer: ein Geschäft. Wo aber ein Geschäft ist, stellt sich die Frage nach der Geschäftsführung, nach der Geschäftsmethode. Welche Regeln sind einzuhalten, welche Gesetze zu berücksichtigen, welche zu umgehen, welche Praktiken anzuwenden? Das ist nicht immer ohne weiteres auszumachen. Es gibt Geschäfte, die so beschaffen sind, daß es höchst unmoralisch wäre, sie moralisch zu führen, und andere, die so unmoralisch sind, daß sie nur moralisch geführt werden dürften. Das sind mehr als Nuancen. Diese Unterscheidungen weisen auf Notwendigkeiten hin, die dem Geschäftsleben von seinem Ziele her diktiert werden. Das Ziel eines Geschäfts liegt jedoch in seiner Rentabilität; ein Geschäft zu führen, das nicht rentiert, ist sinnlos. Deshalb muß auch eine Schriftstellerei rentieren. Aber wie? Unter allen Umständen oder unter bestimmten? Versucht man so nicht tiefsinnig, aber wesentlich über Schriftstellerei zu reden, ist es vorerst notwendig, sich über die Art dieses Geschäfts Klarheit zu verschaffen. Hier nun stoßen wir auf eine Schwierigkeit. Ein Bankier weiß oder sollte wissen, was er treibt. Sein Geschäft läßt sich klar umschreiben, ohne daß andere als materielle Werte aufgeboten werden müssen, es zu rechtfertigen. Die

Schriftsteller dagegen neigen dazu, ihre Geschäfte und besonders ihre guten als Leistungen darzustellen, von denen gleich das ganze Abendland abhänge, der Geist muß her als Ausrede dafür, ein Geschäft erstrebt oder gemacht zu haben, sie tun so, als ob vom Geiste her gesehen die Frage nach der geschäftlichen Seite von vorneherein unerheblich sei. Es findet so ein unmoralischer Wettbewerb statt, der nur deshalb nicht verpönt ist, weil in unserer Welt immer mehr auch die übrigen Geschäftsleute, besonders die Bankiers und die Politiker, dazu übergegangen sind, den Geist als Ausrede zu benutzen. Man macht in Geist, die Geschäfte stellen sich en passant ein. Die erste Frage lautet daher, ob der Schriftsteller da mitmache, ob er sich als Geist mit Sondererlaubnissen in Extraposition betrachte oder als ehrlichen Geschäftsmann. Es ist eine Gewissensfrage, wenn nicht *die* Gewissensfrage. Schätzt sich der Schriftsteller als ein erhabenes Wesen ein, wertet er sich zum Dichter auf, so muß er die Frage nach seinem Geschäft als frivol bezeichnen, nicht einen Beruf ausüben, sondern als Berufener auftreten. Das tun denn auch viele und oft hemmungsloser, als man das für möglich hielte. Sie sind in relativer Sicherheit. Geistliche und Dichter fragt man nicht nach ihren Geschäften, die wickelt der Himmel ab. Reiht sich jedoch der Schriftsteller ein, zählt er sich zu den Geschäftsleuten, so kann er immer noch danach trachten, der Prostitution zu entgehen, für Geist Geld zu nehmen: indem er sich nämlich entschlossen weigert, geistige Werte zu liefern, indem er Stoffe, aber keinen Trost fabriziert, Sprengstoff, aber keine Tranquillizer. Auf die Ware kommt es an.

Von der Aussage: Gibt der Schriftsteller die Berechtigung zu, sich nach dem Grunde seines Schreibens fragen zu lassen, muß er auch die Frage nach dem Sinn dessen, was er unternimmt, gestatten, die Frage nach seiner Aussage, mit der heute jeder Kritiker kommt. Eine andere Sache ist es freilich, ob er diese Frage für beantwortbar halte. Er kann sich nämlich für unzuständig erklären und einwenden, daß, falls er diesen Sinn wüßte, er nur den Sinn hinschreiben würde, nur die Aussage, und sich den immerhin doch mühsam genug zu erarbeitenden Rest ersparen könnte. Er behauptet damit keineswegs, seine Stücke hätten keinen Sinn. Er meint vielmehr folgendes: Fragt man etwa nach dem Sinn der Natur, wird der Naturwissenschaftler in der Regel ausweichen. Seine Aufgabe ist nicht, dem Sinne der Natur nachzuforschen, sondern der Natur selber nachzugehen, ihren Gesetzen, ihrer Verhaltensweise, ihrer Struktur, mehr verrät die Natur nicht, im letzten bleibt sie undurchsichtig, unergründlich, unerforschlich, weil ihr Sinn ja nur außerhalb ihrer selbst liegen kann, und so ist denn auch diese Frage nicht eine wissenschaftliche, sondern eine philosophische. Ähnlich liegt es bei der Frage nach dem Sinn eines Theaterstücks zum Beispiel, auch er ist außerhalb desselben angesiedelt, auf einer andern Ebene, und mit einem ganz bestimmten Recht darf deshalb der Schriftsteller behaupten, daß ihn der Sinn, die Aussage dessen, was er da geschrieben habe, nicht interessiere, mit dem Recht des Schöpfers nämlich, dessen Aufgabe es ist, zu erschaffen, nicht zu interpretieren. Er stellt den Stoff zur Interpretation her, nicht die Interpretation selbst. Doch muß hier ein Einwand zugelassen werden. Der Schriftsteller darf so antworten, muß es aber nicht. Er braucht sich zwar um den Sinn seines Arbeitens nicht zu kümmern, kann aber auch gerade von ihm ausgehen. Beides ist möglich: Er kann vom Stoffe her bestimmt sein oder von der Aussage.

Dramaturgie von der Aussage her: Der Vorteil jener Schriftsteller, die vom Sinne, von der Aussage her schreiben, gegenüber anderen liegt vorerst darin, daß die Kritiker nachkommen. Das ist nicht zu unterschätzen: Der Kritiker, der sich in seiner Hoffnung gestärkt sieht, auch ein Intellektueller zu sein, wird gutartig. Tatsächlich ist durch diese Art des Schreibens oft eine wohltuende Klarheit erreichbar. Der fragwürdige Punkt eines jeden Stoffs, sein an sich dunkler Sinn, ist erhellt, der Autor tritt gleichzeitig als Interpret seiner selbst auf, wird dadurch unangreifbarer. Nun hängt die Technik, die man auf der Bühne anzuwenden hat, von den Schwierigkeiten ab, denen man gegenübersteht. Die Schwierigkeit, von der Aussage her zu schreiben, liegt darin, daß man sich in einem beständigen Kampfe mit dem Stoffe befindet. Jeder Stoff besitzt sein immanentes Eigenleben, seine eigene, hartnäckige Gesetzlichkeit; ihn der Aussage anzupassen, verlangt eine ständige dialektische Prozedur, denn in jedem Stoffe liegen verschiedene und gegensätzliche Aussagen verborgen. Ein Stoff ist nie eindeutig, eine Aussage will es sein. Diese Dramatik muß daher darauf zielen, die Mehrdeutigkeit zu überwinden. Sie muß den Stoff zur Illustration einer These machen. Mehr als eine solche Illustration kann jedoch der so bearbeitete Stoff nie sein, vor allem beweist er die These nicht, von welcher er gewonnen wurde, ebensowenig wie eine mathematische Operation das Axiom zu beweisen vermag, von dem sie ausgeht. Kunst beweist überhaupt nie etwas. Sie kann in sich stimmen, das ist alles. Mehr als Kunst vermag sie nur in Beziehung auf etwas zu sein, das außerhalb ihrer selbst liegt: Ist es eine These, wird sie deren Gleichnis, aber eines einer These und nicht eines der Wirklichkeit. Denn wie der Stoff ist auch die Wirklichkeit nie eindeutig; ein Gleichnis, das sie zu bannen versuchte, müßte mehrdeutig sein.

Verhältnis zum Publikum: Gerade bei dieser Art von Dramatik spielt das Publikum eine Rolle. Ihm gegenüber wird eine bestimmte These verfochten, das Theater in eine moralische Anstalt verwandelt, zum Kathheder einer bestimmten Lehre gemacht. Das Publikum soll beeinflußt oder geändert werden. Dieses Ziel ist jedoch an eine Bedingung geknüpft: Das Publikum muß dann auch das Geschehen auf der Bühne im Sinne des Autors sehen und deuten. Dem Publikum muß vorgeschrieben werden, wie es den dramatischen Vorgang zu verstehen hat. Zum Kampfe mit dem Stoff gesellt sich jener mit dem Publikum. Es muß unter Kontrolle gebracht werden. Die Dramaturgie hat dafür verschiedene Mittel bereit: Chor, Monolog, epische Unterbrüche, Verfremdungseffekte usw. Doch widersteht das Publikum immer wieder. Es ist zwar falsch, anzunehmen, daß es nur genießen und nicht belehrt werden möchte, aber jede Gesellschaft neigt dazu, sich zu entschuldigen und nicht, sich beschuldigen zu lassen. Dem Publikum wohnt eine hartnäckige Kraft inne, zu hören, was es will und wie es will. Gerade jene, die eine Gesellschaftsordnung ändern wollen, liefern ihr daher nur allzu oft unfreiwillig die Ausreden, die sie zum Weiterwursteln benötigt. Gegen Mißverständnisse hilft nichts. Weder eine Dramaturgie noch ein Meisterwerk. Es ist darum vielleicht besser, sich auf einen Kampf mit dem Publikum gar nicht einzulassen. Man kann sehr viel mehr erreichen, wenn man ihm scheinbar nachgibt.

Die Dramaturgie des wissenschaftlichen Zeitalters: Ich verfolge mit diesen Hinweisen nicht die Absicht, die dramaturgische Methode, von der Aussage auszugehen, in Frage zu stellen. Sie ist eine der Möglichkeiten der Dramatik und leistet Hervorragendes. Der Hinweis auf Schwierigkeiten einer Technik zweifelt diese nicht an, sondern ist Pflicht. Nur ihren Anspruch möchte ich zurückweisen, *die* Dramaturgie des wissenschaftlichen Zeitalters zu sein. Sie hat keine Beweiskraft, sondern nur eine Demonstrationsfähigkeit. Sie kann propagieren, das ist alles, was sie ihrer Methode verdankt. Was sie mehr kann, verdankt sie der von jeder Taktik unabhängigen dichterischen Kraft. Die muß vorhanden sein trotz der Methode, oder dann wird sie eben fehlgehen. Auch trotz der Methode.

Natürlich vermag die ›Dramaturgie von der Aussage her‹ auch wissenschaftliche Erkenntnisse zu propagieren, das heißt in den Dienst der Wissenschaft zu treten (oder in den Dienst einer anderen Sache), aber ihrer inneren Struktur nach gehört sie mehr dem dogmatischen Zeitalter an, falls wir ein solches postulieren wollen. Die Frage lautet daher: Gibt es eine Dramatik des wissenschaftlichen Menschen? Wie müßte sie vorgehen? Eine mögliche Frage, nur glaube ich, müßten die Antwort die Wissenschaftler liefern, und solange sie nicht Dramen schreiben, vermögen wir nicht bündig zu antworten.

Teo Otto

1964

1947 lernte ich Teo Otto kennen. Er malte im Schauspielhaus Zürich die Bühnenbilder zu meinem ersten Stück *Es steht geschrieben*. Später schenkte er mir zwei Skizzen jener Arbeit, ein westfälisches Riegelhaus, vor welchem Johann Bockelson in seinem Mistkarren schläft und die zwei Geräderten am Schluß, über ihnen ein blutiger Himmel. Besonders gefiel mir jedoch damals sein Mond, den er über die Stadt Münster rollen ließ. Er war unheimlich und riesengroß und wies prächtige Krater auf. Daß die Leute dabei pfiffen, war meinet-, nicht seinetwegen.

Dafür wurde Teo Otto mein Freund, und als er mich einmal besuchte, sang er im Keller eines Weinbauern ein Lied von Kindern, die im Kohlenkasten Briketts fraßen. Überhaupt erzählt er gern von seiner Jugend. Nicht weil er gern erzählt, sondern weil ihn das, wovon er erzählt, nicht mehr losläßt. Wir beide sitzen dann in seinem Wohnzimmer hinter dem Tisch auf dem Kanapee, über uns an der Wand die Bühnenfotografien Bertas, seiner Frau, auf dem Tisch Fleisch und Salate im Überfluß und in den Gläsern Rotwein. Er erzählt von Remscheid wie ein Volksdichter, wenn es sowas noch gibt oder je gab: voll Begeisterung, voll Mitgefühl und Humor, bisweilen auch voller Zorn. Schutthalden tauchen dann auf, verrußte Straßen, Mietskasernen, Messerschmiede, Handwerker und Kumpels, fromme Nonnen, ein Tingeltangel mit frecher Musik neben dem Friedhof und hinter einem Lattenzaun Huren mit ihren Klienten, eine märchenhafte, wilde Arbeiterwelt; doch immer wieder kommt er auf seinen Vater zurück, auf einen Malermeister, dessen Bild ihn nie verläßt, der ein heimlicher Philosoph und Weiser gewesen sein muß. Oder er erzählt von Bertolt Brecht. Auch der war für ihn ein väterlicher Mensch, bauernschlau und kauzig, Unbedingtes und Bedingtes abmessend wie ein Apotheker, sein Tod traf Teo Otto wie viele seiner Generation: für sie ist nun die große Zeit vorüber, alles nur noch Nachspiel. Dann sitze ich, trinke Rotwein, rauche und lasse den Freund erzählen. Vergangenes wird gegenwärtig, Unbekanntes vertraut, und als ich einmal durchs Ruhrgebiet fuhr, kam ich mir vor wie in einem Bühnenbild von ihm. Ein Gewirr von Eisen, Feuer und Rauch umgab mich, und die Sonne war eine rote Scheibe, obgleich sie hoch stand. Dazwischen lagen Bauerndörfer wie hingeträumt, eine Riesenwerkstatt mit gespenstischen Winkeln. Ich begriff, weshalb er die Farbe des Rostes so oft anderen Farben vorzieht, aber auch seine Liebe zu den Materialien. Seine Bühnenbilder sind darum manchmal wie aus Blech und Drähten geschmiedet, wie geformt aus altem Papier und faulem Holz, nichts gäbe es, was nicht irgendwie zu gebrauchen, zu verzaubern wäre. Es sind dichterische Bühnenbilder, Verdichtungen manchmal einer Atmosphäre, manchmal aber ganzer Epochen, erlebte Räume, oft vielleicht wie Alpträume, spukhaft und makaber, immer jedoch Visionen eines Mannes, der in den Werken der Dichter nicht ästhetische, sondern ethische Dokumente sieht, Zeugnisse, die nicht beschwichtigen, sondern aufrütteln. Er wurde Bühnenmaler, ahnt man dann, weil er vom Menschen besessen ist.

Auch wenn er malt, gibt Teo Otto nur den Menschen wieder, ich sah noch nie eine Landschaft von ihm, und in den Nächten des Zweiten Weltkrieges zeichnete er sein *Tagebuch*, eine Notierung von Erlebtem und Vernommenem. Der Mensch ist sein einziges Thema. So wie ein Bühnenbild ohne den Schauspieler sinnlos wird, ist auch das Malen für ihn ohne den Menschen als Objekt undenkbar, eine instinktive, unbewußte, nicht theoretische Einstellung, die auch für den Dramatiker gilt. Theater ist nun einmal (will es mehr sein als bloße Deklamation, aufgehängt an die Wäscheleine einer spannenden Handlung) zuerst Menschenschilderung und nicht ein Abwickeln von Problemen, wie man so gerne glaubt.

Und so wurde das Theater sein Schicksal. Es machte ihn schnell berühmt, doch gab er seine Stellung in Berlin auf. Er verließ Deutschland freiwillig. Er kehrte nicht nur dem feierlichen ›positiven‹ Theater der Hitlerzeit den Rücken, diesem Theater im goldenen Käfig, mit immer noch großen Einzelleistungen, gefüttert von Weltmetzgern (welches so sehr der bürgerlichen Vorstellung von Kunst entsprach und entspricht), sondern auch dem Expressionismus. Der Schrei der Dichter war verhallt, ergebnislos, ihre Bücher wurden verbrannt, ihre Stücke verboten, das Theater als moralische Anstalt hatte versagt, weil die politische und kulturelle Schicht eines Volkes versagte.

Teo Otto schloß sich dem Ensemble des Schauspielhauses Zürich an. Diese Emigranten, Ausländer für das Publikum, nur vage gegen eine mißtrauische Fremdenpolizei abgeschirmt, gehalten von einigen mutigen Bürgern und von einigen unerschrockenen Politikern, bildeten ein Theater von Schauspielern. Nicht ein literarisches Mani-

fest formte den Stil dieser Truppe, sondern die schauspielerische Interpretation. Man hatte keine Zeit, literarisch
zu sein. Man stand vor ungeheuerlichen Arbeitsbedin-
gungen. Das Gastland gewährte Freiheit, aber nicht
mehr. Die Umwelt war theatergleichgültig, ja -feindlich.
Das große Publikum fehlte, nur eine Elite kam. Die
Truppe mußte leben, und um zu leben, hatte sie jede
Woche ein neues Stück herauszubringen, im Kriege alle
vierzehn Tage. Die bedeutenden Stücke der Weltlitera-
tur, die revolutionären Stücke der Zeit, aber auch ihre
Kassenschlager. Teo Otto malte in einem niedrigen
Raum unter der Bühne mit wenigen Mitarbeitern, in
einem kleinen Keller, von Ratten umpfiffen (die Wahrheit klingt wie eine Sage). Nach der Premiere, nachts,
wurde schon das neue Stück entworfen, am nächsten
Morgen begann die Ausführung. Und dennoch entstand
großes Theater. Nicht durch Perfektion, sondern durch
Können und Intensität. Man diskutierte. Man wich den
Fragen nicht aus, die das Theater unerbittlich stellt. Wie
sieht die Bühne dieses Stückes aus? Was entspricht dieser
Sprache, jenem Dichter? Wie stellt man diese Szene dar,
wie ist diese Verwandlung zu lösen?

Das Bühnenbild ist nicht eine Dekoration, sondern ein
Teil der Interpretation: Ein falscher Schnörkel, und alles
gleitet ins Ästhetische oder Kabarettistische ab, ein fal-
sches Kleidungsstück, und die Akzente haben sich ver-
schoben. Im Bühnenbild muß die Dichtung ebenso
Gestalt werden wie durch den Schauspieler. Mit einer
Einschränkung. Das Bühnenbild kann einen ganzen Thea-
terkosmos hinzaubern, ist Bühnenweltbauerei, bestimmt den Mechanismus einer Aufführung, die Stellung
der Schauspieler zueinander, ihre Auftritte und Abgänge,

aber es darf nicht herrschen. Es hat sich unterzuordnen.
Man hat es während des Spiels gleichsam zu vergessen, es
muß ins Unbewußte des Zuschauers sinken. Über den
Wert einer Aufführung entscheidet nicht das Bühnenbild, nur der Schauspieler, dem es dient.

Der Bühnenbildner ist ein Mann des Hintergrunds
(wie es auch der Regisseur sein sollte), und ein Mann des
Hintergrunds ist Teo Otto stets geblieben, auch wenn
sich nun die Verhältnisse geändert haben. Er hat sich nun
die großen Bühnen der Welt erobert, er ist nicht mehr
nur der Bühnenbildner des Zürcher Schauspielhauses.
Aber man holt ihn nicht allein seiner Bühnenbilder we-
gen, sondern weil er wie selten einer etwas *vom* Theater
versteht, ein Urteilender nicht nur aus Liebe zur Sache,
sondern auch vom Wissen, von der Erfahrung her, und
Erfahrung braucht das Theater ebenso wie den Mut zum
Experiment. Eine neue Zeit ist angebrochen, eine Zeit,
die großes Theater immer noch hin und wieder kennt,
aber eben nur sporadisch, eine Zeit, deren äußere
Umstände besser geworden sind, die aber an Intensität
verloren hat, eine Zeit, die an der Grundbedingung des
Theaters rüttelt, am Ensemble. Um so wichtiger denn,
daß Teo Otto uns von seinen Erfahrungen etwas mitteilt,
daß er sie weitergibt. Er ist ein Teil der Theaterwelt, ein
Stück Theatergeschichte selbst.

Unsere Epoche ist von Theorien überschwemmt. Die
dramaturgischen Fiktionen machen sich breit, die Literaturwissenschaft verbreitet ihre Dogmen, orgelt von Goethes angeblich heiler Welt her (welche Herabwürdigung
Goethes). Aber die Theorie vergißt allzu leicht, daß auf
der Bühne Dichtung nur möglich wird, wenn sie sich
durch den Schauspieler ereignet. Eine Binsenwahrheit,

gewiß, doch wie wird sie mißachtet! Theater ist nicht reine Literatur, sondern Dichtung vermittels der Schauspielerei. Die Kunst des Dramas ist Menschendarstellung durch das Medium des Schauspielers. Nur durch die Schauspielkunst wird das dramatische Wort elementar und unmittelbar. Auf dem Theater wird die Dichtung durch das Theater ausgedrückt. Man postuliert nicht, man interpretiert, indem man spielt. Komödianten (und auch der Bühnenmaler gehört zu ihnen als ein Teil ihrer Welt) sind nicht Literaten. Sie lassen sich vom Bühneninstinkt leiten, nicht von literarischen Theorien. Für sie ist Hamlet ein Mensch, nicht ein Problem. Sie streben das Humane an, nicht das Dogmatische, ihr Spiel bedeutet die Welt, ohne sie zu deuten, die Beschränkung einer jeden Kunst. Sie stehen in der Zeit, spielen ihre Zeit, auch wenn sie Klassiker spielen. Sie prüfen die Sprache auf ihre Echtheit: auf ihre Spielbarkeit nämlich, das Kriterium einer jeden großen Theatersprache. Theater entsteht durch Arbeit. Die Geschichte des Theaters ist die der Proben, die abgehalten wurden. Es ist eine Geheimgeschichte wie die Geschichte der Literatur auch. Die wahren Kriterien bleiben ungesagt. Sie können nur in der Arbeit aufleuchten, durch die Arbeit, und wirksam werden. Wenn dann das Publikum kommt und wenn gar die Kritiker schreiben, hat das Mißverständnis schon begonnen. Damit sei nichts gegen die Kritik gesagt. Sie hat nur nichts mit dem Theater an sich zu tun (da wäre sie blutige Stümperei), aber alles mit dessen Auswirkung: Nur hier liegt ihre Berechtigung. Die Kritiker gehören einer anderen Sphäre an, jener des Publikums, der Gesellschaft, in die das Theater hineingestellt ist, die nach anderen Maßstäben entscheidet, einer Realität, die zwar mächtiger ist als jene des Theaters, aber darum nicht wahrer. Teo Otto hat uns mit seinem Buche* ein Dokument einer Welt geschenkt, die unbekannt ist, geschenkt, weil sie dem Publikum gehört, allen und jedem, ein Dokument der Theaterwelt.

*Teo Otto, ›Meine Szene‹, Kiepenheuer & Witsch, Köln, Berlin 1965.

Gedenkrede auf Teo Otto

1968

Über Teo Otto zu reden, fällt mir schwer. Er war mein Freund, und Freunde erleben wir intensiver als andere Menschen. Durch seinen Beruf war er mit meinem Beruf verbunden, und Menschen, mit denen wir arbeiten, werden für uns selbstverständlich. Wir leben mit ihnen dahin.

Der Tod ändert alles. Das Vergangene versteht sich nicht mehr von selbst. Doch je weiter wir von einem Menschen weggetrieben werden, der durch den Tod in der Zeit zurückbleibt, desto mehr nimmt er in unserer Erinnerung Gestalt an. Zwar verklärt die Erinnerung jene, die unsere Freunde waren. Das ist natürlich. Jeder Mensch hat Schwierigkeiten und bereitet Schwierigkeiten, erleidet oft Bitteres und handelt manchmal erbittert, doch in der Erinnerung wird alles Schwere und Bittere unwesentlich. Wir treten in ein Reich der reinen Gesetzlichkeit ein, das wir gern mit der Wirklichkeit verwechseln. Was vergangen ist, ist hilflos. Wir begreifen die Toten leichter als die Lebendigen, aber wir formen sie auch hemmungsloser nach unserem Bilde. Und dennoch haben wir kein anderes Bild mehr von ihnen. Auch wir Lebendigen sind den Toten gegenüber hilflos. So geht es jetzt seinen Freunden, so geht es jetzt mir.

Unser Freund Teo war ein Mensch, der intensiver lebte als andere Menschen. Seine Arbeitskraft war ungewöhnlich. Er verbreitete Wärme, er wußte seine Freunde aufzurichten und ihnen Mut zu machen. Er war ein Beobachter von Menschen, ein Schilderer von Menschen, der auch zu schreiben wußte. Er war ein Rebell gegen alle Dogmen, ein stets Neugieriger, den die Neugier jung erhielt. Aber er war auch ein Mann, der an seiner Heimat hing, am Ruhrgebiet, an Remscheid, der immer wieder von seiner Jugend erzählte und von seinem Vater, von seinen Freunden, von der Lasker-Schüler, von Berthold Viertel, von Brecht, und der trotzdem stolz war, Schweizer geworden zu sein.

Doch vor allem war Teo Otto ein Maler. Nicht das Theater war sein Element, sondern die Malerei; das Theater war sein Schicksal. Zuerst war es wohl eine freie Wahl, das Metier eines Bühnenbildners auch noch zu lernen, oder ein Versuch, über den Umweg des Bühnenbildes zur Malerei vorzustoßen, beides ist möglich, denn Teo Otto war seinem Wesen nach ein expressionistischer Maler, der vom Menschen ausging und den Menschen darstellte, und das Theater geht auch vom Menschen aus und stellt auch den Menschen dar. Doch ein Bühnenbild ist vergänglich. Wie oft bin ich zum letztenmal durch ein Bühnenbild gegangen, Meter um Meter, durch diesen künstlichen Raum, der alles nur vortäuscht, mich hierhin setzend und dorthin. Alles war so, wie es bei der Hauptprobe war, bei der Generalprobe, bei der Premiere, aber die letzte Vorstellung war gewesen, der Vorhang zum letztenmal gefallen, diese Wände, dieses Fenster, diese Requisiten waren zum letzten Male da.

Die Bühne, das Leben darstellend, ist vergänglich wie das Leben. Doch der Grund jeder Kunst liegt in einer Rebellion gegen die Vergänglichkeit, liegt im Versuch, bleibende Spuren zu hinterlassen, liegt in einem Anspruch auf Gültigkeit, der, zugegeben oder nicht zugegeben, jedes künstlerische Arbeiten lenkt, und auch die Bühne gibt es allein aus diesem Grunde. Unvergänglich vermag daher das Theater nur zu sein, wenn es immer wieder neu geschaffen, wenn es von jeder Generation neu verwirklicht wird. Wer sich mit dem Theater abgibt, tritt in ein Kollektiv ein, das sich immer wieder erneuern muß, er wird ein Teil eines Kollektivs und damit ersetzbar. Er hat sich unterzuordnen, auch als Maler, doch indem er sich unterordnet, ist er kein reiner Maler mehr.

Teo ordnete sich unter und opferte seine Malerei. Gewiß, er malte und zeichnete neben seiner Theaterarbeit immer noch, unermüdlich und unerschöpflich, das Kriegstagebuch entstand, unzählige Bilder, die immer erstaunlicher wurden, aber berühmt wurde er als Bühnenbildner. Das Theater formte ihn, und das Theater, das er im Exil vorfand, wurde von der Weltgeschichte geformt. Die Not eines Emigrantentheaters, die Aufgaben, denen es sich gegenübersah, und die geringen Mittel, über die es verfügte, machten aus Teo Otto das, was er wurde, machten aus ihm einen wesentlichen Faktor des deutschsprachigen Theaters nach dem Kriege. Er mußte dafür bezahlen. Das Theater gab ihn nicht mehr frei, die Theater gaben ihn nicht mehr frei. Jede große Bühne brauchte ihn, nicht nur das Zürcher Schauspielhaus, auch Frankfurt, München, Hamburg und Wien, alle brauchten ihn. Er schien oft in Zügen und in Flugzeugen zu leben. Das Theater plünderte seine Erfahrung aus, seine Fähigkeit, sich in allen theatralischen Stilen und Möglichkeiten zurechtzufinden, seine Beherrschung sämtlicher Materialien, seine dramaturgischen Kenntnisse endlich,

sein Wissen um den Sinn der Stücke, die er durch seine
Kunst interpretierte. Wir alle brauchten ihn, verbrauchten ihn, wir alle, die Regisseure, die Schauspieler und die
Autoren, denn Teo war ein treuer Freund, und immer
noch geschieht vieles, was auf dem Theater geschieht,
auch aus Freundschaft. Doch war es nicht nur sein Beruf,
der ihn zwang, sich uns immer wieder zur Verfügung zu
stellen, nicht nur die Notwendigkeit, Geld zu verdienen,
die jeder Beruf mit sich bringt, nicht nur die Pflicht, nicht
nur die Freundschaft: die Unrast war in ihm, er hetzte
sich selber. Vielleicht war es der Maler in ihm, der sich an
ihm rächte, vielleicht vermochte er nur noch eine künstlerische Befriedigung in einer übermenschlichen Vielfalt
von künstlerischen Aufgaben zu finden. Ich weiß es
nicht. Ich weiß nur, daß das Publikum ihm gleichgültig
war, daß ihn nur die Arbeit lockte, nie der Beifall, vor
der Premiere reiste er ab, und wenn er blieb, so nur, um
einem beizustehen. So lebte er, und so lebte er uns allen
davon. Und jetzt, da wir nicht mehr um ihn fürchten
müssen, weil das, was wir seit vier Jahren stets befürchtet
haben, eingetroffen ist, jetzt, da er gestorben ist, bleibt
uns mehr als nur Erinnerung. Es bleiben uns neben
seinen Bildern seine Skizzen und Entwürfe. Die Theaterabende, denen sie dienten, sind versunken, noch einige
Aufführungen werden da und dort in Kulissen gespielt
werden, die er konzipierte, auch sie werden vergehen.
Doch nun, wo sein hinterlassenes Werk nur noch darauf
hinweist, was einmal gewesen war, gewinnt es seinen
reinen künstlerischen Wert zurück, es wird das Dokument eines Malers, der aus Liebe zum Theater darauf
verzichtete, ein Maler zu sein, und der durch seinen Tod
wieder zum Maler wurde.

Aspekte des dramaturgischen Denkens
Fragment
1964

Vom Erzählen: Im weitesten Sinne genommen, versucht die Dramaturgie eine Lehre über eine bestimmte Technik des Erzählens aufzustellen. Die Dramatik, als der Gegenstand der Dramaturgie, läßt sich deshalb von der Epik herleiten. Zum Erzählen gehören der Erzähler, der Stoff, der erzählt wird, und der Zuhörer (oder Leser), an den sich die Erzählung richtet. Der Erzähler vermag den Stoff (das gefundene oder erfundene Objekt) von innen und von außen darzustellen, er vermag Gedanken, Gefühle und Rede seiner Gestalten wiederzugeben, aber auch allgemeine Bezüge zu schildern, worin sich seine Geschöpfe bewegen usw.; es gibt nichts, was nicht schilderbar wäre. Erzählen ist eine subjektive Kunst, als Erzähler (als Subjekt, als Schriftsteller, als ›Ich‹) herrscht der Epiker über seinen Stoff absolut. In der Epik lassen sich zwei Tendenzen nachweisen: Jene, die vom Subjektiven zum scheinbar Objektiven strebt (scheinbar: auch bei strenger Objektivität erzählt der Erzähler, der Schriftsteller, was natürlich auch für den Dramatiker gilt), und jene, die am Subjektiven festhält, ja in ihm die besondere Chance des Erzählens sieht. Epik wird zur Möglichkeit des Schriftstellers, sich selbst darzustellen, sich zu rechtfertigen, wird zur Bekenntnis- und Tagebuchliteratur oder, wie bei Jean Paul, zu einer Erzähltechnik, mit welcher das

Ich bedenkenlos in die Erzählung eingreift. Die Tendenz zum scheinbar Objektiven hin beginnt mit dem Erzähler-Ich etwa eines Proust oder Frisch, das zwischen Fiktion und Wirklichkeit schwebt und mit diesem Gegensatz spielt *(Gantenbein)*, gelangt vom stilisierten Ich Kafkas (K) zu den fingierten Ichs eines Defoe oder Swift, schreitet weiter von den fingierten Erzählern (der Erzähler erzählt nicht selbst, sondern gibt scheinbar die Erzählung eines andern wieder) bis zum scheinbar objektiven Erzählen ohne Erzählerfiktion.

Von der Dramatik: Wird die Tatsache übergangen, daß Hörspiel, Fernsehen und Film neue Möglichkeiten schufen, so läßt sich die Erzähltechnik der dramatischen Kunst durch das Fehlen eines Ichs als Ausgangspunkt bestimmen. Die Bühne kennt kein Ich. Tritt ein Erzähler auf oder kommt gar ein Dramatiker auf den Einfall, sich selbst auf die Bühne zu bringen wie der antike Komödienschreiber Kratinos, so ist dieser Erzähler oder Kratinos für den Zuschauer kein Ich, sondern ein Gegenüber. Die Dramatik objektiviert den Stoff, stößt ihn auf die Bühne. Der Dramatiker herrscht über den Stoff nicht mehr absolut. Er ist durch die Bühne begrenzt. Auf der Bühne ist nicht alles darstellbar. Der Dramatiker vermag nicht unmittelbar von innen heraus zu erzählen, sondern nur mittelbar durch die Bühne. Er ist gezwungen, seine Geschöpfe von außen her durch ihr Reden, Handeln und Erleiden zu beschreiben und durch Schauspieler darstellen zu lassen. Er schreibt Rollen. Die dramatische Kunst benötigt die Schauspielkunst (das Verhältnis des Schauspielers zum Text läßt sich nur im rhetorischen Drama annähernd mit dem Verhältnis des ausübenden Musikers zur Partitur vergleichen). Ohne Berücksichtigung der Bühne gibt es keine brauchbare Dramaturgie. (Das fehlende Ich läßt sich mit den Kafka-Dramatisierungen illustrieren: Die Bearbeiter waren genötigt, Kafkas stilisiertes Ich [K] von außen zu zeigen mit K als Bühnenhelden. Bei Kafka ist K von innen und außen dargestellt, K's Gespräche etwa sind Resultate komplizierter gedanklicher Überlegungen. Theoretisch ließe sich Kafka am besten verfilmen, will man ihn dramatisieren, und zwar ohne je K zu zeigen, die Kamera wäre gleichsam K's Auge, das Publikum sähe alles von K aus, dazu teils unterlegte Monologe K's, teils Gespräche K's mit seinem sichtbaren Gegenüber.)

Dramaturgie vom Zwecke her: Daß eine pathetische Form berechtigt sein muß, ist nun freilich ein allgemeines dramaturgisches Gesetz. Von ihm aus läßt sich auch die deutsche Klassik befragen, etwa Schiller: Ist seine Pathetik, seine Jambensprache von der Handlung her berechtigt? Die *Räuber* schrieb er instinktiv in Prosa und erzielte seine wohl dichterischsten Effekte, später, mit weimarischem Kunstverstand, wandte er Jamben an, obgleich es ihn immer wieder zur Prosa »hinabzog«,»da die Deklamation doch alles tut, um den Bau der Verse zu zerstören«. Leider widerstand er der Versuchung, doch sein Mißtrauen blieb. Es stieß ihn in eine merkwürdige Richtung. Zwar war er der Meinung, man sei »durch die Einführung der metrischen Sprache der poetischen Tragödie schon um einen großen Schritt nähergekommen«, doch sein dramaturgischer Scharfsinn konnte den Widerspruch nicht übersehen, in den er sich durch seine Jambensprache verwickelt hatte. »Alles Äußere bei einer dramatischen Vorstellung steht dem Begriff des Natürlichen entgegen – alles ist nur ein Symbol des Wirklichen. Der Tag selbst auf dem Theater ist nur ein künstlicher, die Architektur ist nur eine symbolische, die metrische Sprache ist ideal, aber die Handlung soll nun einmal real sein und der Teil das Ganze zerstören. So haben die Franzosen, die den Geist der Alten zuerst ganz mißverstanden, eine Einheit des Ortes und der Zeit nach dem gemeinsten empirischen Sinn auf der Schaubühne eingeführt, als ob hier ein anderer Raum wäre als der bloß ideale Raum und eine andere Zeit als bloß die stetige Folge der Handlung.« Diese Stelle aus seiner Vorrede zur *Braut von Messina* ist nicht nur gegen die Franzosen gerichtet, auch Schiller selbst, indem er die Stoffe seiner Versdramen aus der Geschichte heraussuchte, hat reale Handlungen dargestellt und fühlte nun seine metrische Sprache nicht mehr durch den Stoff gerechtfertigt, Geschichte blieb Geschichte, das, was geschehen war, und nicht das, was hätte geschehen können. Sein Mißbehagen wuchs um so mehr, als für ihn die Bühne ohne symbolischen Wert nur etwas Gemeines darstellte, eine bloße Belustigung, einen Wahn: »Phantastische Gebilde willkürlich aneinanderreihen, heißt nicht ins Ideale gehen, und das Wirkliche nachahmend wieder bringen, heißt nicht die Natur darstellen. Beide Forderungen stehen so wenig im Widerspruch miteinander, daß sie vielmehr – ein und dieselbe sind; daß die Kunst nur dadurch wahr ist, daß sie das Wirkliche ganz verläßt und rein ideell wird ... Die Einführung des Chors wäre der letzte, der entscheidende Schritt – und wenn derselbe auch nur dazu diente, dem Naturalismus in der Kunst offen und ehrlich den Krieg zu erklären, so sollte er uns eine lebendige Mauer sein, die die Tragödie um sich herumzieht, um sich von der wirklichen Welt rein abzuschließen und sich ihren idealen Boden, ihre poetische Freiheit zu bewahren ... Die alte Tragödie, welche sich ursprünglich nur mit Göttern, Helden und Königen abgab, brauchte den Chor als eine notwendige Begleitung, sie fand ihn in der Natur und brauchte ihn, weil sie ihn fand. Die Handlungen und Schicksale der Helden und Könige sind schon an sich öffentlich und waren es in der einfachen Urzeit noch mehr ... Der neuere Dichter findet den Chor nicht mehr in der Natur, er muß ihn poetisch erschaffen und einführen, das ist, er muß mit der Fabel, die er behandelt, eine solche Veränderung vornehmen, wodurch sie in jene kindliche Zeit und in jene einfache Form des Lebens zurückversetzt wird. Der Chor leistet daher dem neueren Tragiker noch weit wesentlichere Dienste als dem alten Dichter, eben deswegen, weil er die moderne gemeine Welt in die alte poetische verwandelt, weil er ihm alles das unbrauchbar macht, was der Poesie widerstrebt, und ihn auf die einfachsten, ursprünglichsten und naivsten Motive hinauftreibt. Der Palast der Könige ist jetzt geschlossen, die Gerichte haben sich von den Toren der Städte in das Innere der Häuser zurückgezogen, die Schrift hat das lebendige Wort verdrängt, das Volk selbst, die sinnliche Masse, ist, wo sie nicht als rohe Gewalt wirkt, zum Staat, folglich zu einem abgezogenen Begriff geworden, die Götter sind in die Brust des Menschen zurückgekehrt. Der Dichter muß die Paläste wieder auftun, er muß die Gerichte unter freien Himmel herausführen, er muß die Götter wieder aufstellen, er muß alles Unmittelbare, das durch die künstliche Einrichtung des wirklichen Lebens aufgehoben ist, wieder herstellen und alles künstliche Machwerk an dem Menschen und um denselben, das die Erscheinung seiner inneren Natur und seines ursprünglichen Charakters hindert, wie der Bildhauer die modernen Gewänder, abwerfen und von allen äußeren Umgebungen desselben nichts aufnehmen, als was die höchste der Formen, die menschliche, ausmacht.« Doch das Trauerspiel mit Chören mißglückte, und mit dem Versuch wurde auch Schillers Zweifel an der Berechtigung der metrischen Sprache vergessen; die landläufige Dramaturgie sieht in *Wallenstein* die größte Leistung der deutschen Dramatik, ein Werk, worin die Sprache beinahe den Stoff vernichtet; nicht in Schillers Jambensoldaten erscheint der Dreißigjährige Krieg, sondern in der Prosa der *Mutter Courage*. Schillers Skepsis siegte nachträglich. Mit Brechts epischem Theater ist auch Schillers revolutionäres Vorwort verständlicher geworden. Schiller vermutete als erster, daß die Gegenwart für den Tragiker nicht mehr direkt darstellbar sei, und versuchte sie durch den Chor darstellbar zu machen, dieser »reinige das tragische Gedicht, indem er die Reflexion von der Handlung absondere«. Schiller forderte von der Bühne eine bewußte künstliche Welt, eine verfremdete also, nicht in einem Abbild, sondern in einem idealen Vorbild sollte sich der Mensch erkennen und die »moralische Weltregierung, die er im wirklichen Leben vermißt, auf der Schaubühne finden«. Liegt in der moralischen Anstalt der Zweck der Tragödie, so muß Schillers autonome Bühnenwelt vom Zweck her kommentiert werden, sonst wird sie mehrdeutig: »Der Chor verläßt den engen Kreis der Handlung, um sich über Vergangenes und Künftiges, über ferne Zeiten und Völker, über das Menschliche überhaupt zu verbreiten, um die großen

Resultate des Lebens zu ziehen und die Lehren der Weisheit auszusprechen.« Brechts dramaturgische Konzeption hat mit jener Schillers Gemeinsames. Sein Idealismus ist taktisch genauer, politisch, doch nicht weniger rigoros. Beide denken dialektisch, Schiller zum Beispiel setzt seinen Chor von jenem der Alten dialektisch ab. Schillers Gegenwart ist nicht mehr naiv, er lebt in einem bewußten Zeitalter, Brecht bemüht sich, für ein wissenschaftliches Zeitalter zu schreiben. Auch für Brecht ist die Gegenwart nicht direkt darstellbar. Sie ist es nur, »wenn sie als veränderbar beschrieben wird«. Die Welt kann nur mit dem Rezept, sie zu ändern, auf die Bühne gebracht werden, im Verein mit einer Idee und von der Idee her kommentiert. Seine Dramatik ist illustrativ, sie hat die Idee (die Aussage, das Problem, d.h. die Veränderbarkeit der menschlichen Gesellschaft und die Mittel dazu), zu illustrieren und somit die Erkenntnis des Klassenkampfes in die Dramatik einzubeziehen. Was Schiller dem Chor zudachte, die Trennung von Reflexion und Handlung, erreicht er mit dem Song, mit einer ungleich populäreren Kunstgattung also, auch mit knappen Zwischentexten, mit schauspielerischen Vorschriften oder gar wirklich mit dem Chor. In Verlegenheit bringt er jedoch die Dramaturgie mit der Frage nach dem Zweck der Dramatik, eine Frage, die schon Aristoteles verhängnisvoll beschäftigte: »Und jene Katharsis des Aristoteles, die Reinigung durch Furcht und Mitleid, oder von Furcht und Mitleid, ist eine Waschung, die nicht nur in vergnüglicher Weise, sondern recht eigentlich zum Zwecke des Vergnügens veranstaltet wurde. Mehr verlangend vom Theater oder ihm mehr zubilligend, setzt man nur seinen eigenen Zweck zu niedrig an. Selbst wenn man spricht von einer hohen und einer niedrigen Art von Vergnügungen, schaut man der Kunst in ein eisernes Gesicht, denn sie wünscht, sich hoch und niedrig zu bewegen und in Ruhe gelassen zu werden, wenn sie damit die Leute vergnügt.« Diesem Axiom Brechts kann nicht leicht widersprochen werden. Der Zweck einer Kunst ist immer eine schwierige Sache. Zwei Sphären begegnen sich, die nie ineinander aufgehen, das Besondere und das Allgemeine. Von beiden zugleich kann nicht geantwortet werden. Brecht stellt sich entschlossen auf die Seite des Allgemeinen, antwortet von der Gesellschaft her. Er gibt zu, was andere mehr oder weniger, doch verlegen, so daß sie noch einige ideelle Zwecke beigaben, auch zugegeben haben. Fällt die Verlegenheit, fallen auch die Ideale fort. Indem Brecht die Dramatik definiert: »Theater besteht darin, daß lebende Abbildungen von überlieferten oder erdachten Geschehnissen zwischen Menschen hergestellt werden, und zwar zur Unterhaltung«, wird seine Dramaturgie vom Allgemeinen, von der Gesellschaft her bestimmt, und folgerichtig sucht er die Genüsse des wissenschaftlichen Zeitalters ausfindig zu machen, es können nicht mehr unsere Vergnügungen sein, die aus einem nicht wissenschaftlichen Zeitalter stammen, »unsere ganze Art zu genießen beginnt unzeitgemäß zu werden«. Das wissenschaftliche Zeitalter verlangt, in den Genuß eines Theaters zu kommen, das nicht bloß nachahmend wie das aristotelische, sondern auch kritisch ist. »Aber, indem man das Theater ernsthafter behandelt, will man das Vergnügen des Zuschauers nicht aufheben, sondern veredeln. Es soll ein Spiel bleiben, aber ein poetisches. Alle Kunst ist der Freude gewidmet, und es gibt keine höhere und keine ernsthaftere Aufgabe, als die Menschen zu beglücken. Die rechte Kunst ist nur diese, welche den höchsten Genuß verschafft. Der höchste Genuß aber ist die Freiheit des Gemütes in dem lebendigen Spiel aller seiner Kräfte.« Das schrieb Schiller. Brecht: »Das Theater des wissenschaftlichen Zeitalters vermag die Dialektik zum Genuß zu machen. Die Überraschungen der logisch fortschreitenden oder springenden Entwicklung, die Unstabilität aller Zustände, der Witz der Widersprüchlichkeiten usw., das sind Vergnügungen an der Lebendigkeit der Menschen, Dinge und Prozesse, und sie steigern die Lebenskunst sowie die Lebensfreudigkeit. Alle Künste tragen bei zur größten aller Künste, der Lebenskunst.« Jeder Genuß setzt jemanden voraus, der genießen kann. Sowohl Schiller wie Brecht springen am Schluß doch wieder vom Allgemeinen ins Besondere. Brecht konzipiert den Menschen des wissenschaftlichen Zeitalters. Von ihm wird er auch die Antwort bekommen, unabhängig von den richtigen oder falschen Einwänden, die gegenüber seiner Dramaturgie möglich sind. Die Frage ist nicht nur, ob Brecht diesen Menschen und damit dessen Gesellschaft und ob er überhaupt die Wissenschaft richtig konzipierte, die Frage ist, ob dieser Mensch, wenn Brechts Konzeption stimmt, den Genuß will, den Brecht ihm vorschlägt, den jetzt vor allem die Kinder eines noch nicht wissenschaftlichen Zeitalters genießen. Vielleicht will dieser Mensch gerade ein nicht kommentiertes, unabsichtliches Theater, um seine Schlüsse selber zu ziehen, vielleicht Rührung, Gefühle, Romantik, vielleicht Kitsch, vielleicht Illusionen, vielleicht Heroismus, kosmonautische Rittergeschichten, vielleicht Gebete, vielleicht Flüche, vielleicht Anarchie. »Es treffen sich Wissenschaft und Kunst darin, daß beide das Leben der Menschen zu erleichtern da sind, die eine beschäftigt mit ihrem Unterhalt, die andere mit ihrer Unterhaltung.« Das eiserne Gesicht der Kunst schweigt, und der Januskopf der Wissenschaft lächelt zweigesichtig. Was Brecht für ihre Zwecke hält, sind vielleicht nur ihre Finanzierungsmethoden. Daß Kunst auch Unterhaltung sein kann, ist vielleicht nur ihr Unterhalt.

Dramaturgie vom Einzelnen her: Stellte Brecht seine Dramaturgie selbst auf, gab er damit den Kritikern die Möglichkeit, ihn zu loben und gleichzeitig zu wissen, weshalb sie es tun, so ist dramaturgisch beim sogenannten absurden Theater noch manches unklar, auch scheint die Bezeichnung absurder als die Stücke zu sein. Theater = Theater. Theater kann nur Theater sein. Diesen Identitätssatz führt Ionesco in die Dramaturgie ein. Er wendet sich dagegen, daß für andere das Theater »Ideologie, Allegorie, Politik, Vortrag, Essay oder Literatur« darstelle, was genauso abwegig sei, als wenn man behaupte, die Musik müsse Archäologie sein oder die Malerei Physik oder Mathematik, außerdem führt er aus – und stellt eine wesentliche Forderung seiner Dramaturgie dar –, müsse das Theater von dem befreit werden, was nicht reines Theater sei, und nimmt als Vorbild die moderne Malerei: Sie habe nichts anderes versucht, als sich von dem zu befreien, was nicht Malerei sei: Von der Literatur, der Anekdote, der Geschichte und der Fotografie. Doch führt Ionescos Satz in einen Widerspruch. Das Theater ist der Ort, wo etwas gezeigt, wo etwas vorgespielt wird. Ein Mord auf dem Theater ist ein gespielter Mord. Theater bedeutet immer etwas anderes: das, was durch das Theater dargestellt wird. Theater ist nicht die Welt, sondern bedeutet die Welt, sei sie nun veränderbar oder nur umschichtbar, wenn Theater nur Theater bedeuten würde, wäre es sinnlos. Theater = Theater: Theater ist nie Wirklichkeit, sondern gespielte Wirklichkeit (darum kann das Theater nichts beweisen, sondern höchstens illustrieren, wie das beim Lehrstück der Fall ist), nie Illusion, sondern gespielte Illusion. Deshalb vermag aber auch das Theater als Instrument für Ideologie, Allegorie, Politik usw. eingesetzt zu werden, das Theater als Schaubühne ist seiner Natur nach eine Möglichkeit für Verschiedenartiges und Entgegengesetztes, es läßt sich seiner Natur nach prostituieren, von ihm allein aus, von seinem Begriffe, lassen sich diese Möglichkeiten nicht einengen, aus dem Satz der Identität läßt sich nichts folgern, auch keine Dramaturgie. Ionescos Satz ist polemisch zu verstehen. Er richtet sich gegen den Naturalismus. Suchte schon Brecht (und mit ihm der Expressionismus) ein nicht naturalistisches Theater zu errichten, indem er die Illusion zwar nicht aufhob – ohne Illusion ist kein Theater möglich –, aber doch als solche kenntlich machte, so versucht sich Ionesco auf rein theatralische Elemente zu stützen. Er postuliert: »Man darf die Kunstgriffe nicht verstecken, sondern muß sie zur Schau stellen, sie rücksichtslos enthüllen und aufweisen. Die Groteske und die Karikatur waren radikal zu verstärken und in Gegensatz zur bloßen Geistreichelei der Salonkomödie zu setzen. Keine Salonkomödie mehr, sondern Farcen, äußerste parodistische Übertreibung. Humor, ja! Doch mit den Mitteln des Burlesken. Das Komische hart, übertrieben, ohne Zartheit. Auch keine dramatischen Komödien mehr, sondern Rückkehr zum Unerträglichen. Alles bis zum Paroxysmus treiben, dahin, wo sich die Quellen des Tragischen öffnen. Ein Drama der ursprünglichen Mächtigkeit schaffen: ursprünglich mächtige Komik steht neben ursprünglich mächtiger Tragik.« Diese Dramaturgie ließe sich aus der Frage entwickeln, was denn eigentlich Theater an sich, was Urtheater sei; aus einer Frage, die schon historisch gestellt wurde, wobei man auf das kultische Theater stieß, auf Dämonenbeschwörungen, Mysterien usw. Doch hatten diese Untersuchungen den Nachteil, daß sie sich in andere Kulturepochen verirrten und damit für die Gegenwart unfruchtbar blieben; indem man die Frage ungeschichtlich stellt und nach einem unmittelbaren, unliterarischen Urtheater in der Gegenwart sucht, findet man den Clown. Der Schauspieler hat hier nur eine Funktion: einen Menschen darzustellen, über den man lachen muß, den Urpechvogel, der alles ungeschickt unternimmt, an dem sich die toten Dinge rächen. Diese uralte Theater- und Zirkusfigur (Harlekin) ist durch Charlie Chaplin aktuell geworden und beeinflußt immer wieder Volkskomiker wie Valentin. Die ›Dramatik‹ des Clowns entwickelt sich aus der Situation und arbeitet mit Situationskomik, die Requisiten werden wichtig, ja selbständig, der Dialog verwirrt die Situation ins Hoffnungslose, statt sie zu entwirren usw. Es sind Clowns ohne Masken, die Beckett und Ionesco auftreten lassen. In ihren Bühnengestalten hat der unaufhaltsame ›soziale‹ Abstieg des Helden vom mythischen Halbgott über Könige und Adlige, über den bürgerlichen Helden bis Baal seinen Abschluß gefunden. In Becketts Wladimir und Estragon leben Büchners Andres und Woyzeck, in den Geschöpfen Ionescos glaubt man Sternheims Spießer wiederzufinden, windiger zwar, noch schemenhafter, namenloser, bodensätziger, Endmenschen in Endsituationen, Parallelerscheinungen zum Begriff des Einzelnen, der, aus dem allmächtigen Ich des Idealismus und der Romantik hervorgegangen und gegen deren Uferlosigkeit konzipiert, den isolierten, abgesonderten Menschen bezeichnet, den Menschen, der mit seinesgleichen keine Familie, kein Volk, keinen Organismus mehr, sondern nur noch eine Masse bildet, der der Existenz, dem Nichts (oder Gott), dem Augenblick, der Angst und der Einsamkeit überlassen ist, oder wie die Etappen der Geisterbahn alle heißen, auf welcher der Existentialismus den Menschen herumsausen läßt. Der Einzelne erscheint auf die bloße Existenz reduziert, aber auch vom Charakter entkleidet, er ist aus jeder gesellschaftlichen Funktion entlassen, er ist, von innen gesehen, der innerliche Mensch schlechthin und damit ein objektiviertes Ich, das nun im Kostüm des Clowns die Bühne betritt, die kein Ich kennt: Wieder einmal ist ein dramaturgisches Gesetz überlistet. Darauf scheint Ionesco anzuspielen: »Wenn im Theater Richard II. gestürzt, in seiner Zelle gefangen und verlassen ist, sehe ich nicht mehr Richard II., sondern alle gestürzten Könige der Welt. Aber nicht nur alle gestürzten Könige, sondern auch unsere entheiligten, zusammengebrochenen und abgebrauchten Ansichten, Werte und Wahrheiten, die gestürzten Kulturen, das Schicksal. Wenn Richard II. stirbt, nehme ich eigentlich am Tod von all dem teil, was mir am liebsten ist. Mit Richard II. sterbe ich selber.«* Für Ionesco ist Richard II. ein ›Einzelner‹, ein ›Ich‹. Für den Einzelnen kann die Welt absurd sein, unerträglich. Das Theater, das diese Möglichkeit aufzeichnet, ist es nicht. Seismographen sind auch nicht absurd.

*Anmerkung: Das Beispiel Richard II. ist vielleicht für unsere Zwecke von Ionesco nicht besonders glücklich gewählt worden. Richard II. ist kein ›Einzelner‹, er bleibt ein Charakter und damit ein Held. Ein Held – und sei er noch so heruntergekommen – stellt sich mit der Handlung ein. Die Reduzierung des Menschen auf den ›Einzelnen‹ entspricht der Reduzierung der Handlung auf die Situation. In dieser Hinsicht ist Beckett der zuverlässigere für den Theoretiker: Beckett ist eine einzige Repetition einer letztmöglichen Situation und nur, daß er sich immer wieder wiederholt, macht ihn glaubhaft. Ionesco dagegen gerät zu der von uns zu der seinigen gemachten Dramaturgie in Widerspruch, sobald er von der Situation auf die Handlung hinüberwechselt, sobald er ein abendfüllendes Stück schreibt: Behringer ist kein Einzelner mehr, sondern auch schon wieder ein Held: Ein anständiger Mensch. Ionesco gerät in ähnliche Schwierigkeiten wie Sartre, freilich aus entgegengesetzten Gründen: Ionesco zieht gegen jede Ideologie ins Feld, Sartre für eine, ohne sie freilich linientreu zu akzeptieren (dieses Akzeptieren ist heute unmöglicher denn je: Die Partei schreibt krumm auch auf gerade Zeilen), Sartre versucht mit seinem Gegner seine Feinde zu schlagen. Angenommen, das neunzehnte Jahrhundert habe uns außer der Wissenschaft zwei denkerische Haltungen hinterlassen, die sich nicht decken und sich nicht decken können, den dialektischen Materialismus, entworfen vom Allgemeinen her, und den Existentialismus (in den schließlich auch die Erkenntnistheorien münden), konzipiert vom ›Ich‹ aus, so versucht Sartre vom Existentialismus aus Marxist zu sein. In *Huis Clos* begründete er das ›absurde Theater‹, es sind vier ›Einzelne‹, die sich in der Hölle finden. Später, um sich zu engagieren, verankerte er notgedrungen seine Dramaturgie wieder in Helden. Der ›Einzelne‹ ist ebensowenig eine Realität wie der Clown, er ist eine Konzeption, eine Idee des bewußten oder unbewußten Existentialismus, während ein ›Held‹ noch zum Mobiliar gehört, das der soziale Realismus aus der gutbürgerlichen Wohnung hinüberzügelte. Daß der Marxismus sich bürgerlich möbliert, erkennt man auch daran, daß Politbüro und Bürgertum sich geschmacklich einig sind: beide fordern positive Helden. Was endlich, da wir schon bei einer Anmerkung sind, die Stellung meiner höchst persönlichen Dramaturgie innerhalb dieser dramaturgischen Systeme betrifft, so hoffe ich diese Stellung dermaßen verwirrt zu haben, daß jene Kritiker, die mir angedroht haben, mich neu überdenken zu wollen, zwar immer noch nicht nachkommen, jedoch wesentlich bessere Waffen für ihre Verrisse in die Hand gedrückt erhalten. Wer sich liebt, sorgt dafür, daß seine Kritiker keine Dum-Dum-Geschosse verwenden. Merke: Gib deine Dramaturgie nicht preis, sonst wirst du dich einmal an sie halten müssen.*

Sprache = Sprache: Gefühlsmäßig siedeln wir die Sprache zwischen Musik und Malerei an, sie bewegt sich in der Zeit fort, besitzt Melodie und Rhythmus, vermag präzise Bilder und Vorstellungen zu erwecken, Begriffe, Hinweise auf Reales, Mögliches und Unmögliches. Die Forderung Ionescos an das Theater wird heute auch an die Sprache gestellt. Es wird dem Schriftsteller vorgeworfen, er halte mit der Entwicklung der Musik und der Malerei nicht mit. Nun vermögen sich tatsächlich die Musik und die Malerei einer reinen Form zu nähern und nur sich selber zum Inhalt zu haben, doch die Möglichkeit der Sprache, reine Sprache, Sprache an sich zu sein, ist zweifelhaft. Was für das Theater gilt, gilt auch in einem gewissen Sinne für die Sprache, sie ist nicht die Wirklichkeit, sondern stellt sie dar, charakterisiert sie, weist auf sie hin, drückt sie aus; das Verhältnis der Sprache zur

Wirklichkeit ist durchaus nicht eindeutig, mit Recht stellt das Verhältnis Begriff – Wirklichkeit eines der philosophischen und physikalischen Hauptprobleme dar. Sprache an sich wäre inhaltsleer, allein die Spannung zwischen der Sprache und dem von der Sprache Gemeinten macht ihr Abenteuer aus. Schreiben ist deshalb mehr als ein bloßes Beschäftigen mit der Sprache, weil sie ihren Wert nicht von sich, sondern von ihrem Objekt empfängt, von dem, was sie zur Sprache bringt. Doch hat die Neigung zum Stilistischen, zum ›Nur-Sprachlichen‹ nicht nur die Kritiker ergriffen, die mit dem Argument, nur die Sprache sei prüfbar, die Grammatik als Fallbeil sausen lassen, ahnungslos, daß wirkliche Sprache und wirklicher Stil verborgener, versteckter und ungrammatikalischer sein kann, als sie glauben: Auch viele Schriftsteller kommen vor lauter Stil nicht mehr zum Schreiben. Der Inhalt der Sprache sind Gedanken, man arbeitet nicht an der Sprache, sondern am Gedanken, am Gedanken arbeitet man durch die Sprache. Große Sprache ist durch ihren Inhalt präzis, nicht durch sich selbst. Wer versucht, nur mit der Sprache zu arbeiten, wer die Sprache nur als Material nimmt und damit ihren Inhalt in ihr sucht, wird unpräzis. Wo alles möglich ist, gibt es keine Kriterien mehr, im Reiche der absoluten Freiheit wird alles gleichgültig. Der Schriftsteller nutzt dann nur die sprachliche Eigengesetzlichkeit aus, läßt die Sprache wuchern, Assoziationen spielen, arbeitet am Zufälligen. Er spinnt ein Netz in der Hoffnung, die Wirklichkeit einzufangen, doch verfängt sich die Realität in solchen Gespinsten nur in Glücksfällen (das sind dann freilich große Momente). Wer in sprachliches Neuland vorstoßen will (was heute fast jeder erklärt), muß nicht auf Sprachliches ausgehen, sondern auf neue Inhalte: auf neue Zusammenhänge, auf neue Konflikte, Probleme, auf Neu-Gedachtes. Sonst wird er nur die von der öffentlichen Moral eingehegten Bezirke erobern oder den Begriffsfundus plündern, woraus ihm die heutige Welt täglich Materialien herschwemmt, Sprachfetzen aus Bezirken, zwischen denen nur noch eine vage Verständigung möglich ist, die Kompliziertheit der neuen Sachgebiete ist zu gewaltig.

Dramaturgie vom Stoffe her (Entwurf): Gibt es eine Dramaturgie vom Zwecke (und damit von der Idee) her, muß es auch eine Dramaturgie vom Stoffe her geben, eine praktische Dramaturgie, meistens instinktiv angewandt beim Schreiben eines Theaterstücks oder beim Regieführen (das dem Schreiben am nächsten kommt), aber auch beim dramaturgischen Durchdenken und Mitspielen vorhandener Stücke (der große Ansatz dazu: Lessing); eine Dramaturgie, die allen anderen Dramaturgien zugrunde liegt, denn will man auch einen Stoff für eine Idee nutzbar machen, so muß doch stets vom Stoffe aus gedacht und konzipiert werden. Die Methode dieser Dramaturgie: Es muß vom Stoffe her untersucht werden, welche dramaturgischen Möglichkeiten in ihm liegen; beim Nachdenken über vorhandene Stücke muß zuerst mit und nicht gegen den Autor gedacht, seine Partie gespielt und kontrolliert werden und keine andere (ein Gesetz des Fairplay). Die Dramaturgie vom Stoffe her denkt die Bühnenmöglichkeiten eines Stoffes durch; wie man einen bestimmten Stoff auf einer bestimmten Bühne darstelle, ist ihr Hauptanliegen, das Kriterium jedoch, das ein Meisterwerk erst zu einem solchen macht, liegt außerhalb der Dramaturgie, Wert oder Unwert einer Kunst ist für sie nicht beweisbar, eine Dramaturgie vom Stoffe her ist keine Ästhetik, sondern eine empirische Zusammenstellung der Regeln und Kunstgriffe, die ein Handwerk ausmachen. Dennoch ist die Dramaturgie vom Stoffe her nicht nur eine Hilfsdramaturgie etwa im Sinne eines selbstverständlichen dramaturgischen Könnens, das jeder Dramatik zugrunde läge. Sie ist auch die Dramaturgie jener Dramatiker, die im Stoffe selbst den objektiven Gegenstand der Dramatik erblicken, den sie in ein Symbol der Wirklichkeit verwandeln (nicht in eine Allegorie), in ein Gleichnis, das seinem Wesen nach nicht eindeutig, sondern mehrdeutig ist, das nicht ein Problem, sondern mehrere stellt. Dazu: Auch hier findet sich bei Schiller ein Beispiel. Nach dem theoretischen Unternehmen der *Braut von Messina* wandte er sich einem Mythos zu, er schrieb den *Wilhelm Tell* (und es ist wohl kein Zufall, daß der letzte der Schillerschen Nachfahren, Hochhuth, in seinem unbeholfenen, doch hochexplosiven *Stellvertreter* den letzten Mythos behandelt, den es noch gibt, den unfehlbaren Papst, den die katholische Kirche nicht schuldig sprechen kann, weil er es nicht sein darf). Dem schweizerischen Nationaldrama liegt Schillers größter Stoff zugrunde. In ihm fand er die poetische, ideale Fabel, die seine metrische, pathetische Sprache rechtfertigte. Wilhelm Tell ist ein Festspiel, besonders für Freilichtbühnen und Laienspieler geeignet, von ihnen gesprochen wirkt die Sprache echt naiv, daß Bergbauern in Jamben sprechen, wundert niemanden mehr, und dennoch ist das Stück revolutionär: der wahre Handlungsträger ist ein Kollektiv, Tell braucht keinen Chor. Das Kollektiv als Handlungsträger wurde Schiller nicht von einer Idee, sondern vom Stoffe aufgedrängt. Damit wird der Stoff entscheidend, der Einfall, der den Stoff entdeckt oder erschafft, die Technik, Stoffe zu erfinden (damit hätte die Dramaturgie vom Stoffe her zu beginnen, am besten mit Beispielen zu operieren). Wesentlich: Das Objekt bestimmt das Handeln des Subjekts, das zwischen verschiedenen vom Objekt (vom Stoffe) gegebenen Möglichkeiten zu wählen hat (wie einer wählt, charakterisiert den Dramatiker), Schreiben wird zu einer Gehorsamkeit dem Stoffe gegenüber. Unterscheiden zwischen Konflikt und Problem.

Gedenkrede auf Kurt Hirschfeld

1964

Meine Damen, meine Herren,

Ist der Forderung »Erkenne dich selbst« schwer und nur unzulänglich nachzukommen, da sich ein jeder über sich selbst am leichtesten täuscht, so stellt uns gar der Versuch, den andern zu erkennen, vor unüberwindliche Schranken. Mögen wir dem andern noch so nahe stehen, mögen wir ihn lieben, achten, oder mögen wir seine Gegner sein, wir kennen ihn nie, wie er ist, wir kennen nur Zeichen, die von ihm kommen, Wirkungen, die von ihm ausgehen, Fakten, die sich feststellen, zusammenstellen lassen. Wir erleben den andern, oft eindringlich, manchmal erschütternd, doch unser Wissen über ihn ist grausam begrenzt, grausam begrenzt aber auch die Möglichkeit, ihm zu helfen. Der wirkliche Raum zwischen den Menschen ist unermeßlicher, als wir das wahrhaben wollen, als die Liebe, die Freundschaft, ja die Feindschaft es wahrhaben will. Seinen Weg hat ein jeder selber zu gehen, er wird auf eine Bahn geschleudert, die ihn unweigerlich immer weiter von den andern treibt, in den Tod.

Gedenken wir dieser alten, harten Wahrheit, so ist es denn auch nicht nur in einem äußeren, sondern auch in einem inneren Sinne richtig, wenn wir hier Kurt Hirschfeld auf seiner Bühne und vor seinem Publikum mit unser aller Trauer ehren, gibt es doch, wie vieles andere, ein Theater auch nur aus der Not des Menschen heraus, daß er sich so wenig und den andern so gar nicht kennt. Der Mensch ist keine Rechnung, die aufgeht, keine Formel, die sich niederschreiben ließe, er ist ein Geheimnis, und weil er als Geheimnis angelegt ist, sind wir genötigt, so zu tun, als ob der Mensch darstellbar wäre. Wir spielen auf der Bühne aus einem Mangel heraus, wir sind zur Fiktion gezwungen, auf diesem Zwang ruht unser Theater, jedes Theater, unsere Kultur, jede Kultur, ja, sehen wir genauer, unsere Gesellschaft, jede Gesellschaft. Die Wahrheit läßt sich nicht spielen, wir können nur wahr spielen, so wie wir ja auch nicht richtig zu handeln vermögen, sondern nur aufrichtig, fair: Daß wir diese Selbstverständlichkeiten unterlassen, macht die Bühne, die Welt immer wieder zur Schmiere.

Im Wissen um diese Zusammenhänge liegt die Sendung des Theaters, des Theaters, dem die Leidenschaft des Mannes galt, dessen wir hier gedenken, den wir kannten und der uns doch wieder unbekannt war, es ist eine bittere, demütige, hilflose Sendung. Sie bestimmt nun auch unsere Trauerfeier, muß sie bestimmen. Wir sind es dem Toten, wir sind es seiner Bühne schuldig. Wir haben es zuzugeben. Die Trauerfeier, die wir hier veranstalten, erreicht den Toten nicht mehr, er hat uns verlassen, seine Loge ist leer, wir mögen ihn preisen, verherrlichen, zu zeichnen versuchen, es ist ihm gleichgültig, wir kommen zu spät, die Feier fällt nur auf uns zurück, die wir noch leben, wir betrauern nur uns, nicht ihn, mit Recht, sicher, ein Erlebnis, das wir hatten, lange hatten, ist nun vorüber, das Erlebnis, einen mutigen Menschen erlebt zu haben, es gibt kein größeres.

Und so tun wir denn auch hier ›als ob‹, aus einem Erwachen, aus einer verlegenen Bestürzung heraus; mehr

als Theater, mehr als ein Trauerspiel, kann auch diese
Feier nicht sein. Diese Feststellung mag grausam klingen,
aber wir, die wir mit dem Toten arbeiteten, wir, all die
Freunde, die er in der Theaterwelt fand, die Anwesenden
und die Abwesenden, haben die Freundespflicht, sie
auszusprechen, denn es ist keine Schmälerung, unsere
Ohnmacht einzugestehen. Die Trauer ist menschlich,
doch führt sie nicht weiter. Was allein weiterführt, ist der
Mut, sich den Tatsachen zu stellen, die der Tote setzt.
Was war, ist noch lebendige, bald verblassende Geschichte, aber eben schon Geschichte, was bleibt, ist
mehr als Erinnerung, mehr als Dank. Es ist das, was der
Tote hinterläßt: eine Frau, ein Kind, den Ruf einer Stadt,
eine Theaterstadt geworden zu sein. An diese Tatsachen
haben wir uns zu halten, hat sich die Stadt zu halten, hier
entwischen wir nicht dem Toten, hierauf behaftet er uns,
hier sind wir verpflichtet, hier versagen oder bestehen wir
vor ihm und vor uns.

Zum Tode Ernst Ginsbergs

1965

Meine Damen und Herren,
Am dritten Dezember 1964 ist Ernst Ginsberg in der Zürcher Klinik Neumünster gestorben. Seine Krankheit war schwer, über deren Fortschreiten und Ausgang war er sich im klaren. Er wurde gelähmt, verlor endlich die Sprache, sein Geist blieb unangetastet. Als er noch diktieren konnte, verfaßte er Prosa und Gedichte, die letzten Verse entstanden, als er sich nur vermittels Tabellen zu verständigen vermochte. Seinem eingemauerten Geiste blieb keine andere schöpferische Möglichkeit. Doch gab es noch einen weiteren Grund. Den Wert einer Kunst messen wir gern an der Dauer ihres Ruhms, Vergängliches ist für uns Vergängliche zweitrangig. Kurz vor seinem Tode signalisierte der Kranke, man werde einmal vergessen, wie er Molière gespielt habe. Er hoffte, eine unvergänglichere Spur zu hinterlassen. Es hatte ihn immer zum Schreiben gedrängt. Er gab früher zwei Anthologien über barocke Lyrik und Lyrik des achtzehnten Jahrhunderts heraus, dazu eine Auswahl der Werke Else Lasker-Schülers und Berthold Viertels, verfaßte Aufsätze über das Theater. Auch entstanden schon damals Gedichte, die er geheimhielt. Er war mit Leidenschaft Schauspieler, aber ihn quälte die Vergänglichkeit der schauspielerischen Leistung, die durch die konservierenden Mittel der Technik nicht aufgehoben, sondern nur

ins Gespenstische, Schemenhafte gerückt wird, ein Abbild nur erscheint auf der Leinwand, eine Stimme nur
ertönt aus dem Lautsprecher, noch wirklich für uns, die
wir sie durch die Erinnerung ergänzen können, verfälscht
schon für die Nachwelt, nur dokumentarisch, historisch.
Für uns jedoch ist Ernst Ginsberg keine Sage, wir haben
ihn erlebt und wir haben ihn verloren. Der Verlust ist für
uns noch abzumessen.

Zuerst haben Sie ihn erlitten, meine Damen und Herren, Sie waren sein Publikum. Er spielte für Sie. Er
schenkte Ihnen seine Kunst, Sie schenkten ihm Ihren
Beifall, nicht unwichtig, denn ein Schauspieler braucht
den Erfolg, die öffentliche Anerkennung, den Ruhm. Er
nahm Sie als Publikum ernst. Er fühlte sich Ihnen verant-
wortlich. Er war populär. Er galt bei vielen als geistiger
Schauspieler. Er war es nicht, weil es geistige Schauspieler nicht gibt, sondern nur Schauspieler mit Geist. Denn
die Schauspielerei ist eine elementare Kunst, die den
Menschen als Ganzes einsetzt, die mehr empirischen
Regeln untersteht als theoretischen Gesetzen, bei der die
Bühnenerfahrung oft mehr zählt als eine noch so feinsin-
nige Kunstauffassung.

Als Schauspieler war Ernst Ginsberg schwer einzuord-
nen. Das Theater besitzt eine natürliche Weisheit. Es
führt eine Unterscheidung der Schauspieler nach Typen
durch, es spricht vom jugendlichen Helden, vom Charakterdarsteller, vom Heldenvater usw., diese handfesten
Unterscheidungen, etwas aus der Mode gekommen, sind
noch immer die besten. Die Theorie will tiefer gehen. Sie
glaubt, daß einige Schauspieler unmittelbar durch ihre
Natur wirken, andere mehr durch ihr Können überzeu-

gen, sie stellt dem Komödianten den Techniker gegenüber, und nur als Techniker ließen einige Ernst Ginsberg gelten, wir haben kein Recht, diesen Einwand zu verschweigen. Doch einmal angenommen, diese Unterscheidung sei unter echten Schauspielern überhaupt möglich, ist eine Richtigstellung notwendig. Auch der Komödiant ist ohne Kunstverstand und ohne technische Beherrschung seines Metiers nicht denkbar, weil er sich sonst weder darzustellen noch sich innerhalb seiner Natur zu verwandeln und zu variieren vermöchte. Natur an sich ist nie Kunst. Der Komödiant muß sich seiner instinktiven Fähigkeiten bewußt werden, seine Natur ist nicht das Mittel, sondern der Ausgangspunkt, das Material, woran er das Werkzeug seines Könnens setzt. Der Techniker dagegen hat einen anderen Weg einzuschlagen. Von der Technik allein vermag er nicht auszugehen, die Technik an sich ist blind, hinter dem Können muß ein Plan, eine Einsicht, ein Bewußtsein stehen. Er geht daher von einer Überlegung aus, um mit Hilfe seines Könnens die Natur zu erzielen, instinktiv zu scheinen. In der Wirkung auf das Publikum jedoch würden sich der ideale Komödiant und der ideale Techniker in nichts unterscheiden. Das sollte uns vorsichtig stimmen. Mehr als eine Arbeitshypothese stellt auch die einleuchtendste Theorie über eine Kunst nie dar. In der Wirklichkeit unterscheiden sich der Komödiant und der Techniker wohl mehr in ihrer Taktik der Rolle gegenüber als ihrem schauspielerischen Wesen nach. Eine rein bewußte Kunst gibt es ebensowenig wie eine rein instinktive.

Ernst Ginsberg war vor allem ein Charakterdarsteller, ein Schauspieler, der sich nie gehen ließ, der seine Leistung unter Kontrolle hatte wie jeder echte Schauspieler, und ein Techniker mag er insofern gewesen sein, als er wirklich etwas konnte. Er verfügte über ein nie versagendes Gedächtnis und über eine perfekte Technik des Sprechens. Ich erinnere nur an seine letzte Rolle, die er auf dieser Bühne spielte. Er sprach Wedekinds Bühnenprosa aufs Komma genau und bewies, daß jene, die Wedekinds Sprache für Papier halten, es nur tun, weil sie Wedekinds Partitur nicht gewachsen sind, ihn nicht sprechen und darum auch nicht lesen können. Ernst Ginsberg war jeder Partitur, jedem Stil gewachsen. Doch als Schauspieler aus Instinkt war er wiederum ganz Komödiant, nicht nur seiner komödiantischen Spielfreudigkeit nach, die ihn manchmal zu Übertreibungen verleitete. Er setzte seine Natur radikal ein. Er war gebildet. Er besaß einen scharfen Verstand und war echt naiv. Er war wahrhaftig und komödiantisch, fromm und maßlos, er wußte seine gegensätzlichen Eigenschaften im Spiel zu vereinigen. Vielleicht, dürfen wir sagen, war er nur in seiner Kunst wirklich eine Einheit, vielleicht, ahnen wir, lag hier der Grund, weshalb er Schauspieler werden mußte, dieser Einheit zuliebe, die fast nur in der Kunst und fast nie im Leben zu erreichen ist. Aus seinem Wesen sprang unmittelbar die Intensität, die seine Stärke war, die unbedingte Konzentration auf die Rolle, auf Philipp den Zweiten, auf den Menschenfeind Alceste, auf Doktor Schön.

Gewiß, er faszinierte durch sein Können, doch berührte uns noch mehr die Begegnung seiner Persönlichkeit mit der Rolle. Wahre Schauspielkunst ist nie etwas anderes als eine solche Begegnung. Wir erleben sie als ein Ereignis, das sich vor uns auf der Bühne abspielt, und je stärker uns dieses Ereignis gefangennimmt, desto mehr vergessen wir die Kunst, die es möglich macht. Wir beobachten nicht mehr, *wie* ein Schauspieler Hamlet spielt, wir erleben Hamlet, auch wenn heute die Theorie aufgekommen ist, der Schauspieler habe nicht in seiner Rolle aufzugehen, sondern müsse sie demonstrieren. Aber der Zuschauer gehorcht nur seinem Gesetz. Er will erleben. Er stellt die Illusion, einem Ereignis beizuwohnen, auch dort her, wo man ihm diese Illusion nehmen will, und nachdenken wird er, wenn überhaupt, erst später. Nachträglich. Das Publikum läßt sich nichts vorschreiben, um diese oft bittere Erfahrung kommt kein Theater, kein Schauspieler herum. Denn das Publikum ist unerbittlich, wenn auch nicht unbestechlich. Sensationen können es verführen, Posen begeistern, Moralien rühren, Konventionen blind machen, Neues abschrecken. Seine Ungerechtigkeit ist sein Recht, seine Gerechtigkeit immer wieder erstaunlich. Gerade dem Schauspieler gegenüber. Ein Schauspieler kommt an oder nicht. Nur was er auf der Bühne *ist*, entscheidet. Nur jener Schauspieler wirkt, der zu überzeugen weiß: so ist Franz Moor, so ist Mephistopheles und nicht anders. Mit Ernst Ginsberg, meine Damen und Herren, wußte Sie ein echter Schauspieler zu überzeugen. Indem er vor Ihnen bestand, bestanden Sie vor ihm. Sie *alle* haben ihn verloren. Jeder auf seine Weise. Ein Verlust ist etwas Persönliches. Unsere Erlebnisse machen unser Leben aus, erlebten Sie Ernst Ginsberg je wirklich, haben Sie viel verloren.

Doch auch das Theater ist betroffen. Ein Theater verändert sich. Die Schauspieler lösen einander ab, ziehen fort, erscheinen noch als Gäste, bleiben fern. Neue Namen tauchen auf, werden berühmt, erlöschen. Der Tod besetzt um. Niemand ist unersetzlich. Auch Ernst Ginsberg nicht. Das Theater steht unter dem Gesetz der Geschichte, und die Geschichte geht weiter. Das Theater als eine menschliche Ausdrucksform ist zeitlos, doch als Institution steht es unter dem Einfluß der Zeit und wird bestimmt von deren Zwangsläufigkeiten, Anschauungen, Moden, Experimenten und Irrtümern. Die Geschichte des Theaters läßt sich darstellen wie jede Geschichte, von außen, vom Besonderen, vom Ereignis her, doch hinter dieser Geschichte mit ihren Erfolgen, Durchfällen und Schicksalen, umrankt von Anekdoten, verbirgt sich sein Alltag. Das Theater als Organisation ist leicht einzusehen, jedem seiner Mitglieder kommt eine bestimmte Funktion zu, doch von seinem Alltag ist nicht nur das Publikum, sondern auch die Theatergeschichte ausgeschlossen. Nicht grundlos. Im Alltag des Theaters spielt sich das Wesentliche ab, die Arbeit eines Kollektivs. Wie jeder Vorgang, der zu einem Kunstwerke führt, ist diese Arbeit unberechenbar und nachträglich ohne Verfälschungen kaum darzustellen. Die Schwierigkeiten innerhalb eines kollektiven Arbeitens sind nur zu begreifen, während sie sich stellen, die Kämpfe leuchten nur ein, während sie ausgefochten werden; sind die Schwierigkeiten einmal gelöst, sind sie keine mehr, haben sich die Auseinandersetzungen gelegt, scheinen sie sinnlos gewesen zu sein.

Diesem Theateralltag fehlt nun Ernst Ginsberg. Mit ihm ist nicht mehr zu rechnen, weder in Zürich, noch in München, noch sonstwo. Sein Tod trifft die Regisseure und die Schauspieler, trifft alle, die mit ihm gearbeitet haben. Gewiß, das Ziel der Theaterarbeit ist die Aufführung, aber das Mittel sind die Proben. Die wahre Geschichte eines Theaters, darf man sagen, ist die Geschichte seiner Proben. Hier stellen sich die eigentlichen Probleme: Wie wird dieser dramaturgisch wichtige Moment deutlich, was ist mit diesem Satz gemeint, wie hat hier der Schauspieler zu reagieren, wie wird die Handlung verständlich, hat hier die Anschauung der Tradition recht, oder ergibt sich ein neuer Gesichtspunkt? Proben ist ein Arbeiten unter Menschen mit Menschen. Diese Arbeit ist notwendig, weil der Schauspieler nicht allein auf der Bühne steht. Der Schauspieler wirkt nicht nur durch sich, er wirkt auch durch seinen Partner. Zu Hamlet tritt Ophelia, zu Tasso Antonio, zu Shlink Garga. Es gibt auf dem Theater ein mechanistisches Prinzip: Der Schauspieler handelt auf der Bühne, die Wirkung, die sein Handeln auslöst, haben seine Partner zu spielen, und er wiederum hat auf deren Handeln zu reagieren. Er hat sich auf sie, sie haben sich auf ihn zu konzentrieren. Alles muß auf der Bühne gespielt werden, das Handeln und das Erleiden, das Reden und das Schweigen, das Fühlen und das Denken, sonst stehen die Schauspieler nur herum. Die Schauspielerei ist eine aktive Kunst, selbst die gespielte Passivität verlangt einen aktiven Einsatz. Theater ist Spiel, was es sonst noch ist, sei es das Bühnenbild, sei es die Bühnenmusik, sei es die Beleuchtung, dient nur zur Unterstützung des Spiels. Ein jeder steht unter dem Einfluß eines jeden. Die Unsicherheit eines Schauspielers wirkt sich auf alle aus, seine Ruhe hilft allen, seine Kraft reißt alle mit. In Ernst Ginsberg verlieren seine Regisseure einen Schauspieler, den sie einzusetzen vermochten, wie ein Maler eine bestimmte Farbe braucht, bewußt. Er war in seiner Wirkung ein zuverlässiger Faktor, diese Farbe fehlt nun auf ihrer Palette. Seinen Partnern aber fehlt mehr als ein Kollege, der ihnen Sicherheit gab: Er war ein Teil ihrer eigenen Wirkung, so wie sie ein Teil seiner Wirkung waren, sein Verlust ist ein Verlust an eigener Spielmöglichkeit. Er war für sie ein Maß. Miteinander spielen ist ein Sich-aneinander-Messen, ein Wettstreit, ohne den kein Theater möglich ist.

Doch einen trifft es besonders. Wir sind verpflichtet, hier auch an ihn zu denken. Wie sich auf dem Theater Gegnerschaften bilden, die sich oft fruchtbar auswirken, so entstehen auch Freundschaften, die einmalige Leistungen möglich machen. Kurt Horwitz hat in Ernst Ginsberg einen Freund verloren. Wir verdanken dieser menschlichen und künstlerischen Freundschaft viel, vor allem ihre gemeinsamen Molière-Aufführungen. Nun wird ein Schauspieler nicht nur dadurch charakterisiert, wie er spielt, auch was er spielt, zeichnet sein Wesen. Was Horwitz und Ginsberg in ihrer Interpretation des großen Franzosen erreicht haben, ist nicht so selbstverständlich, wie es scheinen mag. Besonders heute nicht. Shakespeare und Molière haben sich zwar auf der deutschsprachigen Bühne längst angesiedelt. Ein Unterschied besteht freilich. Es kann nicht bezweifelt werden, daß einige Stücke Shakespeares in August Wilhelm Schlegel einen genialen Übersetzer fanden, was von den Übersetzern Molières nicht behauptet werden kann, mehr als gerade noch brauchbar sind unsere Übersetzungen nicht. Die beiden Sprachen sind zu verschieden, das Französische besitzt eine angeborene Rhetorik, im Deutschen wirkt das Rhetorische fast immer zu wuchtig, und was gar den Alexandriner betrifft, will man ihn überhaupt nachahmen, so wirkt er bei Molière ebenso selbstverständlich wie im Deutschen unnatürlich. Molière ist vielleicht prinzipiell unübersetzbar. Dieser Tatsache steht jedoch die Bedeutung entgegen, die Molière durch Horwitz und Ginsberg wieder erlangt hat. In der Sprache Molières kann diese Bedeutung nicht liegen, weil wir sie nicht besitzen. Molières Bedeutung auf der deutschsprachigen Bühne liegt allein in seinen Gestalten. Seine Form und seine Stoffe entstammen einer Komödientradition, die weit in die Antike zurückreicht, doch die Weise, wie er die ewigen Typen des Geizigen, des betrogenen Ehemannes oder des Menschenfeindes sah, stoßen sie aus dem Typischen in den Charakter und ins Dämonische. Seine Menschen sind stärker als seine Sprache, der Unübersetzbare wird auf deutsch spielbar. Aus zwei Gründen. Weil er – das mag ein Paradox sein – in seiner eigenen Sprache so großartig schrieb und weil er – das ist das Entscheidende – ein Schauspieler war: er schrieb von der Schauspielerei her, er gestaltete als Schauspieler. Molière ist zugleich ein großer Dichter und ein eminenter Theaterpraktiker wie Shakespeare und in der neuesten Zeit Brecht. Kurt Horwitz und Ernst Ginsberg versuchten daher nicht, einen französischen Molière auf deutsch vorzutäuschen, sie spielten nicht aufs Lose, Elegante und Improvisierte, auf jene Eigenschaften hin, die unser Publikum allzu gern für französische hält, sie interpretierten unerbittlich die Gestalten, sie stellten sie in Molières Realistik und in seiner bitteren Menschenkenntnis dar, und weil sie das so unbedingt wagten, fand sich auch eine Sprache und eine Form, die überzeugte, ein deutscher Molière entstand. Mit Recht. Theater ist nicht Sprache an sich, sondern Menschendarstellung durch die Sprache und durch den

Schauspieler. Ginsbergs schauspielerische Intensität stellte die Sprache Molières gleichsam her, indem er eine von Natur aus ungenügende Übersetzung in etwas Elementares, Natürliches verwandelte, um so Gestalten zu schaffen, die unsere Phantasie nie mehr loslassen.

Zuletzt haben wir Autoren ihn verloren. Der Weg eines jeden von uns ist von Schauspielern begleitet, sie spielten in unseren Uraufführungen, wir können uns unser Schaffen ohne sie nicht denken und müssen es doch immer wieder lernen, weil der Tod die Reihen lichtet. Es herrscht ein Arbeitsverhältnis zwischen uns und den Schauspielern. Die Bühne ist unser Instrument, wir müssen mit ihnen rechnen, Schreiben ist immer auch ein Regieführen, wir haben sie in unser Denken einzubeziehen. Wir schauen ihnen nicht unbeteiligt zu. Sie stellen mehr als unsere Rollen dar, sie sind die letzte Probe, der sich unsere Werke unterziehen, an ihnen hat sich deren Spielbarkeit zu beweisen. Der Schriftsteller mag vorgehen, wie er will, sein Text wird durch die Persönlichkeit des Schauspielers ergänzt, auf der Bühne stehen durch die Schauspieler immer Menschen, jedes Stück stellt sich als eine Welt aus Menschen dar, mit der sich der Autor konfrontieren muß, denn zu beurteilen vermag er sein Werk nur auf der Bühne, nicht am Schreibtisch. Darum hat ein Schriftsteller auf der Probe auch jedes Zögern eines Schauspielers ernst zu nehmen, jede Frage, jedes Nichtbegreifen, jeden Hinweis auf Unstimmigkeiten in einer Rolle, der Fehler liegt meistens im Text, nicht beim Schauspieler. Doch gibt es noch besondere Beziehungen zwischen einem Schauspieler und einem Schriftsteller, ihretwegen, meine Damen und Herren, werden

Sie es mir erlauben, von mir persönlich zu reden, ich bin
es Ernst Ginsberg schuldig.

Ich lernte ihn mit Kurt Horwitz im Jahre sechsund-
vierzig zu Beginn meiner Beschäftigung mit dem Theater
kennen. Horwitz inszenierte mein erstes Stück in Zürich,
Ginsberg führte meine beiden nächsten in Basel auf. Ich
war unfertig und ohne Erfahrung. Meine Bildung war
eine philosophische, das Theater etwas Fremdes, ich
steckte voller Theorien und Vorurteile, mein Schreiben
war kaum mehr als ein Versuch, ein denkerisches Chaos
zu klären, etwas Ordnung zu schaffen. Mit Kurt Horwitz und Ernst Ginsberg begegneten mir zum ersten
Male Persönlichkeiten, die auf dem Theater ihr Metier
beherrschten, an ihnen hatte ich das meine zu lernen.
Vieles wurde mir damals klar, nicht ohne Schwierigkeiten
und Krisen. Welches wirkliche Lernen ginge leicht? Die
beiden halfen mir, indem sie mich spielten. Meine Manu-
skripte gelangten vom Schreibtisch auf die Bühne, die
beiden waren die ersten, die sie lasen, mit mir den Text
diskutierten. Ich änderte, lernte streichen. Die Krise meiner Schriftstellerei stellte sich nach meinem zweiten Stück
Der Blinde ein. Dieses Stück war noch ganz Aussage, die
Illustration eines religiösen Problems, ein Stück der
sprachlichen Arien, dessen Rollen kaum angedeutet waren, ich hatte mich von den Gestalten ins Dichterische
geflüchtet. Mein nächster Versuch geriet ins Riesenhafte,
Unspielbare, ich mußte ihn abbrechen. Da half mir ein
Erlebnis weiter. Horwitz inszenierte den *Hamlet,* die
Aufführung wurde wenig beachtet, wohl weil sie in Basel
stattfand. Ginsberg spielte den Titelhelden nicht als einen
passiven, introvertierten, sondern als einen barocken,
aktiven Menschen, auf der Bühne bot sich die Tragödie

der absoluten Rache dar, nicht nur im Diesseits, sondern auch im Jenseits sollte der Verbrecher büßen. Hamlets Wissen um den Mord seines Onkels stammt aus dem Jenseits, verkündet durch ein Gespenst, das aus der Hölle steigt und Rache fordert, Gerechtigkeit, doch gerade aus Gerechtigkeit zögert Hamlet vorerst. Er untersucht, ob das Gespenst die Wahrheit gesprochen habe, ob es wirklich sein Vater und nicht ein Teufel gewesen sei, der ihn verführen wollte, darum stellt er sich wahnsinnig und inszeniert mit der Schauspielertruppe ein Spiel, das den König entlarvt, um dann, als er die Wahrheit endlich weiß, sofort zu handeln, doch, weil er die absolute Rache will, vermag er den Mörder seines Vaters nicht zu töten. Er findet ihn im Gebet, die Seele seines Onkels soll in die Hölle fahren wie die Seele seines Vaters, der ohne Beichte sterben mußte, und wie er dann glaubt, den verbrecherischen König töten zu können, ersticht er aus Versehen Polonius. Von diesem Augenblick an wendet sich die Handlung, der gewarnte König stellt nun Hamlet nach, und das Ende ist auf eine entsetzliche Weise folgerichtig, ein Höllensturz aller Hauptbeteiligten: ohne noch gebeichtet zu haben, bringen sie sich gegenseitig um, Hamlets Wille zur absoluten Rache hat Schuldige und Unschuldige in den Abgrund gerissen. Ein unheimliches, schreckliches, ja barbarisches Stück, bei dem das Publikum nur deshalb nicht rebelliert, weil es einem installierten Wert gegenübersitzt. Klassiker sind positiv. Daß jedoch diese Interpretation des Hamlet mich intensiv beschäftigte, wird jeder einsehen, der mein drittes Stück *Romulus der Große* kennt, auch Romulus verstellt sich, auch Romulus will in einer ungerechten Welt die Gerechtigkeit vollziehen, aber Hamlet brachte mich auch in einer Frage weiter, die sich heute der Dramaturgie stellt und nicht nur ihr, im Grunde der modernen Kunst überhaupt, und wenn ich auf diese Frage näher eingehe, so nicht, um abzuschweifen, sondern um zu demonstrieren, wie in den Fragen des Theaters das Persönliche und das Allgemeine ineinandergreifen, um zu zeigen, wie das Erlebnis Ernst Ginsberg, wie das Erlebnis des schauspielerischen Phänomens überhaupt, unmittelbar in die Schreibweise eines Schriftstellers einzugreifen vermag.

Die Frage ist aufgeworfen worden nach dem Wesen des Theaters im wissenschaftlichen Zeitalter, ob das Theater in einer Welt des wissenschaftlichen Denkens noch das gleiche sein könne wie in einer nicht wissenschaftlich denkenden Welt, es ist eine Frage nach der Funktion des Theaters. Als Position ist sich das Theater gleich geblieben. Das wissenschaftliche Denken ist ein Denken in begrifflich scharf gestellten Fragen, ein Denken in Problemen, denn Wissenschaft ist nur möglich, wenn das Objekt der Wissenschaft begrifflich dargestellt werden kann, und wenn wir heute feststellen, daß der Mensch nicht nur die Natur, sondern sich selbst und sein Zusammenleben mit den anderen Menschen wissenschaftlich untersucht, so meinen wir damit, daß er sich als Problem sieht, vergessen aber, daß es auch eine nicht wissenschaftliche Problematik gibt, zum Beispiel ein philosophisches oder theologisches Denken, auch hier steht der Mensch begrifflich scharf gestellten Fragen, Problemen gegenüber. Der Mensch denkt immer in Begriffen und stellt aus den Begriffen seine Probleme auf, aber er selbst lebt in einer Welt der Konflikte, in einer Welt, in der sich die Einsichten, Motive und Leidenschaften widerstreiten, er lebt in ständiger Kollision bald mit sich selbst, bald mit der Familie, bald mit dem Staat. In dieser Welt der Konflikte steht aber auch das Theater, das ist seine gleichbleibende Position, die Frage nach seiner Funktion lautet, ob sich das Theater als Mittel eigne, die Welt der Konflikte vom Problem her zu ändern, eine Frage, die sich für den Dramatiker in der Form stellt, ob er vom Problem oder vom Konflikt auszugehen habe.

Ich möchte diese Frage hier nur aufwerfen, sie nicht in allen ihren Aspekten beleuchten, Verwirrung entsteht nur, wenn die Frage nicht gesehen wird, wenn die Meinung aufkommt, die Dramatik gehe an sich von einem Problem aus. Grundsätzlich scheinen beide Methoden möglich. *Geht der Dramatiker vom Problem aus,* so hat er es auch zu lösen, die Handlung als Illustration dieses Vorgangs kann er jedoch nur als Konflikt darstellen. Die Lösung eines Problems ist etwas Positives, sie ist die Beantwortung einer Fragestellung, sei sie nun in Form einer Moral oder einer Doktrin, sie befriedigt den Intellekt, doch stellt sich ihr die Wirklichkeit entgegen, denn die Lösung eines Problems ist nicht auch schon die Lösung des Konflikts, der dem Problem zugrunde liegt, der Konflikt als das Konkrete ist vielschichtiger als das Problem, als das Abstrakte. *Geht der Dramatiker vom Konflikt aus,* braucht er keine Lösung, sondern nur ein Ende, seine Handlung ist keine Illustration eines Problems, sondern die Darstellung eines Konflikts, bei der die verschiedenen Probleme, die der Konflikt stellt, zwar gezeigt werden können, jedoch nicht gelöst werden müssen. Die Beendigung eines Konflikts kann glücklich oder unglücklich ausfallen, der Dramatiker hat nicht ein Problem zu lösen, sondern seine Geschichte zu Ende zu denken. Beim Dramatiker vom Problem her ist die Frage nach Positiv oder Negativ sinnvoll, beim andern ist sie sinnlos, denn die Frage, ob Coriolan, König Lear, Tartuffe oder der Dorfrichter Adam positive oder negative Helden seien, ist Stumpfsinn.

Diese Frage, meine Damen und Herren, nach der Ausgangsposition meines eigenen Arbeitens, ging mir zum ersten Male am Beispiel des Hamlet auf, den Ernst Ginsberg spielte, an einem Stück, worin alles, was sich ereignet, jede Ungeheuerlichkeit und jeder unglückliche Zufall, nicht einem Problem, sondern einem Konflikt zuliebe geschieht; die Antwort, die ich darauf zu geben hatte, war nicht schlagartig, als eine Erleuchtung, sondern erst nachträglich, zuerst noch dunkel und vage, als Ahnung des Weges, den ich einzuschlagen hatte, von nun an nämlich *nur* vom Konflikt auszugehen. Nicht aus Mißachtung den Problemen gegenüber, sondern aus besorgter Achtung vor ihnen, weil sie bedenklich werden, werden sie nicht immer vom Konflikte her, vom Besonderen, korrigiert. Ich glaube an eine natürliche Arbeitseinteilung der menschlichen Gesellschaft. In ihr hat der Schriftsteller und mit ihm der Schauspieler den Menschen in seinen Konflikten sichtbar zu machen, ihn zu dokumentieren, der Denker, in welcher Form er sich auch präsentiert, hat die Probleme des Menschen zu finden und als Probleme zu lösen, die Menschheit braucht beide Darstellungsweisen, die denkerische als Vorschlag zur Lösung ihrer Konflikte, die künstlerische als Warnung, in ihren Lösungsversuchen nicht unmenschlich zu werden.

Ich nehme Abschied von Ernst Ginsberg. Er war mein Freund und als Schauspieler einer meiner Lehrer und ein

Teil meiner Erfahrung mit dem Theater sowie der Schlüsse, die ich aus dieser Erfahrung gezogen habe. Für uns alle aber, meine Damen und Herren, war er etwas Einmaliges, wie jeder Schauspieler etwas Einmaliges ist, ein Sinnbild der Einmaligkeit eines jeden Menschen.

Brief an Maria Becker

1967

Liebe Maria Becker,
der Schauspieler spielt Rollen und der Dramatiker
schreibt Rollen, der Schauspieler stellt vermittels des
Dramatikers und der Dramatiker vermittels des Schauspielers die Welt dar, Schauspielerei und Dramatik sind
ein Paar, ein oft leidvolles, aber mit Dir habe ich Glück
gehabt. Du bist einer jener Gründe, die den Dramatiker
bewegen, sein Metier nicht zum Teufel zu wünschen.

Unsere Beziehung begann am 31. Oktober 1942. Ein-
seitig. Ich gab damals vor, in Zürich Literatur und Philosophie zu studieren, zeichnete viel, war mit meinen
ersten Schreibversuchen beschäftigt und wurde aus Zufall
in die Première der *Penthesilea* verschlagen; es war das
erstemal, daß ich ins Zürcher Schauspielhaus geriet; die
Bühne interessierte mich damals nicht sonderlich, obgleich ich schon einige dramatische Szenen geschrieben
hatte, aber ich war jung, und die jugendliche Einbil-
dungskraft braucht keine Verwirklichung auf dem Theater. So saß ich denn im Zuschauerraum und Du spieltest
die Amazonenkönigin, ich glaubte Dir jedes Wort und
jede Geste, und das gleich in einem der kühnsten und
unwahrscheinlichsten Stücke.

Doch nicht nur Dich sah ich damals zum ersten Male.
Robert Freitag, der jetzt Regie führt und den Mississippi
spielt, trat als Achill auf, wie heute wart Ihr schon
damals auf der Bühne ein unheilvolles Paar, Ginsberg

spielte mit, der einmal einen mir unvergeßlichen Übelohe darstellen sollte, Horwitz hatte Regie geführt und Teo Otto das Bühnenbild gebaut, und als ich Dich, Maria, zum zweiten Male sah, einige Monate später, von einem Maler in die Uraufführung des *Guten Menschen von Sezuan* geschleppt, spieltest Du die Doppelrolle Shen-Te – Shui-Ta, und da sah ich auch die Giehse, und Steckel hatte die Regie geführt. Ich war ein Zuschauer, nichts weiter, mehr mit eigenen Problemen als mit dem beschäftigt, was auf der Bühne vorging, und ahnungslos, daß sich an diesen zwei Abenden mein Schicksal abzuspulen begann. 1948 solltest Du zum ersten Male in einem meiner Stücke spielen, im *Blinden,* 1959 in *Frank V.* die Frieda Fürst, und jetzt spielst Du die Anastasia.

Meine Laufbahn ist ohne Dich, ohne die Giehse, ohne Horwitz, Ginsberg, Steckel usw. für mich gar nicht denkbar und auch ohne die andern nicht, die später wichtig wurden, ohne Knuth, ohne Schröder, und wenn ich, wie jetzt, mit Robert Freitag zusammensitze, so sitzen wir nicht als Fremde beisammen, die sich mühsam über die Regie oder gar über den Sinn des Stückes verständigen müssen, sondern als zwei, die derselben Theaterwelt entstammen und sich ›an sich‹ verstehen ...

Wozu all die Namen? Man fragt mich immer wieder, ob ich für Euch geschrieben hätte: die Octavia oder die Frieda Fürst für Dich, die Claire Zachanassian für die Giehse, den Ill für Knuth, den Schwitter für Steckel? Malt ein Maler für die Farbe? Er malt, weil es Farben gibt. Die Farben sind seine Möglichkeit, sich auszudrücken. Ich schreibe, weil es Schauspieler gibt, weil die Schauspieler meine Möglichkeit sind, mich auszudrücken.

Und dennoch hat sich mein Verhältnis zu den Schauspielern geändert. Als ich für das Theater zu schreiben begann, war für mich der Schauspieler ein ›Rollenträger‹. Er hatte meinen Text aufzusagen, der Text war alles und der Mensch ein Wesen, das durch die Sprache restlos darzustellen war. Die Rolle der Octavia im *Blinden*, die Du spieltest, bestand im wesentlichen aus Spracharien. Diesen schönen Glauben an die Allgewalt der Sprache habe ich verloren. Weil es nicht wahr ist. Der Mensch ist mehr als seine Sprache, sein Schweigen mächtiger als sein Reden, sonst wäre er kein Geheimnis. Der Mensch ist für mich ein Geheimnis geworden und damit auch der Schauspieler. Ein Schauspieler ist mehr als ein Rollenträger, er ist ein Mensch auf der Bühne. Für diesen Menschen auf der Bühne kann ich nicht mehr ›rein Sprachliches‹ liefern oder das, was die Kritiker Stil nennen, das käme mir zu billig vor; für den Menschen auf der Bühne vermag ich nur ›Stichworte‹ zu schreiben, letzte Resultate meines Denkens und Fühlens; und der Schauspieler ›ergänzt‹ diese Stichworte mit seinem Sein, mit seiner Bühnenexistenz und mit seiner Interpretation zum Menschlichen hin. Die Bühne ist durch den Schauspieler mehr als Literatur.

Die *Ehe des Herrn Mississippi*, liebe Maria, ist ein Weg, der mich zu dieser Erkenntnis führte, ein Weg zum dramatischen Lande, in welchem ich mich jetzt bewege, aber noch nicht das Land selbst. Dieses mein Theaterschicksal ist mir vielleicht zum ersten Male deutlich geworden, als ich die Rolle der Anastasia schrieb. Weil diese Rolle, streng genommen, nicht geschrieben, sondern nur gespielt werden kann. Vielleicht kann man sie nicht einmal spielen. Vielleicht kann man sie nur sein.

In alter Freundschaft und Dankbarkeit Dein

Friedrich Dürrenmatt

Zum Beginn meiner Arbeit
an den Basler Theatern

1968

Arbeit am Theater, Arbeit auf der Bühne oder am Regie-
pult, aber auch in der Dramaturgie oder als Bühnenschriftsteller setzt ein Wissen voraus, was man denn
treibe, wenn auch dieses Wissen nicht immer auf der
Hand liegt, sondern erarbeitet werden muß; auch wird
dieses Wissen oft erst nachträglich gefunden als ein Erkennen dessen, was unterlassen worden ist. Im folgenden
sollen regelmäßig einige Aspekte dieses Arbeitens be-
leuchtet und es soll auf Fragen eingegangen werden, die
sich heute – wo vieles in Frage gestellt wird – dem
Theater stellen. Eine Dramaturgie in Fortsetzungen also?
Im weitesten Sinne genommen versucht wohl die Dramaturgie eine Lehre über eine bestimmte Technik des Erzählens aufzustellen. Die Dramatik, als der Gegenstand
der Dramaturgie, scheint sich von der Epik herleiten und
die Dramaturgie der Literaturwissenschaft zuteilen zu
lassen. Der Dramatiker erscheint als ein Epiker mit be-
grenzten Möglichkeiten. Erzählt der Epiker seinen Stoff,
erzählt der Dramatiker seinen Stoff, indem er ihn vorspielt.
Lassen wir diese Unterscheidung gelten, trennen wir die
Dramaturgie wieder von der Literaturwissenschaft. Indem
der Dramatiker seinen Stoff in ein Spiel verwandelt, wird er
vom Schauspieler, von der Bühne abhängig.
Damit abhängig von Veränderlichem. Aristoteles etwa,

der erste Dramaturg, den wir kennen, nahm zum Ausgangspunkt seiner Dramaturgie die Kunst, die er vorfand: die attische Tragödie.

Er stellte eine Theorie über dieses Gebilde auf, die denn auch im Verlaufe der Zeit als eine Theorie über die Tragödie an sich verstanden wurde. Leider. Für die Dramaturgie ist eine besondere Feststellung fruchtbarer als eine allgemeine Theorie. Das Besondere, aus einem bestimmten Fall der Theatergeschichte abgeleitet, läßt sich überprüfen und, abgewandelt durch neue Gegebenheiten, anwenden; eine allgemeine Theorie verwandelt sich allzu leicht in ein bloßes ästhetisches Behaupten. Daher muß die attische Tragödie von ihrer theatralischen Bedingtheit her untersucht werden, will man Aristoteles als Dramaturgen verstehen und kritisieren, sonst wird jede Auseinandersetzung mit ihm ein Kampf mit einer Windmühle.

Auch gibt es Dramaturgien, die von Ideologien her kommen, früher vom bürgerlichen Idealismus her, heute ist die marxistische Dramaturgie vorherrschend. Gewiß ist die veränderbare Welt ein Aspekt der Dramatik, doch nicht der einzige. Die Dramatik ist an sich dialektisch, doch nicht unbedingt im Sinne einer marxistischen Dialektik, die eine spezielle Dialektik darstellt. Der Mensch, als einziges Thema der Dramatik, ist veränderlich und unveränderlich zugleich. Veränderlich in seinen gesellschaftlichen Bezügen, unveränderlich in seiner existentiellen Position als Einzelner; diesen unaufhebbaren Gegensatz hat sich die Dramaturgie durch keine Ideologie zu verbauen: wird gar die Dramaturgie eine Theaterideologie, stellt sie eine Ordnung auf Kosten des Weiterdenkens her.

Verändert sich die Dramaturgie mit der Bühne, so kann es sich bei unserer Dramaturgie nur um die Dramaturgie jener Bühne handeln, die wir hier vorfinden, um die Dramaturgie der Basler Theater, um die Dramaturgie eines etablierten Theaters, geben wir es zu. Beim heutigen Kehraus der Ideologien erscheinen die Dinge wieder als das, was sie sind: aus den Vaterländern werden Staaten und aus den Anstalten für bürgerliche Moral und das Vergnügen daran Theater. Dieser Zusammenbruch setzt Kräfte frei, die sich zum Teil wieder mit neuen Ideologien verbinden möchten: viele frieren, kaum sind sie nackt, und sehnen sich nach neuen Pullovern. Doch stellen sich in Wirklichkeit genaue Aufgaben.

Ein Staat, der nur noch Staat ist und sich nicht mehr mit Mythischem und Mystischem herauszureden vermag, hat die Aufgabe, ein möglichst gutes Hilfsmittel für das Zusammenleben der Menschen zu sein, und ein Theater, das nur noch Theater ist, dient dazu, durch Vergnügen und vermittels alter und neuer Beispiele Erkenntnisse über den Menschen zu vermitteln, die der Mensch braucht, um mit Menschen zusammenzuleben. Dazu kommt eine zweite Aufgabe. Wird der Staat nur noch Staat, ist er nur noch eine Funktion, liegt sein Sinn nicht mehr in ihm selbst, sondern in seinem Funktionieren. Die Haltung ihm gegenüber kann nur noch eine kritische sein, ein ständiges Überwachen, ob der Staat denn auch gut funktioniere: die Herrschenden müssen die Überwachten sein, nicht die Beherrschten. Das Theater ist ein Podium dieser Kritik, dieser neuen kritischen Liebe zum Staat, die die alte Liebe zum Vaterland abzulösen hat. Das Theater ist ein Test, ob die Demokratie funktioniere, denn nur in einer Demokratie hat der Geldnehmer die Pflicht, dem Geldgeber auf die Finger zu sehen. Die sieben Millionen, die die Stadt Basel seinem Theater zahlt, stellen damit einen politischen Auftrag dar. Dieser Auftrag ist vom Theater zu erfüllen, und wie das zu tun sei, stellt die Hauptfrage dar, die das heutige dramaturgische Denken zu beantworten sucht.

Zwei Dramaturgien?

1968

Ist die Technik des Schreibens bei einem Theaterstück subjektiv oder vom Stoff bedingt? Gibt es eine Dramaturgie, die Mächtigen, und eine Dramaturgie, die Opfer dieser Mächtigen darzustellen?

Zwei Fernsehreportagen. Ein alter Mann in einem Asyl irgendwo, versorgt und betreut, wird gefragt, ob er glücklich sei. Er antwortet nicht direkt. Er schweigt. Er denkt nach. Er murmelt, der alte Mann, mit dem er das Zimmer teile, rede nicht mit ihm. Dann schweigt er wieder. Dann sagt er: »Ich mag nicht Kartoffelsalat.« Dann schweigt er endgültig. Der alte Mann macht uns verlegen, ratlos, seine Hilflosigkeit hat etwas Tragisches, wir spüren, hier ist etwas nicht in Ordnung.

Ein anderer alter Mann wird gefragt, ob er glücklich sei: Walter Ulbricht. Er habe mit Millionen deutscher Arbeiter und Bauern den Sozialismus aufgebaut, ja? Er habe mit Millionen deutscher Arbeiter den Traum ihrer Jugend verwirklicht, ja? Auch sei er musikliebend, ja, sportlich, ja, sei in seiner Jugend durch Europa gewandert, ja, habe die Tulpenfelder Hollands bewundert, ja, und die Museen dieses Landes besucht, kurz, er, Walter Ulbricht, sei ein glücklicher Mensch. Die Antwort dieses alten Mannes ist grotesk, ein Mann ist glücklich, ohne daran zu denken, ob die Millionen, in deren Schicksal sein Metier eingriff, auch glücklich seien: Er erklärt sie und sich für glücklich. Bei den Opfern wirkt das Private tragisch, weil sie nichts als dieses Private haben, sie besitzen nur sich selbst; bei den Mächtigen wirkt das Private komisch, weil die Auswirkungen ihrer Politik ihre privaten Sorgen unerheblich machen und weil es um so schlimmer ist, wenn ihre privaten Konflikte politische Folgen nach sich ziehen. Komisch, tragisch. Die Tragödie will ergreifen, die Komödie uns zum Lachen bringen. Ergreifen kann uns nur etwas, mit dem wir uns zu identifizieren vermögen in irgendeiner Weise, das uns angeht; lachen können wir nur über etwas, wovon wir uns distanzieren. Der Mensch lacht über den Menschen, wenn er ihm als Clown erscheint; der Clown ist der vom Menschen distanzierte Mensch, der unmenschliche Mensch. Tragisch, komisch. Das Tragische ist das Menschliche, das Komische das Unmenschliche. Darum haben wir es oft mit den alten Tragödien und Trauerspielen so schwer: daß sie keine Komödien sind. *Don Carlos* zum Beispiel. Schiller zeichnet die Mächtigen nach der Manier der französischen Klassiker, aber auch Shakespeare: tragisch. Doch gerade die Mächtigen sind die Clowns unter den Menschen, wenn auch die schrecklichen Clowns: durch ihre Macht sind sie von den Menschen und damit von ihren Opfern distanziert, getrennt, unmenschlich. Der Königsmantel ist das erhebendste Clownkostüm, das wir kennen. Darum ist die Einsamkeit König Philipps komisch und nicht tragisch, und darum ist das Unternehmen des Don Carlos, mit einem Clown die Welt zum Besseren zu wenden, eine Posse und nicht eine Tragödie.

Wie aber sind die Opfer darzustellen? Auch Horváths *Kasimir und Karoline* ist ein groteskes Stück, und den-

noch sind alle diese Menschen Opfer. Opfer einer Gesellschaftsordnung, Opfer einer Wirtschaftskrise usw. Ist
dieses Stück jetzt nicht falsch geschrieben, sollte es nicht
im Stile des *Don Carlos* geschrieben sein, pathetisch,
feierlich, voll edler Gefühle, während umgekehrt *Don
Carlos* im Stile von *Kasimir und Karoline* geschrieben
sein müßte? Wir lebten in einer glücklicheren Zeit, wenn
es so wäre: Denn der Mensch muß sich erst bewußt
werden, daß er ein Opfer ist. Der Mensch ist nicht frei, er
sollte frei sein, ein Unterschied, und es gibt nur ein
sinnvolles Handeln: jenes auf diese Freiheit hin. Auch die
Opfer sind ›komisch‹, weil es unmenschlich ist, Opfer
sein zu müssen, weil die Opfer dadurch, daß sie Opfer
sind, von dem getrennt sind, was sie sein könnten:
Menschen. Darum gibt es heute vielleicht doch nur eine
Dramaturgie: jene der Komödie. Leider.

Über die Freiheit
des Theaters

Fragment
1968

Sie ist nicht selbstverständlich. Sie wäre selbstverständlich, wenn das Theater finanziell unabhängig wäre. Doch ein subventioniertes Theater ist nicht finanziell unabhängig. Es wird vom Staat bezahlt.

Die finanzielle Abhängigkeit des Theaters führt zur geistigen Abhängigkeit. Diese geistige Abhängigkeit braucht nicht sichtbar zu sein. Sie kann in Bedenken bestehen und in Unterlassungen. Darin, daß ein Theater gewisse Stücke nicht spielt, weil sie vielleicht gewisse Rückwirkungen auf das Theater haben könnten. Im Osten sind die Theater alle subventioniert, aber nicht frei. Auch ein Vorzugstheater wie das Berliner Ensemble, das ein kommunistisches Theater sein will, bekommt mit dem kommunistischen Staate Schwierigkeiten. Die Unruhen in Polen, die zu einem stalinistischen reaktionären Kurs mit Intellektuellenjagd und Antisemitismus der Regierung führten, begannen mit dem Verbot eines Theaterstückes usw.

Auch bei uns sind die Theater subventioniert, wenn vielleicht – relativ gesehen – nicht so großzügig wie im Osten.

Sie sind relativ frei.

Es fragt sich nur, warum.

Im Osten sind die unfreien Theater dennoch ein Träger der Freiheit, weil das Publikum sich auf der Bühne instinktiv selber sieht, sich einbezieht und aus dem Theater den Ort seiner noch möglichen Freiheit macht: der Freiheit, seine eigenen Schlüsse aus einer Theatervorstellung zu ziehen. Darum können dort auch an sich scheinbar unpolitische Stücke eminent politisch werden. Das Publikum stellt die Freiheit des Theaters wieder her.

Bei uns?

Das subventionierte Theater gibt es aus Konvention. Was aus Konvention existiert, ist eine Institution.

Das subventionierte Theater ist eine Institution. Es entstand aus einer finanziellen Notlage heraus. Einst war das Theater das einzige Medium der dramatischen Kunst. Das Theater schlug sich nur mit Mühe durch, oder es war ein Hoftheater. Frei war es nirgends, und wenn es frei war, nur vorübergehend. Die Tradition, ein Theater zu haben, übernahmen die Städte. Auch die Bürger wollten ihr Theater haben.

Doch das Theater blieb nicht das einzige Medium der dramatischen Kunst. Film, Radio und Fernsehen sind Medien der Dramatik geworden, die Millionen erreichen.

Film, Fernsehen und Hörspiel erreichen heute ihr Publikum selbstverständlicher als ein Theaterstück.

Es ist heute nicht mehr selbstverständlich, daß man ins Theater geht.

Das Theater ist heute etwas Exklusives.

In der Oper ist es kulinarisch und im Schauspiel literarisch.

Auch die soziale Gleichstellung der Schauspieler mit den übrigen Bürgern, der höhere Lebensstandard und die Sozialisierung machten das Theater zu einem immer teureren Unternehmen. Es rentierte immer weniger, bis es nicht mehr rentierte. Die Frage ist heute nicht so sehr, was nimmt ein subventioniertes Theater ein, die Frage ist, was gibt ihm der Staat?

1859 zahlte Basel dem Theater 1440 Franken.

Dazu zwei Klafter Eichenholz.

1967/68 zahlte Basel 7 565 500 Franken.

Dafür kein Eichenholz.

Eingespielt wurden 1967/68 fast 2 Millionen Franken.

Das Verhältnis Einnahmen zu Ausgaben ist etwa 1:4. Mit den zehn Millionen, die heute dem Basler Theater zur Verfügung stehen, kommt es, wenn es auskommt, nur mit großer Mühe aus.

Doch der Staat ist nicht etwas Anonymes.

Er setzt sich aus den Stimmberechtigten zusammen, die auch steuerpflichtig sind. Diese können über die Subventionen abstimmen, die der Staat der Institution Theater zahlt. Sie können die Subvention auch verweigern.

Sie haben das Recht, das Theater zu schließen. Sie haben das Recht, ans Theater Forderungen zu stellen. Wer zahlt, hat das Recht, Forderungen zu stellen.

Die Forderungen des Staates dem Theater gegenüber, falls er sie stellt, sind immer die gleichen.

Im Osten ist die Forderung des Staates klar. Der Staat hat eine Ideologie.

Der demokratische Staat besitzt keine Ideologie, doch die verschiedenen Vertreter des Staates haben verschiedene Ideologien. Auch bei uns versuchen verschiedene Vertreter des Staates immer wieder, von ihrer Ideologie her dem Theater Forderungen zu stellen. Demokratische Forderungen. Es ist das Recht dieser Vertreter, vom

Theater zu verlangen, es solle zum Beispiel nur staatserhaltende sittliche Theaterstücke spielen, habe Rücksicht auf die Konfessionen zu nehmen, politisch nicht tendenziös zu sein, nicht nur links, usw. Merkwürdig ist nur, daß alle Forderungen an das Theater vom Staate her sich gleichen. Die Nazis, die Kommunisten und das Bürgertum entwickeln im wesentlichen die gleichen Kunsttheorien und stellen sie als Forderung an das Theater auf. Das liegt nicht an den Ideologien, sondern an der Forderung. Jede Forderung von einem allgemeinen moralischen Standort an das Theater fällt gleich aus.

Es gibt viele Theater, die diese Forderungen erfüllen. Im Osten sind es die Staatstheater, bei uns die subventionierten Theater der Klassiker, der unumgänglichen Moderne und der gedämpften Inszenierungen.

Doch im Osten sind diese Theater im Vorteil. Sie haben ein politisches Publikum, das sie wieder ins richtige Licht rückt.

Wir besitzen dieses Publikum nicht. Die subventionierten Theater sind bei uns im Nachteil. Im Osten ist das Theater auch als Staatstheater notwendig. Es wird vom Staat mißbraucht, doch vom Publikum gegen den Staat verstanden.

Durch seine Theater kommt im Osten der Staat unbewußt mit sich selber in Konflikt. Bei uns sind die subventionierten Theater nur aus Konvention nicht geschlossen.

Bei uns muß sich jedes Theater überlegen, ob es nicht wieder ein Privattheater werden will.

Ein Ensuite-Theater.

Ein Theater der Hits und der Pleiten.

Ein Kellertheater.

Ein Straßentheater.

Beckett und Ionesco haben zuerst für kleine Privatbühnen geschrieben.

Die Dramatik kann auf die subventionierten Theater verzichten.

Doch kann der Staat die Funktion des subventionierten Theaters auch anders begreifen.

Durch seine Theater kann bei uns der Staat bewußt mit sich selber in Konflikt kommen wollen.

Institutionen und Konventionen können einen neuen Sinn bekommen.

Eine Institution, die nicht notwendig ist und dennoch existiert, kann eine Chance sein, mit ihr etwas zu versuchen, was notwendig wäre.

Mein Rücktritt von den Basler Theatern

1969

Vergleichen wir das Theater mit einem Schiff, so kann sich ein Theaterkrach zwischen dem Kapitän und den Offizieren abspielen oder zwischen den Offizieren untereinander, ferner zwischen dem Kapitän und den Offizieren einerseits und der Mannschaft anderseits, endlich zwischen der Mannschaft untereinander, schließlich zwischen den Offizieren und der Mannschaft gegen den Kapitän.

Was in Wirklichkeit in Basel geschah, läßt sich sogar am Modellfall von Auseinandersetzungen einer Schiffsbesatzung nur schwer darstellen. Die Schwierigkeit liegt darin, daß meine Funktion am Basler Theater von Anfang an unklar war. Einerseits war ich Mitglied der Direktion, anderseits gehörte ich dieser Direktion doch nicht an. Einerseits war ich Mitglied der Dramaturgie, anderseits nicht Mitglied der Dramaturgie. Einerseits war ich ans Theater gebunden, anderseits hatte ich keinen Vertrag. Einerseits bezog ich Spesen, anderseits kein Gehalt. Gehen einige ans Theater, um zu verdienen, indem sie arbeiten, andere, um zu verdienen, indem sie nicht arbeiten, einige, um zu verdienen, indem sie Macht ausüben, andere, um Macht auszuüben, indem sie nicht arbeiten; so ging ich nur hin, um zu arbeiten. Meine Stellung am Basler Theater ließe sich, auf die Schiffahrt bezogen, vielleicht am besten mit jener eines alten Seebä-

ren vergleichen, den man in stürmischen Zeiten zur
Beratung beizieht und den man deshalb, weil man weiß,
daß stürmische Zeiten kommen, zur Schiffahrt einlädt.

Ich möchte im folgenden nicht auf die Intrigen, Macht-
kämpfe und Gruppenbildungen eingehen, wie sie in
einem Gebilde stattfinden, das sich aus Menschen zusam-
mensetzt und vom Staat subventioniert wird. Denn keine
Privatfirma könnte sich die Geschäftsführung erlauben,
die sich das Theater erlaubt, sie ginge pleite: nur
Künstler gehen nicht pleite als Träger einer Kultur, die
nicht pleite gehen darf, weil sie längst pleite ist. Ich kann
nur über meine persönlichen Erfahrungen Rechenschaft
ablegen, die ich an diesem Theater machte, um so mehr
als, wie ich in der ›National-Zeitung‹ lese, Düggelin
schon längst erklärt habe, die Zusammenarbeit mit mir
solle nur ein Jahr dauern, da Theaterkräche unter Freunden nach einem Jahr üblich seien. Ich bewundere Werner
Düggelin für seine realistische Einschätzung der tatsäch-
lichen Lage, wenn es auch das einzige ist, was ich noch an
ihm bewundere. Ich meinerseits machte mich auf einen
Aufenthalt von mindestens drei Jahren in Basel gefaßt
und richtete meine Wohnung dementsprechend ein. Der
Grund, weshalb ich zum Basler Theater stieß, ist nachträglich nur schwer zu rekonstruieren. Ich bin mir noch
jetzt nicht im klaren, ob ich als Arzt oder als Patient in
dieser Institution meine Zeit vergeudete, ob ich sinnlos
Zettel bekritzelte oder eine sinnvolle Tätigkeit ausübte.
Ich wollte wahrscheinlich die Verhältnisse an einem
durchschnittlichen Theater in einer durchschnittlichen
Stadt kennenlernen. Ich wollte vielleicht die Möglichkeiten eines heutigen Theaters im allgemeinen studieren,
wozu sich ein Luxustheater in einer Luxusstadt nicht

geeignet hätte. Ich hatte offenbar im weiteren die Absicht, Stücke zu schreiben und sie an diesem Theater auszuprobieren, leiden doch gerade die Uraufführungen in deutschsprachigen Theatern daran, daß ohne Erfahrung und ohne genügend Zeit Stücke zum ersten Mal aufgeführt werden, die Erfahrung und viele Proben benötigen, um richtig aufgeführt werden zu können. Brecht probierte deshalb eines seiner Stücke sogar in Chur aus: ich ging nach Basel, mit dem Unterschied, daß Brecht Chur wahrscheinlich nicht liebte, ich aber Basel liebe. Kurz, welche Gründe mich auch nach Basel führten, künstlerische oder sentimentale, meine Rolle fiel von Anfang an anders aus, als ich sie mir vorgestellt hatte. Einerseits wurde ich, mit Hans Hollmann zusammen, als Gallionsfigur verwendet, die dem Schiff jene gewisse Pomphaftigkeit verlieh, mit dem es durch Europas Theaterwelt segelte, anderseits hatte ich ständig Wasser aus seinem Innern zu pumpen, um sein Absacken zu verhindern, ohne auf den Kurs des Schiffes Einfluß nehmen zu können.

Die Auswirkungen der Gallionsfiguren sind bekannt. Ich möchte hier lieber von meiner unbekannten Tätigkeit als Pumper reden, wobei dieses »lieber« nicht allzu wörtlich zu nehmen ist, denn über meine Pumparbeit läßt sich wenig Heldenhaftes berichten, sie geschah unfreiwillig, nämlich etwa damit, daß der viel versprechende, alles versprechende Düggelin Max Frisch versprach, *Biedermann und die Brandstifter* aufzuführen, und sein Versprechen nicht halten wollte. Frisch und der Suhrkamp-Verlag waren nur dadurch zu beruhigen, daß ich als Gallionsfigur versprach, Frisch zu inszenieren, und so durch das Schlagwort »Dürrenmatt inszeniert Frisch« das bedrohlich eingedrungene Wasser wieder herauszupumpen vermochte. Nach meinem in harter Pumparbeit ehrlich verdienten Herzinfarkt begann ich tapfer, Düggelin aufs neue beim Wort zu nehmen; es war bitter nötig, hatte sich doch mein Intendant mit Kurt Beck einen Schauspieler an den Hals versprochen, der ihn ebenfalls beim Wort zu nehmen begann. Der Krach zwischen den beiden nahm ungeheuerliche Formen an. In meinem Garten in Neuenburg versöhnten sie sich, Beck wurde Spielleiter. Düggelin ließ sich wieder beim Wort nehmen. Das Schiff konnte, um eine Gallionsfigur bereichert, aufs neue in See stechen. Die zweite Saison begann. Doch war die Belastung des überlasteten Schiffes zu groß. Während ich mich, zwar mit lädiertem Herzen, doch mit Feuereifer, an die Arbeit machte, die *Minna von Barnhelm* und den *Titus Andronicus* bearbeitete, sowie die Endfassung der *Ehe des Herrn Mississippi* herstellte, wurden von Mitgliedern des Ensembles und der Direktion, offenbar um das Schiff zu entlasten, neue Löcher in die Schiffswand gebohrt. Ein Durcheinander entstand, bei dem bald nicht mehr auszumachen war, wer denn da pumpte und wer denn da bohrte. Als ich daher am 1. September in Basel wieder das Schiff betreten wollte, mußte ich zu meiner Verwunderung feststellen, daß das noch im Hafen verankerte Schiff bereits gesunken war. Die *Minna von Barnhelm* stellte sich nicht als meine Minna heraus, auch nicht als jene Lessings, sondern als jene Düggelins, und meine letzte Ehe mit Herrn Mississippi durfte nicht stattfinden. Ich stand nicht vor einem Ozeandampfer, sondern vor einer Rheinfähre, zu der weder die Gallionsfigur Beck noch die Gallionsfigur Dürrenmatt paßten. Zu pumpen gab es nichts mehr, das Deck lag unter Wasser.

Während das Ensemble – einige Aufrechte ausgenommen – statt vom Intendanten von mir die öffentliche Hinrichtung Becks forderte, obgleich dieser selbst sechs Stunden vorher um seine Entlassung gebeten hatte, setzte sich Beck nach Füllinsdorf, ich mich nach Neuenburg und Düggelin sich blitzschnell gleich nach Neapel ab. Letzterer krankheitshalber. Der Kapitän verließ als Erster das gesunkene Schiff.

Wie krank oder wie gesund auch Düggelin sein mag, man werfe mir nicht vor, einen kranken Löwen zu treten. Es gilt eine kulturpolitische Leistung zu beurteilen, wenn es um eine Theaterleitung geht; der Gesundheitszustand spielt da keine Rolle. Ich halte meinen Kritikern auch nicht meinen ewigen Diabetes entgegen, wenn sie mich in der Luft zerreißen. Wie krank Düggelin auch ist, ich finde sein Verhalten unverantwortlich. Düggelin blieb ein Zeus in Wolken, der wahllos seine Blitze schleuderte, auf Gläubige und Ungläubige; mich traf er nicht als einen, der im Theater eine Traumvorstellung sieht, die nur im Osten zu verwirklichen ist, wie Düggelins kaufmännischer Direktor Adolf Zogg im Rundfunk offenbar behauptete, sondern als einen, für den das Theater eine Werkstatt ist, die auch hier möglich sein muß, wollen wir weiter Theater machen. Der Blitz sitzt. Düggelin zwingt mich, meine Arbeit an einem Theater, das ich schätze, in einer Stadt, die ich liebe, mit Menschen, die ich achte, und damit einen Arbeitsplatz aufzugeben, den ein Dramatiker nötig hat, jenen auf der Bühne. Die Uraufführung meiner *Titus*-Bearbeitung und die Endfassung der *Ehe des Herrn Mississippi* werden an anderen Theatern stattfinden. Während Düggelin in den letzten Tagen seines Basler Aufenthaltes für jedes Mitglied der Direktion zu sprechen war, hatte er für mich nicht einmal einen Telephonanruf übrig.

Ein Theaterdirektor hat nicht in erster Linie ein Künstler zu sein, sondern ein Theaterleiter. Düggelin leitete das Theater nicht, er verleitete nur Menschen, an seinem nicht geleiteten Theater mitzumachen. Die Öffentlichkeit hält das Theater für Klatsch und die Theaterarbeit für einen müssigen Zeitvertreib. In Wirklichkeit setzt das Theater strenge Arbeit voraus und stellt eine der Formen des Denkens dar. Dazu braucht es Menschen, die weiter denken. Nur so hat es in unserer Zeit noch seine Berechtigung als kritisches Theater. Das Basler Theater klopfte in seinen Programmheften große Sprüche, es wollte an der Veränderbarkeit der Gesellschaft teilnehmen und ging am Mangel einer konsequenten Führung zugrunde. Die Probleme wurden nicht durchdacht, Scheinlösung häufte sich auf Scheinlösung, der wahre Sinn für Qualität ging verloren, ein fauler Kompromiß nach dem andern wurde geschlossen und jeder Durchfall des Zürcher Schauspielhauses mit Freudentänzen gefeiert. Ich setzte mich für dieses Theater mit allen meinen Kräften ein und muß gestehen, daß ich an diesem Theater der Narren der größte Narr war. Mit den Leuten, die das Basler Theater führen, kann man kein Theater führen. Ich kann es der Stadt gegenüber nicht mehr verantworten, der bankrotten Institution zu dienen, die sie, und damit auch mich, subventioniert. Eines ist deutlich geworden: Basel wird zwar für über vierzig Millionen Franken ein neues Theater besitzen, aber seine Fastnacht wird immer besser sein als sein Theater. Sein Theaterneubau ist ein Schildbürgerstreich.

Im übrigen fühle ich mich durch die Haltung des

Direktors dieses Instituts und durch die seiner Mitarbei-
ter, aber endlich auch durch die Haltung des Ensembles
mir gegenüber, hinausgeschmissen und räume das Feld,
froh, der Verlierer zu sein.

Wutausbrüche

1969

Die Theater sind heute so langweilig geworden, daß sogar die Boxkämpfe, die in ihnen noch stattfinden, nur markiert sind.

Hans Hollmanns Meinung, das Theater beginne sich in die Gesellschaft zu integrieren, ist die düsterste Prophezeiung, die ich je über die Gesellschaft hörte.

Mit einer korrupten Institution vermag man nicht die Welt zu ändern.

Im heutigen Theater geht es wie im Rom der Borgias zu: wer nicht schmiert, wird vergiftet.

Wer von einem Ensemble als untragbar empfunden wird, muß Charakter haben.

Gewisse Schauspieler lassen sich nur verwenden, indem man ihre falschen Töne richtig einsetzt.

Seitdem die Künstler glauben, sich alles erlauben zu können, halten sich auch die Regisseure und die Kritiker für Künstler.

Ein Maler, dem man beim Arbeiten den Pinsel aus der Hand schlägt, wird zornig. Es braucht eine gewisse Zeit, bis er den Vorfall als eine Wohltat empfinden kann.

Die Allgemeinheit zieht sich in die Gemeinheit zurück.

Die Basler Kritiker sind wie Tse-Tse-Fliegen: man schläft gleich ein, wenn sie zustechen.

Meine größte Stümperei bestand darin, daß ich trotz zwanzigjähriger Krankheit nie lernte, zur rechten Zeit krank zu werden.

Die größten Verbrechen am Theater werden nicht von den Berufsverbrechern verübt, sondern von jenen, die noch an das Theater glauben.

Weh dem, dem keine Kasse stimmt.

Eine Dampfwalze darf sich nicht wundern, wenn sie Platitüden hinterläßt.

In der heutigen Zeit glauben nur noch Sekretärinnen an die Liebe und Komödienschreiber an die Welt.

Dramaturgie des Publikums

1970

Eigentlich wollte ich Maler werden und hatte denn auch in dieser Kunst gleich einen großen Erfolg: Ich bekam als Zwölfjähriger 1933 im Kinderzeichenwettbewerb des Pestalozzikalenders für den kleinformatigen Entwurf eines Kolossalgemäldes der Schlacht bei Sempach, die am 9. Juli 1386 stattfand, eine kostbare Zenithuhr, für die ich, als ich sie später aus finanziellen Gründen versetzen mußte, noch fünf Franken erhielt, weil ihr inzwischen von den verschiedenen Uhrenmachern, durch deren Hände sie gegangen war, sämtliche Rubine entwendet worden waren. Beunruhigt durch die ungenügende Entlohnung, die mich offenbar in der Malerei erwartete, wandte ich mich der Dramatik zu. Auch hier wohl ohne rechten Erfolg, finde ich mich doch zu meinem Entsetzen hauptsächlich als Redner wieder, indem ich zwar noch nicht so viel Reden gehalten habe wie Günter Graß, aber beinahe so viele wie Demosthenes. Nun wäre Reden nicht so schlimm, wenn der Zuhörer vom Redner bloß eine schöne Rede verlangte. Bedenklich wird für einen Redner eine Rede erst, wenn von ihm etwas Bedeutendes erwartet wird, und daß Sie das von mir erwarten, beunruhigt mich. Doch ist die Erwartung der Volksbühne verständlich. Als Theaterbesucher-Organisation hat sie ein Anrecht darauf, von einem gefeiert zu werden, der von ihr lebt, von einem Autoren, dessen Stücke zu besuchen sie ihre Mitglieder aufbietet, weil sie glaubt, dieser Autor habe wie andere Autoren auf der Bühne etwas Wesentliches zu sagen. Dafür, meine Damen und Herren, danke ich Ihnen, doch verpflichtet mich mein Dank zu einem doppelten Geständnis: Erstens wurde ich aus dem Gefühl heraus Dramatiker, bloß auf der Bühne und mit der Bühne und nicht am Rednerpult etwas aussagen zu können, und zweitens bin ich als Stücke-schreiber ein schlechter Theaterbesucher. Ich gehe nur ins Theater, wenn ich muß, aus dem einfachen Grund, die Naivität nicht zu verlieren, die ich benötige, um Stücke zu schreiben. Ich stelle deshalb für eine Theater-besucher-Organisation den denkbar ungeeignetsten Fest-redner dar, weil ich der denkbar ungeeignetste Theater-besucher bin.

Scheint so meine Rede unter einem schlechten Stern zu stehen, so wird sie doch wieder von der besonderen Lage legitimiert, in die das Theater in der heutigen Zeit durch das Publikum gekommen ist. Diese Feststellung klingt seltsam. Noch ist man heutzutage allzusehr daran ge-wöhnt, das Theater entweder von der Literatur her zu beurteilen oder von da her, wie es sich selber sieht. Einen Literaturhistoriker interessiert die Problematik eines Stückes, einen Intendanten, wie ein Theater geleitet, einen Schauspieler, wie Theater gespielt, einen Regisseur, wie Theater gemacht wird, und ich, der Stückeschreiber, bin neugierig darauf, wie aus den Möglichkeiten der Bühne und der Schauspielkunst ein Stück zu verfertigen sei und die Technik zu lernen, die ein solches Handwerk erfordert. Wir alle, die auf, mit und von der Bühne leben, sehen im Theater etwas Selbstverständliches. Weil uns unsere Arbeit fesselt, glauben wir, sie sei für alle fesselnd, weil für uns das Theater noch die Welt bedeutet, bilden wir uns ein, es stelle auch für das Publikum noch die Welt dar, ja wir halten oft die Bühne für wichtiger als die Welt.

Es geht mir nicht darum, die verschiedenen Probleme, die das Theater dem Theater stellt, zu negieren, wie etwa das Problem, ob eine kollektive Führung des Theaters möglich sei oder nicht, wenn ich auch das Problem, wie im heutigen Bühnenbetrieb noch gute Aufführungen zustande kommen können, für wichtiger halte; es geht mir hier allein um die Frage nach der Funktion des Publikums im Theater. Nicht die Frage, was das Theater vom Publikum, sondern die Frage, was das Publikum vom Theater zu fordern habe, soll uns hier beschäftigen, die Frage, um ein Schlagwort zu gebrauchen, ob es eine ›Dramaturgie des Publikums‹ gebe.

Wir stehen im deutschen Sprachraum hauptsächlich dem subventionierten Theater gegenüber, den Stadt- und Staatstheatern. An sich ist diese Form nicht neu, sie entwickelte sich aus den antiken Theatern und aus der politischen Organisation der Polis, des griechischen Stadtstaates, als staatliche kultische Institution. Doch hatte das antike Theater eine andere Funktion als das heutige. Es stand im Mittelpunkt des gesellschaftlichen Lebens der Stadt und war notwendig, während die heutigen Stadt- und Staatstheater nicht notwendig sind. Sie sind halb im bürgerlichen Bildungswust erstickt und stellen periphere Gebilde dar. Das gilt auch für die übrigen Künste: Für einen Höhlenbewohner waren die Zeichnungen auf seinen Felswänden sinnvoller, als es die Picassos an den Wänden eines Multimillionärs sind; versuchte der Höhlenbewohner mit seinen Zeichnungen eine ihm feindliche Umwelt zu bannen, stellen die Picassos für den Multimillionär nur nebenbei einen künstlerischen, hauptsächlich aber einen finanziellen Wert und ein Statussymbol dar. Dieser Vergleich, auf die Bühne bezogen, hinkt natürlich. Für die Staaten und Städte sind ihre Theater zwar Statussymbole, doch nicht finanzielle Werte. Im Gegenteil, es muß jedes Jahr bezahlt werden, um die Statussymbole in Betrieb zu halten. Kann sich der Millionär seine Picassos, muß sich der Staat seine Theater leisten, genauer, er bildet sich ein, sie sich aus kulturellen und traditionellen Gründen leisten zu müssen. So stehen wir der paradoxen Tatsache gegenüber, daß der Staat oder die Stadt durch enorme Subventionen die Theaterplätze nicht nur verbilligt, sondern Theater erst möglich macht, während nur eine Minderheit der Bürger, aus deren Steuergeldern die Subventionen bezahlt werden, den Vorteil, den sie sich selber schaffen, auch wahrnehmen, kurz, daß heute zwar jedermann ins Theater gehen kann, aber verhältnismäßig nur wenige wollen. Unsere heutigen Theater sind Symbole einer Scheinkultur.

In England und Frankreich pflegen die Theater vor den Premieren die Stücke vor Zuschauern zu testen. Die Zuschauer setzen sich meistens aus einem Verein zusammen, dessen Mitglieder auf diese Weise zu verbilligten Preisen einer Theateraufführung beiwohnen können. So wurde in Paris *Frank V.* vor lauter Oberlehrern getestet, die mit steinernen Gesichtern mehr auf die exakte Aussprache und die richtige Anwendung der Grammatik der Schauspieler zu achten schienen als auf das Stück, während in London *Die Physiker* einem Publikum vorgeführt wurden, das ausschließlich aus Krankenschwestern bestand. *Die Physiker* spielen in einem Irrenhaus. Die

Krankenschwestern gingen lebhaft mit, brachen jedoch oft in ein ungeheures Gelächter aus, das die Schauspieler verwirrte, da sie es nicht begriffen. Es stellte sich nachher heraus, daß der unglückliche Physiker Möbius, der sich wahnsinnig stellt, um der Welt nicht seine Entdeckungen ausliefern zu müssen, einem bekannten Irrenarzt glich, was natürlich die Krankenschwestern erheiterte. Indem die Zuschauer im ersten Falle Oberlehrer und im zweiten Falle Krankenschwestern waren, bildeten sie als Publikum eine Einheit. Doch nicht nur Vereine vermögen diese Wirkung zu erzielen. Es ist nicht zufällig, daß erst mit Hitler, als es allmählich ungemütlicher wurde, in der Schweiz eine bedeutendere Theaterkultur entstand. Freilich kam es auch dort zu komischen Szenen. So erinnere ich mich, daß in einer Kantonshauptstadt, kurz nach Kriegsende, als die Schweiz mit erheblichen Minderwertigkeitsgefühlen behaftet war, weil sie sich von lauter Heldenvölkern umgeben sah, die den Krieg teils gewonnen, teils verloren hatten und die in *ihr* einen Kriegsgewinnler erblickten, die Zuschauer jedesmal in Schillers *Wilhelm Tell* beim Tode Attinghausens, der mit den Worten »Seid einig, einig!« verröchelt, in tosenden Beifall auszubrechen pflegten. Für die Zuschauer war das »einig, einig« eine politische Aufforderung, und weil sie ihrem Bedürfnis nach Einigkeit in einem *ihnen* feindlich gesinnten Europa entsprach, applaudierten sie. Leider nahm der Schauspieler, der den Attinghausen spielte, den Applaus als Resultat seiner Kunst, sein Sterben dauerte von Vorstellung zu Vorstellung länger, er spielte sich in eine Sterbensorgie hinein, die von Vorstellung zu Vorstellung bei gleich tosendem Beifall stets komischer wurde.

Der Vorfall ist symptomatisch. Ein Publikum unter politischem Druck wird eine Einheit, die einheitlich reagiert, die jedes Stück in ein politisches Theater zu verwandeln vermag, eine Tatsache, die wir besonders in Polen und der Tschechoslowakei beobachten können. Der Autor hat es nicht nötig, engagiert zu sein, er wird vom Publikum engagiert; die verschlüsseltste Anspielung gegen die herrschenden Zustände wird vom Publikum unmittelbar entschlüsselt und durch den Beifall in Protest verwandelt. Das Theater ist dort für das Publikum der natürliche Ort der Opposition.

Bei uns im Westen ist die Beziehung Theater – Publikum umgekehrt. Das Theater versucht politisch zu sein, steht jedoch der Hauptsache nach einem unpolitischen Publikum gegenüber. Im Gegensatz zu einem Publikum, das durch einen politischen Druck eine Einheit wird, wird ein Publikum, das keinem politischen Druck ausgesetzt ist, eine Vielheit. Die Intendanten, Regisseure und Schauspieler, aber auch die Autoren stehen einer Masse von Einzelwesen gegenüber, aus der sie sich allzu leicht ein Phantom erschaffen. Sie bilden sich ein, diese Masse sei spießig oder reaktionär usw., Eigenschaftswörter, denen ich an sich mißtraue, weil niemand ausschließlich, sondern nur dosiert spießig oder reaktionär ist. In Wahrheit mögen zwar manche Zuschauer spießige oder reaktionäre Züge aufweisen, andere jedoch nicht. Die Publikumsbeschimpfung ist nicht nur unreal, sondern auch neurotisch. Man beschimpft die, von denen man nicht nur leben, sondern denen man auch imponieren will, wobei mit der Publikumsbeschimpfung nicht etwa das Stück Handkes gemeint ist, sondern die Meinung vieler Theaterschaffender, die Spießer säßen nur im Publikum.

In dieser Hinsicht gab mir eine Bemerkung eines Schauspielers der Presse gegenüber zu denken, die dem Sinne nach etwa lautete, er schäme sich, vor einem Publikum zu spielen, das den Saal verlasse, finde auf der Bühne eine Folterszene statt, jedoch gegen die Folterungen in Südvietnam gleichgültig sei. Weshalb glaubt der Schauspieler erstens, die politische Haltung der Zuschauer zu kennen, die gegen die Folterszene protestierten, und warum, zweitens, kann er sich nicht einen anderen Grund denken als einen politischen, der die Zuschauer bewog, das Theater zu verlassen. Kam diesem Schauspieler noch nie der Verdacht, daß nur noch ein naives Grand-Guignol-Publikum Grausamkeiten auf der Bühne glaubt und daß ein Teil der Zuschauer den Saal vielleicht nur verließ, weil ihm unglaubhaftes Theater vorgesetzt wurde. Der Film und das Fernsehen nahmen durch ihre weitaus größeren optischen Möglichkeiten viel vom Spektakulären, wovon einst das Theater lebte. Der Film und das Fernsehen vermögen dem Zuschauer Kriege und Folterungen glaubhaft zu machen. Auf der Bühne wirken diese Szenen durch die unmittelbare Präsenz der Schauspieler vor dem Publikum höchstens symbolisch und in den meisten Fällen peinlich: sie sind zu offensichtlich nur gespielt. Dieser Tatbestand macht geradezu eine Dramaturgie der Grausamkeit notwendig.

In einem Film über drei Geschichten Edgar Allan Poes gestaltete Fellini die letzte Episode, die damit endet, daß einem in seinem Wagen dahinrasenden Filmschauspieler durch ein über die Straße gespanntes Drahtseil der Kopf vom Leibe getrennt wird. Nie werde ich das schauerliche Bild des Kopfes auf der Straße vergessen. Bei der Bearbeitung dagegen des *König Johann* bereitete mir eine

Szene Shakespeares Mühe, die aus dramaturgischen Gründen nicht zu umgehen war. Der Bastard tritt mit dem abgehauenen Kopf des Herzogs von Österreich auf. Auf der Bühne wirkt, im Gegensatz zum Film, ein abgehauener Kopf als Attrappe, weil er eine Attrappe ist. Die Szene war nur zu lösen, indem der Bastard den Kopf des Österreichers in eine Suppenschüssel versenkte. Die Zuschauer begannen zu lachen, und durch ihr Lachen stellten sie paradoxerweise die notwendige Grausamkeit der Szene selber her.

Mit der ›Dramaturgie der Grausamkeit‹ schienen wir weit von unserem Thema abgetrieben worden zu sein, wäre nicht die ›Dramaturgie des Publikums‹ selber grausam, denn ihr erstes Gesetz lautet, daß über den Erfolg eines Stückes allein das Publikum entscheide. Der Nachteil dieses Gesetzes liegt darin, daß der Erfolg eines Stückes nicht mit seinem Wert gleichzusetzen ist, was nicht heißt, daß der Erfolg den Wert ausschließt. Doch kann ein schlechtes Stück Erfolg haben, sei es als Reißer, sei es durch eine hervorragende Regie, sei es durch seine politische Aktualität, sei es aus Mode, sei es, weil es aus Tradition als ein gutes Stück gilt, oder gar durch alle diese Faktoren zusammen. Es ist ein unbarmherziges Gesetz, dennoch gibt es noch heute Theater, die sich allein auf dieses Gesetz stützen: die privaten Ensuite-Theater. Der Nachteil dieser Theater besteht darin, daß sie ein Geschäft sein müssen, wobei freilich zu fragen ist, ob dieser Nachteil wirklich ein Nachteil sei. Harte Bedingungen schaden der Kunst manchmal weniger als sie ihr nützen. Aus der finanziellen Notlage der Pariser Privattheater sind zwei der wichtigsten der heutigen Dramatiker hervorgegangen, Beckett und Ionesco, in den Hexenküchen der Londoner Theater entstanden Pinter und Bond, die Druckkammern des Broadway formten einen O'Neill, Miller, Williams und Albee; und mit gewaltigen privaten Geldeinsätzen wurde eine neue theatralische Kunstgattung geschaffen, die von vielen zu Unrecht verachtet wird: das amerikanische Musical.

Zweifellos wird die Grausamkeit des Gesetzes, welches die Privattheater zwingt, entweder rein geschäftlich zu denken oder alles auf eine Karte zu setzen, durch das subventionierte Theater vermindert. Ein Reinfall stellt hier nur für den Autor eine Katastrophe dar und gehört zu seinem Berufsrisiko. Viele Stücke, die von den privaten Ensuite-Theatern nicht gewagt worden wären, wagte das subventionierte Theater und setzte sie durch. Auch vermag diese Theaterform das Publikum über die Dramatik aller Zeiten besser zu informieren. Andererseits ist nicht zu leugnen, daß die subventionierten Theater, verführt vom Ruhm, eine Erstaufführung zu bekommen, allzuleicht Stücke auf die Bühne stellen, die sonst kein Theater aufführen würde. Ein Theater, das vom Staate lebt, ist publikumsfremder als ein Theater, das nur vom Publikum lebt. Die Zuschauerflucht, die wir fast überall feststellen, kommt weitgehend daher, daß die subventionierten Theater den Kontakt mit dem Publikum verloren haben. Sie treiben Dramaturgie, die oft rein ideologisch ist, ohne an das Publikum zu denken. Sie überschätzen das Theater. Sie lassen die Revolution, die im Publikum nicht stattfindet, auf der Bühne stattfinden und bilden sich ein, damit eine Revolution entfesselt zu haben. Sie halten einen Sturm im Wasserglas für einen Hurrikan. Wenn sie an das Publikum denken müssen, weil sie das Budget überschritten haben und dem Staate gegenüber

allzu tief in der Kreide sitzen, greifen sie auf die konven-
tionellsten Kassenfüller zurück und sind erstaunt, wenn
auch diese nicht gehen. Oft haben sie sich durch ihre
Theaterpolitik zwar einen Anhängerkreis geschaffen,
doch ist dieser Kreis zu klein, um das finanzielle Debakel
zu verhindern. Damit verstoßen die subventionierten
Theater gegen ein zweites Gesetz. Das Publikum läßt
sich nichts vorschreiben. Ein Publikum, das kulinarisches Theater will, sucht in jedem Stück kulinarisches
Theater. Nun ist die Forderung, das Theater müsse
nichtkulinarisch sein, ein Schlagwort geworden, das mir
nicht liegt. Ich liebe das Kulinarische im Leben allzu
sehr, als daß ich es auf der Bühne missen möchte. Ich
halte es für einen Fehler, die sogenannten nichtkulinari-
schen, revolutionären Stücke in einer Weise zu inszenieren, daß jene Zuschauer, die kulinarisches Theater erwarten, kein Vergnügen daran haben, weil sie die Aufführung lehrhaft und langweilig finden. Ist ein Stück nicht
anders als langweilig und lehrhaft zu inszenieren, ist es an
sich ein lehrhaftes und langweiliges Stück. Das Publikum
will ins Theater, wenn es ins Theater geht, und nicht in
eine Volkshochschule über Revolution. Jene, die im
Theater das Revolutionäre suchen, kommen in einer
kulinarischen Inszenierung eines revolutionären Stückes
trotzdem auf ihre Kosten. Das Publikum läßt sich nur
bezwingen, indem man es überlistet. Die Regisseure
sollten daher jedes Stück kulinarisch und revolutionär
zugleich inszenieren, eine Aufgabe, die sogar bei den
Klassikern lösbar ist. Wer heute die Wahrheit sagen will,
kann sie im Osten und im Westen nur auf eine listige
Weise sagen, und die Wahrheit ist immer revolutionär.
Im heutigen Theaterbetrieb haben Sie als Zuschauer

und wir als Autoren oft nichts zu lachen. Ich sehe oft mit Grausen, wie man mit uns auf der Bühne und mit Ihnen im Zuschauerraum umspringt. Eine allgemeine Unsicherheit hat um sich gegriffen. Die einen wollen mit dem Theater die Welt verändern, die andern sie vernichten, wieder andere ihr trotzen, und die meisten Intendanten lassen sich vom Strom der Angebote dahintreiben, froh, manchmal einen halbwegs brauchbaren Balken zu finden, an den sie sich klammern können. Diese Unsicherheit ist nicht zufällig. Die moderne Welt ist ein Ungeheuer, das mit ideologischen Formeln nicht mehr zu bewältigen ist. Wenn der Mathematiker Hilbert von den Physikern meinte, die Physik sei eigentlich für sie zu schwer geworden, so kann man von den Stückeschreibern sagen, die Welt sei für sie zu kompliziert geworden. Wir leben in einer Welt der verlorenen Einheit, die nur immer teilweise zu begreifen und nur immer teilweise darstellbar ist. Nicht ein einzelner Stückeschreiber, sondern die Summe der Stückeschreiber aller Zeiten geben ein annäherndes Bild dieser Welt wieder. Daraus haben wir die Konsequenzen zu ziehen. Meine Aufgabe als Theaterarbeiter besteht darin, Stücke zu schreiben und nach Möglichkeit zu realisieren und manchmal jene Stücke der Klassiker zu bearbeiten, die wertvoll, aber für die heutige Zeit schwer verständlich geworden sind. Ich suche auf meine Weise, die Aufgaben zu lösen, die mir das heutige Theater stellt, und scheue mich auch nicht, Aufträge anzunehmen. Über den Erfolg entscheidet das Publikum, über den Wert die Zeit, wenn auch ihr Urteil mit der Zeit sich immer wieder ändert.

Als Thema meines Vortrages wählte ich ›Die Dramaturgie des Publikums‹. Ich hätte vielleicht besser den

Titel ›Vorwort zu einer Dramaturgie‹ oder noch besser ›Nachwort zu einer Dramaturgie des Publikums‹ gewählt, denn über die ›Dramaturgie des Publikums‹ zu reden, bin ich nicht berechtigt. Ich stehe diesseits, Sie jenseits der Rampe, aber trotzdem stehen wir vor dem gleichen Problem. Das Theater befindet sich auf einem Nebengeleise. Als Dramatiker ist diese Tatsache für mich nicht weiter tragisch. Nicht der Ort zählt, wo man arbeitet, sondern die Möglichkeit, noch zu arbeiten. Es stimmt, die Gefahr, die eine Nation bedroht, vermag das Theater wieder wichtig zu machen, aber sich deshalb eine solche Gefahr zu wünschen, wäre ein Schildbürgerstreich sondergleichen. Die heutige Zeit mit ihren ungeheuren technischen Illusionsmöglichkeiten hat das Theater entmachtet, aber es auch wieder zum Theater gemacht, wenn auch zu einem Theater im Winkel. Die Frage, wie das Theater den Frieden überlebt, ist nur zu lösen, indem der Friede gelöst wird: der Friede ist unser aller Problem, ihn halten wir weniger aus als Kriege. Der Friede bringt die Menschheit in einen Konflikt, vor dem sie sich immer wieder in den Krieg flüchtet, statt jenen zu lösen. Der Konflikt besteht darin, daß die einen eine Welt wollen, in der es ihnen immer besser geht, und die anderen sich eine vernünftigere Welt wünschen: auch uns Dramatikern geht es um eine vernünftigere Welt. Mag das Theater nebensächlich geworden sein, so ist es doch eine der Chancen geblieben, die Welt zu erkennen. Wird diese Chance wahrgenommen, wird aus einer an sich nebensächlichen Angelegenheit wieder eine wichtige. An Ihnen, den Zuschauern, liegt es, diese Chance zu erkennen. Und diese Chance wahrzunehmen ist eine Aufgabe, die sich die Volksbühne gerade heute stellen muß.

Sätze über das Theater

1970

1. Das Theater und die Wirklichkeit. Wie steht das Theater zur Wirklichkeit? Die Wirklichkeit ist alles, was geschieht. Das Theater geschieht ebenfalls. Beide sind Ereignisse. Nur geschieht das Ereignis Theater unendlich seltener als alle andern Ereignisse zusammengenommen, die mit ihm die ganze Wirklichkeit ausmachen. Die Wirklichkeit käme ohne Theater aus, sie käme auch ohne den Menschen aus; an sich käme der Mensch ohne Theater auch aus. Daß er es dennoch hin und wieder ausübt oder sich mit ihm abgibt, muß daher etwas mit der Struktur der menschlichen Wirklichkeit zu tun haben. Nur die Frage nach der Beziehung, die zwischen der Struktur Theater und der Struktur der menschlichen Wirklichkeit besteht, hat einen Sinn.

2. Diese Beziehung sieht man oft darin, daß das Theater die menschliche Wirklichkeit abbilde. Der Mensch ahmt seine Wirklichkeit auf der Bühne nach. Er wird Schauspieler. Er stellt sein Spiel zur Schau. Er spielt die Wirklichkeit, statt sie geschehen zu lassen.

3. Soll diese Beziehung des Theaters zur Wirklichkeit stimmen, so muß das Theater auch in seinen Ansätzen und nicht nur in seinen Verfeinerungen als ein Nachahmen des Wirklichen definierbar sein: Sein Ursprung darf nicht nur historisch rekonstruierbar (und damit hypothetisch), sondern muß auch in der Gegenwart nachweisbar sein.

4. Die Kinder ahmen durch Spiel ihre Wirklichkeit nach. Sie spielen Lehrer oder Lehrerin, sie übernehmen Rollen. Doch ist dieses Spiel noch kein Theater. Zum Theater gehört das Bewußtsein der Spieler, nicht für sich, sondern für ein Publikum zu spielen. Auch diese Art von Theater entsteht immer wieder spontan, ein Vorgang, den wir besonders im Sport beobachten können. An sich ist der Sport kein Theater, obgleich Zuschauer vorhanden sind. Zwei Boxer kämpfen miteinander, der Kampf ist ein wirklicher Kampf, wenn auch gewisse Regeln einzuhalten sind. Anders ist es beim sogenannten Freistilringen. Den Catchern ist alles erlaubt. Der Kampf soll noch härter sein als beim Boxen, er schlägt deshalb in Theater um. Wie ein Schauspieler hat ein Freistilringer jeden Abend anzutreten; weil das Publikum jedoch von ihm einen möglichst grausamen und unbarmherzigen Kampf zu sehen verlangt, muß er den Kampf nachahmen. So scheint der Kampf härter zu sein, als er ist. Wie sehr das Freistilringen schon Theater ist, zeigt sich auch darin, daß die Freistilringer verschiedene Rollen annehmen. Der eine ist der Bösartige, der andere der Feige, der eine der Unbesiegbare, der andere der Grausame. Sie treten unter verschiedenen Namen auf: OK Staatenlos, Golden Apollon, Würger von Wien, und ein Kleinbasler nannte sich in den USA Graf Adolf von Krupp und ließ, bevor er geruhte, den Ring zu besteigen, durch einen Butler im Frack den Kampfplatz mit Parfüm bestäuben.

5. Eines der wichtigsten Schauspielergesetze wird im Freistilringen sichtbar. Der Freistilringer muß nicht nur die Ursache, sondern auch die Wirkung spielen. Er muß nicht nur scheinbar Schläge austeilen, sondern auch

scheinbar Schläge empfangen. Ein Schlag wirkt um so mehr, je mehr Wirkung er erzeugt. Schauspielerisch gesagt: ein Schauspieler muß nicht nur zu sprechen, sondern auch zuzuhören, nicht nur zu morden, sondern auch ermordet zu werden verstehen.

6. Definieren wir das Theater als eine bewußte Nachahmung einer menschlichen Wirklichkeit, so ist zu fragen, welche bestimmten menschlichen Wirklichkeiten das Theater direkt nachzuahmen vermag. Schon Aristoteles bezeichnet denn auch mit Recht das Theater als eine Nachahmung einer menschlichen Handlung (die Handlung als ein zeitlich ›ausgedehnter‹ Geschehensablauf verstanden).

7. Nur eine menschliche Handlung, deren Zeitdauer die gleiche ist wie die der nachgeahmten Handlung, kann daher direkt nachgeahmt werden. Die berüchtigte Einheit von Zeit, Ort und Handlung kann strenggenommen bloß angewandt werden, wenn ein menschliches Geschehen direkt nachahmbar ist. Nur wenige Handlungen, in die sich der Mensch verstrickt, oder die er auslöst, lassen sich daher direkt nachahmen. Die Menschen leben in der Zeit, und ihre Handlungen erstrecken sich über ›Zeitdistanzen‹, die jene eines Theaterabends übertreffen.

8. Ein ähnliches Urtheater wie beim Freistilringen beobachten wir beim Clown. Auch der Clown spielt eine Handlung auf der Bühne vor, den Kampf des Menschen mit den Gegenständen und die verblüffende Einfältigkeit, mit der er mit dem Einfachsten nicht zurecht kommt: Grock, den Flügel näher an den Sessel schiebend, um besser spielen zu können.

9. Stellt das Freistilringen, indem es einen Kampf nachahmt, wo es einen Sieger und einen Besiegten gibt, die
Urform der Tragödie, so stellt der Clown die Urform der
Komödie dar. Beide Urformen lassen sich hinsichtlich
ihrer Mitspieler beliebig vermehren. Es gibt Freistilringen zwischen vier Personen, und die einfachen Handlungen, die Karl Valentin und Liesl Karlstadt auf ihrer
Bühne zeigten, sind echte Spiel- und Sprachkunstwerke.

10. Je komplizierter und zeitlich ausgedehnter eine Handlung ist, die man auf der Bühne nachzuahmen versucht,
desto mehr dramaturgische Kunstkniffe braucht man dazu.
Darin ist denn auch der Grund zu suchen, weshalb
hinsichtlich ihrer Technik die Dramatik heute scheinbar
rückwärts läuft, was ihre Avantgarde betrifft. Das Urtheater entsteht instinktiv, das moderne Theater kehrt bewußt
zum Urtheater zurück, ja versucht sogar noch weniger als
Urtheater zu sein, nur noch Theater an sich. Am weitesten
ist hier Handke in seiner *Publikumsbeschimpfung* gegangen. Um dieses bedeutende Werk zu verstehen, sollte als
Vergleich am besten die sogenannte konkrete Malerei
herangezogen werden. Wie ich diese Kunstrichtung verstehe, versucht sie sich an die ›Zweidimensionalität‹ der
Leinwand zu halten. Sie gibt es auf, eine Wirklichkeit auf
der Leinwand darzustellen, die dreidimensional ist. Konkret können deshalb nur Linien, Flächen, Farben und ihr
Zusammenspiel sein. Sie ist an keinen Inhalt gebunden,
sondern nur noch Form. Indem sie die Perspektive und
damit den Kunstkniff aufgibt, malerisch den Raum vorzutäuschen, fällt sie in die Welt der reinen Formen, in der sich
diese nur variieren lassen. Die Freiheit der konkreten Kunst
liegt in ihrer endlosen Variationsmöglichkeit.

11. Das gilt auch von Handkes *Publikumsbeschimpfung*. Indem er den Schauspieler nichts mehr nachahmen, sondern sich nur bewegen und sprechen läßt, und die Bewegung und Sprache beliebig variiert, erreicht er konkretes Theater, das nichts mehr nachahmt, außer in der Schlußszene, wo er die Schauspieler das Publikum beschimpfen läßt. Dieser Schluß, der dem Stück den Namen gibt, ist nicht mehr konkret, er will Provokation sein und gehört strenggenommen gar nicht mehr zum Stück, ebensowenig wie der Sockel, auf dem eine abstrakte Plastik steht, noch zur Plastik gehört.

12. Das gleiche trifft auf Handkes berühmte *Reizwörter* zu. Sie bringen jenen Teil des Publikums in Rage, der sich von ihnen in Rage bringen läßt. Dieses Publikum wird nicht über das Reizwort an sich, sondern mit Recht dadurch zornig, weil es das Reizwort von einem Schauspieler auf der Bühne hört. Indem der Schauspieler das Reizwort auf der Bühne spricht, ahmt er einen Provokateur nach, der das Publikum zornig machen will, was ihm erfreulicherweise bei jenem Publikum gelingt, das noch naiv mitgeht – dieses Publikum ist immer noch das dankbarste –, während jenes Publikum, das sich durch die Reizwörter nicht in Rage bringen läßt, sich auch mit Recht nicht in Rage bringen läßt, weil es nicht so naiv ist, zu glauben, die Schauspieler, die es in Rage bringen wollen, seien wirkliche Provokateure. Dieses Publikum müßte, um in Rage zu kommen, jenes Publikum nachahmen, das in Rage kommt, das heißt, die Zuschauer, die nicht in Rage kommen, müssen die Rolle spielen, die ihnen Handke zuschreibt, um in Rage zu kommen; sie müssen die Spießer nachahmen, die sie nicht sind, weil sie

nicht in Rage kommen, eine Rolle, die ihnen jedoch nicht liegt, weil sie keine Spießer sein wollen, weshalb sie denn auch klatschen: bei Handke klatschen alle, die nicht Spießer sind oder nicht Spießer sein wollen. Hat sich das einmal herumgesprochen, klatscht alles.

13. Falls Handke in seinem nicht provokatorischen Teil nichts mehr nachahmt, fragt sich nicht nur, ob es sich darin noch um Theater handle, sondern auch, ob Theater, das nichts mehr nachahme, noch Theater sein könne. Ein Schauspieler in einem solchen Stück wäre dann nicht mehr mit einem Schauspieler zu vergleichen, sondern mit einem Zirkusartisten, mit Seiltänzern, Trapezkünstlern und Jongleuren. Wie diese über Seile gehen, an Trapezen turnen und mit Bällen jonglieren, gehen die Schauspieler über schwierige Textpassagen, turnen an Logismen und jonglieren mit Reizwörtern. Doch stimmt dieser Vergleich nicht ganz. Auch wenn die Schauspieler in der *Publikumsbeschimpfung* keine Handlung nachahmen, so ahmen sie doch Handke nach und sprechen dessen Texte. Gerade Handke erfordert große Regisseure. Er schreibt bewundernswert schwierige Partituren. So erweist sich im Grunde die *Publikumsbeschimpfung* als eine geniale Sackgasse, weil sie sich als dramatische Form endlos variieren ließe. Handke tritt denn schon in *Kaspar* den Rückzug an. In *Kaspar* wird schon eine Handlung nachgeahmt: die Gewalt, welche die Sprache über den Menschen ausübt. *Kaspar* ist schon ein Lehrstück. Es will etwas zeigen. Es demonstriert etwas. Doch auch als Demonstration ist *Kaspar* einmalig. Das Stück demonstriert etwas, was nur auf dem Theater zu demonstrieren ist. Wie seine *Publikumsbeschimpfung* oder wie Becketts

Warten auf Godot ist auch Handkes *Kaspar* ein dramaturgisches Ei des Kolumbus, das die Henne Dramatik auf die moderne Bühne legte. Beckett und Handke sind Glücksfälle, die Gefahr laufen, sich selber zum Opfer zu fallen. Wehe ihren Nachahmern.

14. *Beckett.* Indem wir nach den dramaturgischen Aspekten suchen, denen seine Werke gehorchen, wird uns klar, daß wir mit den Begriffen ›Nachahmung‹ und ›Wirklichkeit‹ nicht weiterkommen. Zwar hat Beckett viel mit Karl Valentin gemeinsam. Er macht Volkstheater für Intellektuelle und für solche, die glauben, Intellektuelle zu sein. Es ist erstaunlich, wie wenig er, verglichen etwa mit Lessing, vom Publikum ein Nachdenken verlangt, er ist bei weitem unmittelbarer und damit kulinarischer. Die dramatischen Kunstkniffe, die er anwendet, sind relativ einfach, etwa eine Pause, um eine Zeit zu überbrücken, das ist alles. Die Situation und die Dialoge zählen: doch welche Situation und welche Dialoge! Aber ist es noch die Wirklichkeit, die Beckett nachahmt? Stellt er nicht viel mehr mit Hilfe der Dramatik Symbole dar, die als Gleichnis der Wirklichkeit gelten können? Haben wir nicht die Begriffe ›Nachahmung‹ und ›Wirklichkeit‹ fallen zu lassen, um der Dramaturgie (nicht der Dramatik – die tut es von selbst) die Möglichkeit zu geben, das Theater zu begreifen? Wir sind in unserer Dramaturgie wieder an den Ausgangspunkt zurückgeworfen. Dazu werden wir noch öfters gezwungen sein: Die Dramaturgie besteht aus Rückziehern.

15. *Dramatik und Möglichkeit.* In Grabbes *Napoleon* ereignet sich in der zweiten Szene des fünften Aufzugs ein Vorfall, der damals wohl nicht ungewöhnlich war,

doch in der Art, wie ihn Grabbe darstellt, ungewöhnlich ist. In der Gegend von Wawre streiten sich zwei Berliner.

EFRAIM Du Hund, wenn ich auch bin ein Jude, bin ich doch ein Bürger und ein Berliner Freiwilliger, wie du – da!

Er gibt dem Berliner eine gewaltige Ohrfeige. Der Berliner will sie ihm gerade wiedergeben, als eine Kanonenkugel dem Efraim den Kopf abreißt.

BERLINER *stürzt zur Seite* Ah, wie furchtbar rächt mir das Geschick.

16. Diese Szene bringt uns zum Lachen. *Napoleon oder die hundert Tage* ist ein historisches Stück. Es stützt sich auf ein historisches Ereignis und damit auf eine historische Wirklichkeit. Doch fällt es uns schwer, die angeführte Szene für ein ›wirkliches Ereignis‹ zu halten. Die Szene ist so gut, daß uns der Verdacht aufsteigt, Grabbe könnte sie erfunden haben. Stützt sich das historische Drama zwar auf ein Geschehen, das einmal Wirklichkeit war, so offenbar doch nicht in allen Teilen. Auch diese Beobachtung zwingt uns, die Beziehung der Dramatik zur Wirklichkeit neu zu überdenken.

17. In seiner Schrift von der Dichtkunst, die wir leider nur als Fragment besitzen, leider, weil sie die erste Dramaturgie enthält, die wir kennen, schreibt Aristoteles, es sei nicht die Aufgabe des Dichters, zu berichten, was geschehen ist, sondern vielmehr, was geschehen könnte. Im Gegensatz zum Geschichtsschreiber erzähle der Dramatiker nicht, was Alkibiades getan habe, sondern was möglicherweise hätte geschehen können. Damit erfaßt Aristoteles die Beziehung der Dramatik zur Wirklichkeit genauer, als wir es bis jetzt getan haben. Nicht die Wirklichkeit an

sich wird ›nachgeahmt‹, sondern die Möglichkeit, von der es an und für sich gleichgültig ist, ob sie Wirklichkeit war oder nicht. Das Verhältnis der Dramatik zur Wirklichkeit ist laut Aristoteles gleich dem Verhältnis der Möglichkeit zur Wirklichkeit.

18. Damit erweitert Aristoteles nicht nur das Objekt der Dramatik, er fügt dem Objekt auch ein subjektives Element zu. Der Mensch hält nur das für möglich, von dem er glaubt, daß es geschehen könnte; die Möglichkeit, an die der Mensch glaubt, hängt mit seiner Interpretation der Wirklichkeit zusammen. Für die alten Griechen etwa kann die Pest die Strafe eines Gottes sein, die er über Theben verhängt, weil der König dieser Stadt seinen Vater getötet und seine Mutter geheiratet hat. Für uns ist die Pest ein medizinischer Vorgang, dessen Ursachen in mangelhaften hygienischen Zuständen zu suchen sind. Sieht der Grieche in der Beendigung der Pest die Antwort eines Gottes auf die Sühne des Ödipus, und wird dadurch der Vorgang möglich, so sehen wir in ihm nur ein ästhetisches Phänomen. ›Deus ex machina‹, ein Phänomen, das wir aus Respekt vor Sophokles hinnehmen und an dem uns nicht zu stoßen, wir gebildet genug sind. Wir verknüpfen das Ausbrechen und Verschwinden der Pest nicht mit dem Zorne und der Besänftigung eines Gottes. Aristoteles setzt darum mit Recht die Handlung der Tragödie dem Mythos gleich, wobei er offenläßt, ob dieser Satz auch für ihn gilt, den Denker, oder nur für das Publikum. Bestimmt gilt er für das Publikum. Jedes Publikum steht wieder anders vor den Theaterstücken, die man ihm vorsetzt, eine Tatsache, die in einer Zeit wie der unsrigen, die auch im Theater historisch denkt und

die Stücke aller Zeiten spielt, oft übersehen wird und uns oft die Kühnheiten der Klassiker übersehen läßt, weil sie für uns Klassiker geworden sind und weil, wie politisch nur noch in der Sowjetunion und in China, in der Literatur ästhetisch ein Personenkult getrieben wird. Unser Goethe, der du bist im Himmel. Das Credo, das wir nachplappern, lautet, die großen Dramen der Literatur seien zeitlos und damit vollkommen und heilig. Wir vergessen, daß das Mögliche als das Objekt der Dramatik für einen Griechen etwas anderes bedeutet als für Calderon, für Calderon etwas anderes als für Shakespeare, für Shakespeare etwas anderes als für Brecht, usw.

19. Ein Theaterstück wird dadurch in seiner Aussage variabel. Vor dieser Schwierigkeit stehen besonders die Schauspieler und Regisseure. Sie glauben nicht wie die Literaten und das Publikum an ein Stück, sie interpretieren es. Sie transportieren es auf die Bühne, die sie vorfinden. Was einmal vernünftig war, kann paradox werden. Was einst ein politisches Problem darstellte, ist keines mehr und wird deshalb auch nicht mehr als politisches Problem erkannt. Berühmt ist die Szene des *König Lear*. Zur Goethe-Zeit hielt man diese Szene für so unmöglich, daß man sie strich. Heute wird sie oft als eine Vorwegnahme des absurden Theaters genommen, die nur dazu diene, die Handlung in Lauf zu bringen. In Wirklichkeit ist diese Anfangsszene einer der größten Tragödien, die wir kennen, politisch. Lear ist ein bedeutender König, ein Held, dem nur eines nicht gelang: einen Sohn zu zeugen. Lear verteilt sein Reich an seine Töchter, um im Alter seine Macht nicht mehr behaupten zu müssen, sondern genießen zu können. Sein politischer Irrtum

besteht darin, daß er glaubt, eine geordnete Welt errichtet zu haben. Was es jedoch in den Zeiten des Feudalismus hieß, keinen Sohn zu haben, beweisen die vielen Erbfolge-Kriege, die deswegen geführt wurden. Lear ist ein König, der sich in einer Welt zur Ruhe setzen will, die er für geordnet hält, die in Wahrheit ungeordnet ist. Lear ist einem Atlas zu vergleichen, der sich ausruhen will: Die Welt, die er fallen läßt, begräbt ihn. Natürlich ist diese politische Ausgangslage nur die Vorbedingung für das Stück, und so wenig die Eröffnung einer Schachpartie deren Größe ausmacht, so wenig sagen die Eröffnungszüge eines Stückes etwas über seine Bedeutung aus. Doch ist es wichtig, sie als Vorbedingung für den weiteren Ablauf der Handlung zu erkennen.

20. Doch haben wir nicht nur den Begriff ›Wirklichkeit‹, den Aristoteles nicht anführt, sondern auch den Begriff ›Nachahmung‹, mit dem Aristoteles operiert, hinsichtlich der Dramatik in Frage gestellt. Für Aristoteles ist die Tragödie die Nachahmung einer möglichen Handlung. Indem er jedoch, wie wir ausgeführt haben, das Objekt der Nachahmung erweitert, engt er es doch wieder durch den Begriff ›Nachahmung‹ ein; genauer, seine Interpreten engten es ein.

21. Weshalb Aristoteles mit dem Begriff der Nachahmung arbeitete, ist leicht einzusehen. Als erster Dramaturg nahm er zum Objekt seiner Dramaturgie die Kunst, die er vorfand: die attische Tragödie. Er stellte eine Theorie über dieses Gebilde auf. Daher muß die attische Tragödie von ihrer theatralischen Bedingtheit her untersucht werden, will man Aristoteles als Dramaturgen verstehen, auch wenn dadurch die allgemeine Anwendung

seiner Dramaturgie fraglich wird. Ein Schauspieler auf Kothurnen und hinter einer Maske mit Sprachrohr ist nun einmal etwas anderes als ein heutiger Schauspieler ohne Maske. Der Schauspieler war je nach seiner Maske tragisch oder komisch und besaß nicht die Fähigkeit, vom Tragischen ins Komische hinüberzuwechseln, wie es der Schauspieler ohne Maske vermag, er war fixiert, seine Bewegungen waren streng stilisiert und wohl auch wie beim japanischen No-Theater durch die Tradition festgelegt. Er vermochte auf der Bühne, ohne lächerlich zu wirken, weder zu essen noch zu morden (solche Naturalismen deutete erst Euripides an), er konnte nur Handlungen in Bewegung setzen. Jede Handlung mußte hinter der Szene geschehen, allein deshalb, weil die Handlung nicht direkt darstellbar war: Sie mußte in ein statisches Geschehen umgewandelt werden. Möglich war: Rede und Gegenrede, Botenberichte und Klage über Geschehenes, Prophetien und Befehle; der Versuch, die attische Tragödie mit ihrem Sprechgesang zu restaurieren, führte denn auch mit Recht zur Oper und nicht zum Schauspiel. Für Aristoteles (wie für die Griechen überhaupt) war daher Dichten Nachahmen. Der Schauspieler mit Maske vermochte nämlich in der Tragödie nicht Charaktere, sondern nur stilisierte Menschen nachzuahmen, mythologische Gestalten. Es blieb der Komödie überlassen, gewöhnliche oder gar ›niedere‹ Charaktere darzustellen (die freilich bald zu Typen wurden), Aristoteles meint dazu mit einem Seitenblick auf die Malerei: »So werden entweder Menschen nachgeahmt, die besser sind, als es bei uns vorkommt, oder schlechtere oder solche wie wir selber. So tun es auch die Maler: Polygnotos hat schönere Menschen gemalt, Pauson häßlichere, Dionysios aber ähnliche.«

22. Doch auch ein Begriff, der im besonderen Falle und im allgemeinen Falle unrichtig ist, vermag zu einer Erkenntnis zu führen. Der Schauspieler mit Maske war ein Handlungsträger, dessen Charakter durch den Mythos bestimmt war. Des Aristoteles Unterscheidung der verschiedenen Charaktere bezieht sich denn auch auf den festgelegten Charakter der mythischen Gestalten. Dadurch wird für ihn die Handlung wichtig, paradoxerweise, da doch gerade die Handlung durch die attische Bühne nur indirekt darzustellen war. »Denn die Tragödie ist nicht die Nachahmung von Menschen«, schreibt Aristoteles, »sondern von Handlungen und Lebensweisen, von Glück und Unglück. Glück und Unglück beruhen aber auf Handlungen, und das Ziel ist eine Handlung, keine charakterliche Qualität. Qualifiziert sind die Menschen je nach ihrem Charakter, glücklich oder unglücklich sind sie aber aufgrund ihrer Handlungen. Sie handeln also nicht, um die Charaktere nachzubilden, sondern in den Handlungen sind auch die Charaktere eingeschlossen. Darum sind Handlung und Mythos Ziel der Tragödie. Das Ziel ist aber das wichtigste von allem. Es könnte ja auch ohne Handlung keine Tragödie entstehen, dagegen wohl ohne Charaktere.« Die Handlung ist demnach für Aristoteles durch den Mythos ermöglicht, vom Mythos abhängig. Der Mythos ist das Vorhandene, das allgemein Bekannte. Ein allgemein bekannter Mythos ist wirksamer als eine erfundene Handlung, weil er nicht willkürlich erscheint, und eine so künstliche und extreme Form wie die der attischen Tragödie wird ohne ihren mythischen Hintergrund zur hohlen Deklamation: Gerade darum ist sie als Form zeitbedingt. Indem mit der Zeit der griechische Mythos aus einem Volksgut zu einem

Bildungsgut wurde, mußten neue Handlungen gefunden werden, sollte die Dramatik unmittelbar wirken.

23. Daß die französischen Klassiker am hartnäckigsten versuchten, die Einheit des Aristoteles einzuhalten, ist bekannt. Sie erblickten in der Einheit von Ort, Zeit und Handlung nicht eine dramaturgische Möglichkeit, die sich nur unter bestimmten Umständen verwirklichen läßt, sondern das Ideal einer Handlung. Sie versuchten, diesem Ideal zu entsprechen oder sich ihm wenigstens so weit als möglich anzunähern. Die Handlung etwa hatte während eines Tages zu geschehen. Der Ort zum Beispiel brauchte zwar nicht immer das gleiche Zimmer zu sein, doch die verschiedenen Zimmer, in denen sich die Handlung während eines Tages abzuspielen hatte, mußten sich im gleichen Palast befinden, usw. Der Grund ist leicht einzusehen. Alles Höfische neigt zur Stilisierung, aus den Regeln werden Gesetze. Die attische Tragödie war Volkstheater, die Mythen, die ›nachgeahmt‹ wurden, waren allbekannte, das Theater Corneilles und Racines war Hoftheater. Anstelle der Volksmythen traten die Hofriten, anstelle des Pathos die Rhetorik, anstelle des Elementaren das Künstliche: So wirkt denn die Einheit des Aristoteles bei ihnen wie ein alter Zopf, der von Lessing in seiner *Hamburgischen Dramaturgie* mit Recht abgeschnitten wurde. Denn wäre die Einheit des Aristoteles ein allgemeines Gesetz, so müßte ihm auch die attische Komödie gehorchen. Doch die Komödien des Kratinos und Aristophanes lebten nicht vom Mythos, sondern vom Einfall. Sie gingen von politischen Zuständen und Ereignissen aus, die sie ins Allgemeine erhoben. Sie ahmten nicht mehr Mythen nach, sie stellten Mythen

her. Der erste Schritt vom nachahmenden zum darstellenden Theater war getan.

24. Nur ein Gesetz ist aus der attischen Tragödie herauszulesen: die Einheit von Bühne, Stoff und Form. Diese drei Faktoren (die andere Faktoren in sich schließen) sind voneinander abhängig, bedingen, rechtfertigen einander. Auf der Bühne wird ein Stoff dargestellt, indem man ihn spielt. Zwar sind Aufführung und Stück nie identisch. Die Aufführung ist ein auf der Bühne mehr oder weniger realisiertes Stück, das Stück die mehr oder weniger genaue Vorlage für eine Aufführung. Doch müssen die drei Faktoren Bühne, Stoff und Form schon beim Schreiben eines Stückes wirksam sein als der bewegliche Rahmen, innerhalb dessen sich das dramaturgische Denken und der dramaturgische Instinkt betätigen. Schreiben ist stets ein Konzipieren einer Aufführung, und sei es dasjenige einer zukünftigen, utopischen; ohne dieses Konzipieren ist die dramatische Form sinnlos. Bühne, Stoff und Form beeinflussen einander (Theater ist immer eine Einheit, ein Resultat, die drei Faktoren stellen eine bloße und nicht sonderlich exakte Arbeitshypothese dar, ein System, in welches sich andere Faktoren einbauen lassen, indem man sie einem der drei Faktoren unterordnet, wobei etwa die Bühne und benötigte Ortsveränderungen der Bühne und die Handlung dem Stoffe zugewiesen erscheinen, während schauspielerischer Stil, Sprache, Einteilung sowie Ablauf der Zeit die Form ausmachen, usw. Ändert sich ein Faktor, ändert sich das Ganze und somit auch die anderen Faktoren). Beispiel Shakespeare: Die Bühne des Globe-Theaters war primitiv, »ein Gerüst, wo man wenig sah, wo alles nur bedeutete«. Als Hintergrund diente

die Fassade des Bühnenhauses mit Türen und Galerie, die Bühne lag unter freiem Himmel und war von drei Seiten vom Publikum umgeben. Sie war im wesentlichen wie die Bühne der attischen Tragödie konstruiert, doch wurde sie vom Stoff und von der Form her anders eingesetzt (den so anderen geschichtlichen Hintergrund übergehen wir, ohne seine primäre Bedeutung zu leugnen). Shakespeares Stoffe erstrecken sich über eine längere Zeitspanne und benötigen verschiedene Schauplätze, wie Interieurs, Straßen, Schlachtfelder, usw. Der Ort mußte in verschiedene Örtlichkeiten, die Zeit in mehrere Zeitabschnitte und die Handlung in Episoden zerlegt werden. Folgerichtig wird die Bühne in verschiedene Spielplätze aufgeteilt: Interieurs ließen sich in den Türen des Bühnenhauses spielen, Balkonszenen oder Feldherrenhügel auf der Galerie, große Aktionen auf der Bühne. Erscheinen demnach trotz doch ähnlicher Bühne die ›drei Faktoren‹ gegenüber jenen der attischen Tragödie verändert, so ist es auch die Schauspielkunst (als ein der Form untergeordneter Faktor). Der schnelle Wechsel der Schauplätze war nur durch Schauspieler zu bewältigen, die Kothurn und Maske nicht mehr kannten. Stellte der Schauspieler in der attischen Tragödie Mythen dar, unter einer bestimmten Maske verborgen, überlebensgroße Wesen, unheimlich und jammervoll, Halbgötter und Heroen, brachte er nun die »großen Einzelnen des Shakespeare, welche die Sterne ihres Schicksals in der Brust tragen« (Brecht) auf die Bühne. Durch Kothurn und Maske war der Schauspieler entmenschlicht und abstrahiert, gleichsam der Marionette angenähert, ins Urweltliche, Dämonische verfremdet, eine festgelegte Gestalt und eine Stimme, ein bloßer Teil des Ganzen; ohne Maske besetzt der

Schauspieler die Mitte, wird zum Menschen, stellt Menschen dar, statt sie nur zu bedeuten, wird aber auch das Theater menschlich und verläßt den kultischen Bezirk. Shakespeare war Schauspieler und schrieb für Schauspieler. Er stellte mit einer primitiven Bühne mit primitiven Mitteln, aber mit überlegener Dramaturgie Menschen dar, Helden, Ungeheuer und Narren, poetische und realistische Figuren, liebliche und bösartige Gestalten, bedenkenlos und hart, vielleicht nur auf die szenische Beherrschung des Stoffs bedacht, vielleicht auch auf Kritik an seiner gewalttätigen Zeit, wir wissen es nicht. Die Bühne blieb leer, den Schauspielern stand nichts zur Verfügung als einige Requisiten und Kostüme. Sie mußten erklären, es sei Nacht, weil sie im Tageslicht spielten. Sie mußten improvisieren, eine Stange mit einer Inschrift mußte genügen, einen Brunnen oder einen Wald darzustellen, sie mordeten, weil die Truppen klein waren und Doppelrollen notwendig machten, aber sie wagten sich an den großen Versuch, die Menschenwelt allein durch die Schauspielerei darzustellen, freilich nicht ohne an die Mitarbeit eines Publikums zu appellieren, das zwar seine Schauerszenen und Sensationen zu sehen wünschte, aber sie auch durch seine Fantasie herstellte:

> Ergänzt mit dem Gedanken unsre Mängel
> Zerlegt in tausend Teile einen Mann
> Und schaffet eingebild'te Heereskraft.
> Denkt, wenn wir Pferde nennen, daß ihr sie
> Den stolzen Huf seht in die Erde prägen.
> Denn euer Sinn muß uns're Kön'ge schmücken:
> Bringt hin und her sie, überspringt die Zeiten
> Verkürzt das Ereignis manches Jahr
>   zum Stundenglas.

25. *Zweifel.* In der Logik gibt es den Satz vom ausgeschlossenen Dritten: A kann entweder gleich B oder nicht gleich B sein, eine dritte Möglichkeit gibt es nicht. Nun wird eine Geschichte erzählt, die den Satz vom ausgeschlossenen Dritten in Zweifel stellt. Ein Sultan besaß einen wunderbaren Garten, und es war bei Todesstrafe verboten, ihn ohne Erlaubnis des Sultans zu betreten. Wer es dennoch tat, durfte vor seinem Tode, einer bizarren Laune des Sultans entsprechend, eine Wahrheit oder eine Unwahrheit sagen und damit seine Todesart wählen. Sagte er eine Wahrheit, wurde er geköpft, sagte er eine Unwahrheit, gehängt. Er konnte daher nach dem Satz des ausgeschlossenen Dritten bloß gehängt oder geköpft werden. Ein Weiser, botanisch interessiert, vielleicht, um eine seltene Orchidee zu bewundern, wanderte ohne Erlaubnis des Sultans durch den Garten und wurde verhaftet. Vor den Sultan geschleppt, durfte er sich seine Todesart aussuchen, sei es das Köpfen, indem er eine Wahrheit, sei es das Hängen, indem er eine Unwahrheit aussprach. Der Weise sagte: »Ihr werdet mich hängen«, worauf ihn der Sultan freilassen mußte, denn hätte er ihn gehängt, hätte der Weise die Wahrheit gesagt und man hätte ihn köpfen müssen; hätte man ihn jedoch geköpft, hätte der Weise gelogen und man hätte ihn hängen müssen. So konnte man ihn weder köpfen noch hängen.

26. Ähnliche Anekdoten, die die Dramatik als Darstellung der Möglichkeit in Frage stellen, gibt es viele. Schon die alte Definition, was denn eigentlich ein Drama sei, zielt in diese Richtung: Über die Bühne geht ein Schauspieler, als reicher Lord gekleidet, hinter einer Kulisse,

einen Strauch darstellend, tritt ein anderer Schauspieler hervor, in einen schwarzen Radmantel gehüllt, und spricht den Schauspieler, der sich als Lord verkleidet hat, an: »Lord Leicester, Sie haben meine Frau verführt, meine zwei Töchter vergewaltigt, meinen einzigen Sohn auf eine schiefe Ebene gebracht, mein Vermögen gestohlen und mein Schloß niedergebrannt. Ich warne Sie, Lord Leicester: Treiben Sie es nicht zu weit!«

27. Aus Lessings *Hamburgischer Dramaturgie:* In einem andern, noch schlechtern Trauerspiele, wo eine von den Hauptpersonen ganz aus heiler Haut starb, fragte ein Zuschauer seinen Nachbar: »Aber woran stirbt sie denn?« »Woran? Am fünften Akte«, antwortete dieser.

28. In Goethes *Clavigo* kommt folgende Szene vor: *Straße vor dem Haus Guilberts. Das Haus ist offen. Vor der Türe stehen drei in schwarze Mäntel gehüllte Männer, mit Fackeln. Clavigo in einen Mantel gewickelt, den Degen unterm Arm. Ein Diener geht voraus mit einer Fackel.*

CLAVIGO Ich sagte Dir's, Du solltest diese Straße meiden.

BEDIENTER Wir hätten einen gar großen Umweg nehmen müssen, und Sie eilen so. Es ist nicht weit von hier, wo Don Carlos sich aufhält.

CLAVIGO Fackeln dort?

BEDIENTER Eine Leiche. Kommen Sie, mein Herr.

CLAVIGO Mariens Wohnung! Eine Leiche! Mir fährt ein Todesschauer durch alle Glieder. Geh, frag, wen sie begraben.

BEDIENTER *geht zu den Männern* Wen begrabt Ihr?
EIN MANN Marien von Beaumarchais.
Clavigo setzt sich auf einen Stein und verhüllt sich.
Bei einer Aufführung, in der Moissi den Clavigo spielte,
wird erzählt, habe der Mann, aufgeregt wie er war, mit
einem so bedeutenden Schauspieler wie Moissi auf der
Bühne zu stehen, auf die Frage des Bedienten: »Wen
begrabt Ihr?« geantwortet: »Minna von Barnhelm.«

29. Alle diese Anekdoten treiben die Dramatik ins Absurde. Daß der Dramatik, definiert man sie als Darstellung des Möglichen, ein subjektives Element anhaftet,
haben wir schon gezeigt. Möglich ist, was die Menschen
als möglich erachten: Glauben die Menschen an die Möglichkeit eines Wunders, ist für sie auch ein Wunder
möglich. Nicht umsonst befaßt sich Lessing gleich im
zweiten Stück seiner *Hamburgischen Dramaturgie* mit
dem Phänomen des Wunders auf der Bühne. Wunder,
sagt Lessing, dulden wir nur in der physikalischen Welt,
in der moralischen muß alles seinen ordentlichen Lauf
behalten, weil das Theater die Schule der moralischen
Welt sein soll. Gerade unsere erste Theater-Anekdote
illustriert das. Wir müssen über die Moral dieses Hiob
lachen, weil sie uns unglaubhaft vorkommt, über die
Drohung: »Treiben Sie es nicht zu weit«, während es Lord
Leicester schon so weit getrieben hat, daß es weiter gar
nicht geht. Lessing stellt also die Möglichkeit eines Wunders dramaturgisch nicht in Frage, vielleicht, daß er, wie
ich es schon bei Aristoteles vermutete, eine Konzession an
seine Zeit machte; sicher ist, daß sich in der heutigen Zeit,
wo man daran geht, das Christentum zu entmythologisie-
ren, die Frage nach dem Wunder schärfer stellt. In

unserem wissenschaftlichen Zeitalter haben wir das Wunder eliminiert und es damit aus dem Bereiche des Möglichen gerückt. Was unmöglich ist, kann nicht möglich sein.

30. In dieser Hinsicht ein Wort in eigener Sache. Ich möchte auf meine Komödie *Der Meteor* zu sprechen kommen. Sie stellt dialektisch die Frage, ob ein Mann unseres Zeitalters, der nicht an Wunder glaubt, an ein Wunder glaubt, wenn er an sich eines erlebt: Kann ein heutiger Lazarus an seine eigene Auferstehung glauben? Die Reaktion der Kritik auf meine Komödie war instruktiv. Es war festzustellen, daß die meisten Kritiker die Auferstehung des Nobelpreisträgers Schwitter gar nicht zur Kenntnis nahmen, obgleich sie mit aller Deutlichkeit auf der Bühne mehrmals stattfindet. Sie verhielten sich genau wie Schwitter selber, der ja auch nicht an seinen Tod glaubt, sondern ihn als eine Fehldiagnose des Arztes interpretiert. Noch instruktiver war die Haltung der Pfarrer. Sie attackierten meine Bemerkung, das Ärgernis des Christentums liege im Glauben an eine Auferstehung Christi. Sie betonten, das Ärgernis liege im Kreuz; gerade damit bewiesen sie aber, daß sie in der Befürchtung, nicht modern zu scheinen, das Wunder aus dem Christentum zu entfernen versuchten und es zu einer kleinbürgerlichen Ideologie machten, an deren Harmlosigkeit sich niemand zu stoßen braucht. Das Kreuz an sich ist schon längst kein Ärgernis mehr, verglichen mit den Ungeheuerlichkeiten an Barbarei, die oft genug im Namen des Kreuzes an der Menschheit begangen wurden. Die Unmenschlichkeit der Kreuzzüge, die Religionskriege, die Inquisition, aber auch die Kriege zwischen den einzelnen Nationen und Rassen und auch Auschwitz sind größere

Ärgernisse als das Kreuz. Nicht nur den Juden und den Griechen, sondern auch dem modernen Menschen »ein Ärgernis und eine Torheit« wird das Kreuz nur durch die Auferstehung. Bloß dadurch erhält das Schreckliche ›christlich gesehen‹ einen Sinn. Das Kreuz allein als Ärgernis anzusehen ist deshalb ein Versuch, ein Christentum ohne Glauben zu installieren, aus dem Christentum eine Weltanschauung zu machen. Innerhalb dieses Versuches wird *Der Meteor* dialektisch unmöglich, weil es unmöglich ist, daß ein Toter auferstehe. So wurde denn *Der Meteor* ein Ärgernis für die bürgerlich gewordenen Christen, von denen mir ein Pfarrer sogar vorwarf, ich dürfe doch nicht behaupten, daß Gott gerade einen Ehebrecher und Säufer wie Schwitter begnadet hätte, als ob die Gnade von einer untadeligen, bürgerlichen Haltung abhinge; aber auch ein Ärgernis für jene, die keine Christen sind, sondern nur Ästheten. Dialektisch ist daher *Der Meteor* nur bei echten Christen und echten Nicht-Christen zu verstehen: Das Faktum des Wunders steht der Unmöglichkeit gegenüber, es zu glauben. Anderseits ist ›Glauben‹ ohne das Vertrauen des Einzelnen zu denen, die das Wunder bezeugen, unmöglich: In Schwitters Todesraserei wird das totale Individuum ad absurdum geführt; dasselbe muß jedoch der Kommunismus auch tun, so daß eigentlich *Der Meteor* in den Bereich des einzigartigen Dialogs fällt, den der echte Marxist Konrad Farner mit den echten Christen zu führen sucht und der für beide Positionen so fruchtbar sein könnte. Nun, Farners Dialog scheint ebensowenig begriffen worden zu sein wie mein *Meteor*: Farner trat aus der kommunistischen Partei aus, und ich wurde von sozialistischen Ästheten als »nicht-engagierter Schriftsteller« verschrien, wobei ich die beiden Fälle nicht gleichsetzen möchte: Farners Schicksal ist erschütternd, meines bloß komisch. Wie es auch sei, *Der Meteor* stellt dramaturgisch ein Indiz dar, daß mit der Darstellung des Möglichen die Dramatik nicht befriedigend definiert ist.

31. Doch kehren wir vorerst zur Anekdote zurück, die uns Lessing berichtet. Die Dramatik, die das Mögliche darstellen will, muß, will sie die Möglichkeit als etwas Subjektives eliminieren, sich auf die Logik stützen. Sie kommt nicht darum herum, sich den Naturgesetzen als dem Allgemeinen zu unterwerfen, soll es ihr nicht wie in der *Clavigo*-Anekdote ergehen, wo sich durch den Versprecher eines Schauspielers der Zuschauer zu seiner Verwunderung wie durch Zauberei plötzlich in ein anderes Stück versetzt sieht. Das Drama wird deterministisch. Es muß die Geschichte von Anfang an logisch erzählen, und weil eine Geschichte am Theater auch ihr logisches Ende finden muß, kommen so viele Menschen der Logik zuliebe auf der Bühne im fünften Akt um. Ihr Abgang ist damit nicht nur am radikalsten, sondern auch am imposantesten. Dazu kommt ein zweiter Grund. Das Gesetz der Kausalität, der Ursache und der Wirkung, dem die Dramatik unterliegt, wird gern ins Moralische übertragen und lautet dann, daß jede Schuld ihre Sühne finden müsse, wobei sich freilich dabei nicht ganz der Verdacht ausschließen läßt, daß es sich bei diesem moralischen Gesetz um ein Wunschdenken handle. So entstanden das bürgerliche Trauerspiel, der Naturalismus und der Psychologismus, aber endlich auch (wurde unter der Naturgesetzmäßigkeit der Marxismus verstanden) die marxistische, gesellschaftskritische, engagierte Dramatik.

32. Um, nicht aus Eigenliebe, sondern, weil ich sie am besten kenne, weiter bei meinen dramatischen Versuchen zu bleiben: Wie sehr die Vorstellung, ein Drama müsse durchweg determiniert sein, immer noch in manchen Köpfen spukt, zeigte sich deutlich, als einige Kritiker gegen meinen *Besuch der alten Dame* immer wieder einwandten, der schwache Punkt dieses Stückes liege darin, daß Claire Zachanassian auf die Frage des Richters, was sie nach dem Vaterschaftsprozeß getan habe, den sie zu Unrecht verlor, antwortete: »Ich wurde eine Dirne«. Diese Antwort, meinten die Kritiker, sei nicht zwingend. Gewiß, Claire Zachanassian, damals Klara Wäscher, hätte in Güllen auch Dienstmädchen oder Fabrikarbeiterin werden können. Daß sie aber nach Hamburg fuhr und eine Dirne wurde, charakterisiert sie: Der Grund liegt in ihrem Charakter. Es gibt eine innere und eine äußerliche Logik. Die immanente Logik eines Stückes hat zu stimmen, nicht die äußerliche. Claire Zachanassian stand vor einer Wahl, und sie wählte. Auch hier noch determinieren zu wollen, heißt, die Freiheit eliminieren.

33. Was ich unter der immanenten und der äußerlichen Logik eines Stückes verstehe, kann auch an der *Clavigo*-Szene demonstriert werden, die ich zitiert habe. Der Satz Clavigos: »Ich sagte Dir's. Du solltest diese Straße meiden«; und die Antwort des Bedienten: »Wir hätten einen gar großen Umweg machen müssen, und Sie eilen so«, gehören der äußerlichen Logik des Stückes an. Sie sind nur dazu da, um zu erklären, weshalb Clavigo an Mariens Haus vorbeikommt, um die wirkungsvolle Szene an Marie von Beaumarchais' Leiche herbeizuführen. Goethe

hätte diese Sätze ohne weiteres weglassen können. Auf der Bühne genügt es, daß ein Ereignis stattfindet, wenn es immanent begründet ist. Es braucht nicht noch äußerlich begründet zu werden. Dennoch ist den Einleitungssätzen der Szene eine gewisse immanente Logik nicht abzusprechen. Es ist nur allzu natürlich, daß Clavigo die Straße zu meiden trachtet, die am Hause seiner verratenen Geliebten vorbeiführt. Der Unterschied zwischen der immanenten und der äußerlichen Logik in der Dramatik liegt oft nur in Nuancen, liegt darin, welche Teile einer Zeichnung wir nur andeuten und welche wir detailliert wiedergeben wollen. Alles determinieren, heißt alles detaillieren.

34. Was für die Freiheit der Wahl gilt, die eine Person zu treffen hat, sich so oder so zu entscheiden, gilt auch für den Zufall: Auch das determinierteste Drama kommt, sieht man genau hin, ohne Zufall nicht aus. Der Zufall ist das nicht Voraussehbare. Bei den Alten erschien er als Schicksal. Auch der Zufall gehört, wird er richtig angewendet, zur immanenten Logik eines Stückes und nicht zur äußeren. Es ist gewiß ein Zufall, daß der Gerichtspräsident Walter in jenem Augenblick erscheint, die Fähigkeit des Richters Adam zu prüfen, als dieser über sich selber Gericht zu halten hat; der Gerichtspräsident Walter hätte auch einen Tag später erscheinen können. Doch sein schicksalshaftes Erscheinen im ungünstigsten Augenblick gehört der immanenten Logik des Stückes an und nicht der äußeren.

35. Trotzdem bleibt ein Unbehagen übrig, betrachten wir die Beziehung der Dramatik zur Möglichkeit: Die Dra-

matik als Bild der Möglichkeit gerät in einen Gegensatz zur Wirklichkeit; indem sie nur das Mögliche und nicht das Wirkliche darstellen will, wird sie nur scheinbar zwingend, denn es gibt nicht nur eine Möglichkeit, sondern viele, während es nur eine Wirklichkeit gibt – die Möglichkeit, die eben wirklich wird. Die Dramatik der Möglichkeit, ob sie will oder nicht, tut so, als wäre sie wirklich. So ist es gerade dieses Tun, »als ob die Möglichkeit Wirklichkeit wäre«, gegen das Frisch opponiert. »Ich stelle lediglich fest«, schreibt er in seinem Briefwechsel mit Walter Höllerer, »daß ich als Stückeschreiber eine bestimmte Dramaturgie, die ich gelernt habe, nicht mehr brauchen kann. Ich nannte sie kurz: Dramaturgie der Fügung, Dramaturgie der Peripetie. Das ist eine vage Etikette, Sie haben Recht; damit kann vielerlei gemeint sein: das antike Drama mit der göttlichen Fügung, das psychologische Drama, schließlich sogar noch Brecht, der freilich nicht die Götter walten läßt, vielmehr das Zwingende im gesellschaftlichen System aufdeckt und seine Fabeln im Sinne dieser Zwangsläufigkeit vorführt. Was ich jedenfalls meine, ist eine Dramaturgie, die immer den Eindruck zu erwecken versucht, daß eine Fabel nur so und nicht anders habe verlaufen können, das heißt, sie läßt als glaubwürdig nur zu, was im Sinn der Kausalität zwingend ist; sie will und kann den Zufall nicht plausibel machen. Das ist aber, was mich gerade beschäftigt, die Frage nach der Beliebigkeit jeder Geschichte. Eine Fabel, so meine ich, kann niemals bedeuten, daß mit den gleichen Figuren in der gleichen Umwelt nicht auch eine ganz andere Fabel hätte entstehen können, eine andere Partie als gerade diese, die Geschichte geworden ist, Biografie oder Weltgeschichte … Wir wissen, daß Dinge

geschehen, nur wenn sie möglich sind, daß aber tausend
Dinge, die ebenso möglich sind, nicht geschehen, und
alles könnte immer auch ganz anders verlaufen. Das
wissen wir, aber es zeigt sich nicht, solange auf der
Bühne (wie in der Realität) nur ein einziger Verlauf
stattfindet. Wo bleiben die ebenso möglichen Varianten?
Jeder Verlauf auf der Bühne, der eben dadurch, daß er
stattfindet, alle andern Verläufe ausschließt, mündet in
die Unterstellung eines Sinns, der ihm nicht zukommt; es
entsteht der Eindruck von Zwangsläufigkeit, von Schicksal, von Fügung. Das Gespielte hat immer einen Hang
zum Sinn, den das Gelebte nicht hat. Wo sehen Sie die
offenen Türen?«

36. Diese Frage, die Frisch an die Dramatik stellt, ist
gewiß ernst zu nehmen. Es fragt sich nur, ob es nicht eine
Scheinfrage ist.

37. *Dramatik und Wahrscheinlichkeit.* In der Dramatik,
wie in anderen Gebieten des Denkens, fragt es sich
immer wieder, ob man mit den geeigneten Denkwerk-
zeugen arbeitet. Wir hantierten bis jetzt mit den Begriffen Wirklichkeit, Möglichkeit und Unmöglichkeit.
Wirklich ist die Möglichkeit, die sich verwirklicht hat,
die Möglichkeit ist die Möglichkeit, die sich verwirklichen könnte. Die Unmöglichkeit bleibt unmöglich, weil
sie sich nicht verwirklichen läßt. Die Möglichkeit und die
Unmöglichkeit schließen einander aus. Es ist nun zu
untersuchen, wie es mit der Dramaturgie bestellt wäre,
würde mit anderen Denkbegriffen gearbeitet: z. B. mit
jenen des Wahrscheinlichen und des Unwahrscheinli-
chen. Beide haben eine andere Beziehung zur Wirklich-

keit: Sowohl das Unwahrscheinliche als auch das Wahrscheinliche können wirklich werden. Das Wahrscheinliche wird wahrscheinlicher wirklich als das Unwahrscheinliche, doch dialektisch schließen sich die beiden Begriffe nicht aus, wie es die Begriffe Möglichkeit und Unmöglichkeit tun. Wenn es möglich ist, daß es morgen regne, kann es morgen regnen, wenn es unmöglich ist, kann es nicht regnen; wenn es wahrscheinlich ist, daß es morgen regne, kann es morgen regnen, wenn es unwahrscheinlich ist, kann es trotzdem regnen.

38. *Z. B. ein Unfall.* An einem Maitage des Jahres 1959 lief mir morgens das Schreiben nicht. Lustlos, mich am Schreibtisch herumzuquälen, beschloß ich eine Fahrt ins Blaue. Über Murten gelangte ich zu einem Gasthaus im Greyerzerland, nicht weit vom Genfersee, wo ich zu Mittag aß. Eigentlich wollte ich nach Hause zurückkehren, doch gutgelaunt nach einer vortrefflichen Forelle beschloß ich, ins Wallis zu fahren, etwas Wein einzukaufen. Heißes Frühlingswetter. Mein Wagen war schnell, doch fuhr ich gemächlich, ich hatte Zeit. In Vevey verfuhr ich mich, später geriet ich hinter eine Lastwagenkolonne, nach Aigle vermochte ich sie zu überholen, dann fuhr ich gegen Bex. Vor mir lag ein kleiner Eselsrücken, von dem aus ich die Straße weit überblicken konnte. Sie verlief gerade, um dann eine weite Rechtskurve zu vollziehen. Etwa dreihundert Meter vor mir rollte ein Lastwagen mit Arbeitern, in der fernen, übersichtlichen Kurve näherte sich ein Personenwagen. Ich überlegte kurz, ob ich den Lastwagen noch überholen wolle, mein Wagen war schnell genug, doch entschloß ich mich zur Vorsicht, ich drosselte die Geschwindigkeit meines

Wagens und fuhr hinter dem Lastwagen mit den Arbeitern, in der Absicht, den Personenwagen, den ich von weitem hatte kommen sehen, vorbeizulassen. Da bog unerwarteterweise der Lastwagen vor mir nach rechts in einen Feldweg ein, der zu einem Bauplatz führte. In diesem Augenblick geschah das Unglück. Ich sah im Rückspiegel einen rasch sich nähernden Wagen, der offenbar, bevor der Lastwagen abzweigte, den entgegenkommenden Wagen nicht bemerkte. Die beiden Wagen krachten auf meiner Höhe zusammen, mein Wagen wurde vom Zusammenprall erfaßt, über die Straße ins Feld geworfen, wo er aufrecht zu stehen kam. Zum Glück war ich angeschnallt. Ein Getöse, ein Klirren, Totenstille. Dann Schreie, viel Blut, zwei blutüberströmte Männer, die aufeinander einschlugen, im ganzen fünf Schwerverletzte. Ich saß unverletzt in meinem Wagen, plötzlich waren überall Menschen aufgetaucht. Ich regte mich nicht. Die rechte Seite meines Wagens war zertrümmert. Ich saß und schaute nicht mehr auf die Straße, wo eine Frau fürchterlich schrie. Ich war noch einmal davongekommen. Ich saß apathisch am Steuer, unfähig zu fühlen und einzugreifen, Hilfe zu leisten, es war wohl der Schock. Doch etwas störte mich besonders, etwas, was zum Ereignis nicht paßte und auf das ich erst nach Minuten kam: Während all des Schreiens der Verwundeten spielte mein Autoradio eine Haydn-Sinfonie.

39. *Dramaturgie dieses Unfalls*. Betrachtet man den Unfall dramaturgisch, so setzt er sich auf den ersten Blick aus lauter Zufälligkeiten zusammen. Natürlich vermag ich die Kette der Zufälligkeiten nur von meiner Seite aus festzustellen: Ich hätte zu Hause bleiben können, ich

hätte länger oder kürzer essen können, ich hätte überhaupt nicht ins Wallis, oder: langsamer, oder schneller fahren können, ich hätte mich in Vevey nicht verfahren müssen, usw. Eine ähnliche Kette von Zufälligkeiten ließe sich bei den anderen am Unfall beteiligten Wagen aufstellen. Wählt man einen beliebigen Zeitpunkt vor dem Unfall, so stehen zwischen diesem Zeitpunkt und dem Unfall mehr oder weniger Zufälligkeiten, die eintreten müssen, damit der Unfall sich ereignet. Je näher der Zeitpunkt am Unfall liegt, desto wahrscheinlicher, je weiter der Zeitpunkt zurückliegt, desto unwahrscheinlicher kommt es zum Unfall, so daß wir die Definition wagen dürfen, die Wirklichkeit ist die Unwahrscheinlichkeit, die eingetreten ist.

40. Damit ist natürlich die Kausalität nicht aufgehoben. Jede Zufälligkeit vermag ich auch als Wirkung einer neuen Ursache und als Ursache einer neuen Wirkung zu betrachten. Vom Unfall her nach rückwärts gesehen führt zum Unfall eine einzige Kausalitätskette: Ist es von einem Zeitpunkt drei Stunden vor dem Unfall höchst unwahrscheinlich, daß drei bestimmte Wagen zwischen Aigle und Bex zusammenprallen werden, ist es vom Zeitpunkt des Unfalls her, zurückgesehen, unvermeidbar, weil ein Faktum ins andere greift.

41. Auf die von Frisch zitierte ›Dramaturgie des Zufalls‹ bezogen: In seinem Stück *Biografie*, dem er seine ›Dramaturgie‹ zugrunde legt, will er zeigen, daß sich jedes Geschehen auch anders abwickeln könnte, daß auch andere Resultate denkbar wären, daß jede Biographie eines Menschen eine höchst problematische Summe von

durchaus nicht zwingenden Vorfällen darstellt. Damit hat er natürlich recht. Es fragt sich nur, ob er mit seiner Dramaturgie nicht mit dem Begriff der Wirklichkeit kollidiert. Das Verfluchte an der Wirklichkeit liegt darin, daß sie eintrifft, daß sie sich so abspielt, wie sie sich abspielt, daß sie, obwohl sie unwahrscheinlich ist, kausal ist. Dieser Wirklichkeit sind wir ausgesetzt und keiner andern. Frischs *Biografie* ist deshalb streng genommen ein Märchenspiel. Doch nichts gegen Märchenspiele. Gerade sie vermögen, weil sie Märchenspiele sind, eine Analyse unserer Wirklichkeit zu enthalten.

42. Die Gefahr der heutigen Schriftstellerei liegt darin, daß man ein ›als ob‹ betreibt, ohne es in Wahrheit zu betreiben. Man tut, als ob man improvisiere, doch in Wahrheit ist auch die Improvisation einstudiert und ausgetüftelt. Man tut, als ob der Autor nicht mehr der allwissende liebe Gott wäre, der alles von einer Geschichte weiß, aber in Wahrheit ist man eben doch der liebe Gott geblieben. Je genauer ich eine Kunst zu definieren versuche, desto enger wird der Käfig, in den sie mich sperrt. Das gilt vor allem in der Dramaturgie: Die Dramatik, in welcher die Möglichkeit als Wirklichkeit erscheint, beengt ebenso wie Frischs Vorschlag, in der Dramaturgie die Wirklichkeit als Möglichkeit auszugeben. Ob ich ein Ereignis als zufällig oder kausal darstelle, ist nicht ein dialektischer Gegensatz, sondern das sind nur zwei Möglichkeiten der Darstellung des Ereignisses. Daher mein Vorschlag, mehr mit den Begriffen wahrscheinlich und unwahrscheinlich zu operieren, weil es keine Rolle spielt, ob ich eine wahrscheinliche oder unwahrscheinliche Geschichte erzähle. In beiden Fällen beschreibe ich

die Wirklichkeit vermittels einer Fiktion, tue ich so, als ob sich die Wirklichkeit mit Fiktion beschreiben ließe, und in Wahrheit läßt sie sich nicht anders beschreiben.

43. *Dramatik als Fiktion.* Wenn sich der Geschichtsschreiber und der Dramatiker nach Aristoteles darin unterscheiden, daß der eine erzählt, was geschehen ist, und der andere, was geschehen könnte, so möchte ich die Aufgabe des Dramatikers dahin definieren, daß er beschreibt, was wahrscheinlicherweise geschähe, wenn sich unwahrscheinlicherweise etwas Bestimmtes ereignen würde. Das, was sich unwahrscheinlicherweise ereignet, ist der dramatische Vorfall, den sich der Dramatiker ausgesucht hat, das, was wahrscheinlicherweise geschieht, der dramatische Ablauf dieses gewählten Vorgangs. Dramaturgie bestünde dann in der immanenten Kritik dessen, was der Autor, hat er seine Fiktion aufgestellt, geschehen läßt. Die Kritik hätte sich dann etwa nicht die Frage zu stellen, ob es erlaubt sei, wie in der *Biografie* Frischs, eine Situation zu erfinden, in der einer in die Lage kommt, sein Leben noch einmal durchzuspielen; sie hätte vielmehr darauf zu achten, ob der Autor seine Fiktion auch richtig durchführe. Die Kritik hätte das, was wahrscheinlicherweise, und nicht, was unwahrscheinlicherweise geschieht, zu durchdenken. In Frischs *Biografie* führt das Spiel dramaturgisch zu einer Folge von Variationen. Ich hätte zu überprüfen, ob diese Variationen richtig oder fehlerhaft durchgeführt seien, oder noch besser durchgeführt werden könnten. Wenn Kürmann etwa weiß, daß er bei einer Party, die er zur Feier seiner Professur gibt, die Frau findet, mit der er später eine unglückliche Ehe führt, und nun in verschiedenen Varia-

tionen gezeigt wird, daß die Party, wenn sie stattfindet, unweigerlich zur unglücklichen Ehe führt, so wäre zu fragen, ob es einen Sinn habe, wenn sich Kürmann entschließt, Kommunist zu werden, bloß um nicht Professor werden zu können, ob es nicht naheliegender wäre, einfach keine Party zu geben, ob in diesem Augenblick der Autor nicht erzähle, was unwahrscheinlicherweise geschähe, wenn sich etwas Unwahrscheinliches begäbe.

44. Die Vermutung, die Dramatik bestehe in einem Aufstellen von dramatischen Fiktionen: Wer eine Fiktion aufstellt, der tut bewußt so, als ob. Frisch tut bewußt so, als ob es möglich wäre, sein Leben noch einmal durchzuspielen. Im *Meteor* tue ich bewußt so, als ob ein Mensch immer wieder vom Tode auferstehen könne. Damit wird Verschiedenes erreicht. Durch Frischs ›als ob‹ erzielt er die Analyse eines Lebens außerhalb der starren Kausalitätskette, die dieses Leben von der Nachträglichkeit des Gewesenen her bekäme. Im Falle des *Meteor* erreiche ich eine Darstellung des Todestriebes: Schwitter, indem er ständig glaubt, er sei am Sterben, durchschießt die Gesellschaft wie ein Meteor die Atmosphäre. Er wird der absolute Alleingänger, der immer recht hat, weil er am Sterben ist, und vor allem immer Recht bekommt, weil man einem Sterbenden nichts entgegenzusetzen wagt. Indem sich Schwitter hemmungslos dem Todestrieb hingibt, gibt er sich ebenso hemmungslos seinem Machttrieb hin.

45. *Die schlimmstmögliche Wendung.* Aus der Dramaturgie des Unfalls ging hervor: Ein Unfall ist zuerst

unwahrscheinlich, wird dann im Verlaufe der Zeit immer wahrscheinlicher, bis er zur Wirklichkeit wird; die Kette der Umstände, Zufälle usw. hat ihre schlimmstmögliche Wendung genommen. Zwar kann ich mir bei einem Unfall auch nur eine Schramme zuziehen, trotzdem stellt diese Schramme die schlimmstmögliche Wendung dar, deshalb, weil die schlimmstmögliche Wendung die Wirklichkeit, d. h. den Unfall, so wie er sich ereignet, darstellt und nicht, wie er sich auch noch ereignen könnte. Stelle ich nun eine Fiktion auf, gebe ich nicht die Wirklichkeit wieder. Die Wirklichkeit ereignet sich, sie spielt sich im ›ontologischen‹, die Fiktion im logischen Bereich ab. Ich muß deshalb gedanklich meiner Fiktion die schlimmstmögliche Wendung geben, ich muß den tödlichen Unfall beschreiben. Nur so bekommt meine gedankliche Fiktion auch eine ›existentielle‹ Berechtigung. Wir sind als Menschen auch existentiell vom Schlimmstmöglichen bedroht, nicht nur von der Atombombe, sondern auch von der schlimmstmöglichen Gesellschaftsordnung, oder von der schlimmstmöglichen Ehe usw. Durch die schlimmstmögliche Wendung, die ich einer dramatischen Fiktion gebe, erreiche ich auf einem merkwürdigen Umweg über das Negative das Ethische: Die Konfrontierung einer gedanklichen Fiktion mit dem Existentiellen. Nur so wird etwa denn auch Kürmanns Entschluß berechtigt, in die Kommunistische Partei einzutreten: es ist die schlimmstmögliche Wendung. Nicht deshalb, weil Kürmann in die Kommunistische Partei eintritt, sondern weil er in die Kommunistische Partei eintritt, um später keine Party geben, d. h., um später kein bürgerliches Tabu verletzen zu müssen: wer Professor wird, hat eine Party zu geben. Damit wählte Frisch in seiner *Biografie* den schlimmstmöglichen Menschen zu seinem Titelhelden, den Spießer. Frischs *Biografie* ist die Komödie über den Spießer, nur wurde sie nicht immer so verstanden.

46. *Sinn der Dramatik als Fiktion.* Vaihinger stellte in seiner Philosophie des ›als ob‹ die Frage, wie es komme, daß wir mit bewußt falschen Vorstellungen doch Richtiges erreichen; diese Frage möchte ich in der Dramaturgie dahin umwandeln, wie es komme, daß wir mit bewußt erfundenen Vorstellungen die Wirklichkeit zu beschreiben vermögen. Nun bin ich kein Philosoph. Ich vermag diese Frage deshalb nicht so zu lösen, wie sie gelöst zu werden verdiente. Ich vermag nur einige Vermutungen aufzustellen. Doch möchte ich beide Fragen nicht gleichsetzen. Eine mathemathische oder physikalische Fiktion ist etwas anderes als eine künstlerische. Eine physikalische Fiktion scheint mir eine bewußte Denktechnik zu sein, mit der ich der Wirklichkeit gleichsam eine Falle stelle und ihr so eine Antwort entlocke, die ich jedoch nur physikalisch zu deuten vermag; künstlerische Fiktionen scheinen mir Denktechniken zu sein, die darauf ausgehen, scheinbare Wirklichkeiten zu errichten. Wird durch eine physikalische Fiktion die Wirklichkeit befragt, wird die Wirklichkeit durch die künstlerische Fiktion künstlich hergestellt. Zur Wirklichkeit, wie sie ist, wird eine künstliche Gegenwirklichkeit geschaffen, in der sich die Wirklichkeit, wie sie ist, widerspiegelt. Liegt bei der physikalischen Fiktion alles in der bewußt genauen Fragestellung, deren List in ihrem ›als ob‹ besteht, und erzielt man dadurch nur eine der Wirklichkeit abgelistete Antwort, eine physikalische nämlich, hängt die Antwort, die die künstlerische Fiktion gibt,

durchaus vom Standpunkt ab, von dem aus ich den Spiegel betrachte. Je nach Standort sehe ich in einem Spiegel diesen oder jenen Teil der Wirklichkeit, die sich im Spiegel widerspiegelt. Liefert die physikalische Fiktion eine Möglichkeit der physikalischen Welterkenntnis, so die künstlerische Fiktion viele Erkenntnisse, die durchaus nicht nur künstlerischer Art sein müssen. Beschäftigt jene unser physikalisches Wissen um die Welt, so diese unsere allgemeinen Erfahrungen mit der Welt. Wissen und Empirie ist nicht dasselbe. Ebensowenig wie die Physik ist die Kunst Philosophie, aber beide sind Stoffe für die Philosophie. Je mehr die Dramatik es wagt, nur Stoff für die Philosophie abzugeben, desto mehr erfüllt sie ihre Aufgabe im allgemeinen menschlichen Denken. Ich halte es für einen Irrtum der heutigen Dramatik, daß sie so oft beides sein will, Dramatik und Philosophie, sie wird dann keine von beiden, und vielleicht fehlt es darum heute an einer großen Philosophie, weil alle sie betreiben wollen.

Zu meinem Prozeß gegen Habe*

1971

Im Prinzip ist der Prozeß vor allem politisch zu führen, d. h., Habes Vergangenheit sollte in ihm eine möglichst untergeordnete Rolle spielen. Habe versucht, Menschen durch ihre politische Vergangenheit zu diskriminieren: Dieses Vorgehen ist grundsätzlich abzulehnen, insofern dem Angegriffenen keine kriminellen Handlungen, sondern nur politische Irrtümer nachgewiesen werden können. Es ist unzulässig, weil es die Maßstäbe für eine bestimmte politische Meinung in der Vergangenheit nachträglich von der Gegenwart her fordert; es ist unmenschlich, weil es den Menschen als etwas Unveränderliches setzt; es ist gefährlich, weil es das politische Klima vergiftet, innerhalb dessen sich die politischen Auseinandersetzungen abspielen, an Stelle der Sache tritt die Emotion. Habes Taktik ist nicht mit dessen Taktik zu parieren. Es ist nicht wichtig, daß Habe zugegeben hat, ein Faschist gewesen zu sein, es ist wichtig zu zeigen, daß er sich heute noch wie ein Faschist benimmt.

*Für die Spielzeit 1969/70 wurde Peter Löffler Direktor des Zürcher Schauspielhauses. Mit einem größtenteils jungen Ensemble (das später den Grundstock für die Schaubühne am Halleschen Ufer bilden sollte) versuchte er, statt eines »Theaters der Klassiker, der unumgänglichen Moderne und der gedämpften Inszenierungen« (Friedrich Dürrenmatt) gesellschaftskritisches, engagiertes Theater zu machen. Das größtenteils bürgerliche Publikum fühlte sich – mit Recht – angegriffen und blieb weg, das neue Publikum kam nicht zahlreich genug: Löffler wurde noch im selben Jahr gekündigt. Sein Nachfolger war Harry Buckwitz. Am 31. Mai 1970 warf Hans Habe in der ›Welt am Sonntag‹ Harry Buckwitz dessen Vergangenheit unter dem Hitler-Regime vor, indem er sich auf eine Schrift ›Vertrieben aus deutschem Land in Afrika – Tatsachenbericht eines Heimkehrers‹

Zuerst ist das zynische Verhalten Habes zu demonstrieren: Zürich befand sich in einem Kulturkampf. Eine kleine Minderheit versuchte durch eine von der Mehrheit finanzierte Institution eine Politik zu propagieren, deren radikalen Gegensatz nicht etwa die Politik des Bürgertums, sondern jene Hans Habes darstellt. Ein Kulturkampf ist immer ein politischer Kampf und als solcher legal. Das Theater ist eine politische Waffe, doch wünschten die einen diese Waffe ideologisch, die anderen kritisch geschliffen. Indem Habe mit fünfundzwanzigjährigen hervorgezauberten Dokumenten in den Kampf zugunsten jener eingriff, deren Politik er sonst aufs unflätigste bekämpfte, lieferte er den Anhängern Löfflers den Gegner, den sie brauchten: einem ideologischen Ultra-Linken stand ein angeblicher Nazi gegenüber. Zwar meinte Habe den Menschen Buckwitz, zwar wollte er diesen aus – wie ich vermute – persönlichen Gründen erledigen, doch wie immer tarnte Habe die persönlichen Motive weltanschaulich. Er ist daher beim Wort zu nehmen.

Nun ist es eine Ermessensfrage, wie Habes Angriff

berief, die Harry Buckwitz während des Zweiten Weltkrieges verfasst hatte. Die entscheidenden inkriminierten Passagen waren aber von Nazis verschärft oder hineinredigiert worden, wie von einem amerikanischen Besatzungsoffizier 1945 nachgewiesen worden war. Am 2. Juni reichte der Chefdramaturg des Schauspielhauses, Claus Bremer, die Kündigung ein, da sich seiner Ansicht nach Buckwitz nicht eindeutig genug von Habes Anschuldigung distanziert habe. Am 13./14. Juni erschien im ›Sonntags Journal‹ ein telephonisches Interview mit Friedrich Dürrenmatt, in welchem er sich für Buckwitz in die Bresche warf und dabei unter anderem über Habe sagte: »Selbst wenn alles stimmen würde, was Buckwitz damals geschrieben haben soll, dann ist Habe heute immer noch schlimmer als Buckwitz damals ... Der einzige Faschist in dieser ganzen Geschichte ist der Habe selber.« Und auf die Frage: »Werden Sie Habe antworten?« meinte Dürrenmatt: »Auf menschliche oder tierische Exkremente, die man vor sich auf der Straße liegen sieht, tritt man nicht ein.« Buckwitz blieb Direktor des Schauspielhauses, Habe strengte einen Ehrverletzungsprozeß gegen Dürrenmatt an, in welchem Dürrenmatt 1972 der üblen Nachrede und der Beschimpfung schuldig gesprochen und mit einer symbolischen Busse von 100 Franken bestraft wurde.

politisch zu bewerten sei. Demokratisch ist sein Vorgehen sicher nicht, falls wir unter einem demokratischen Vorgehen ein politisches Verhalten verstehen, das sich an jene fairen Spielregeln hält, die allein die Politik zu humanisieren vermögen. Marxistisch ist es auch nicht zu nennen – Habe würde selber protestieren –, so daß eigentlich nur die Bezeichnung faschistisch bleibt. Wie es im Schachspiel einen ›Zugzwang‹ gibt, war ich gleichsam logisch genötigt, Habe einen Faschisten zu nennen, wie offenbar andere auch. Wie alle politischen Begriffe ist der Begriff Faschist variabel. (Siehe J. R. von Salis' Ausführungen, daß es einen nicht-nationalsozialistischen Faschismus gibt – Faschismus braucht nicht antisemitisch zu sein.) Ein Sozialdemokrat kann zum Beispiel für einen Sowjetkommunisten, ein Sowjetkommunist für einen Maoisten ein Faschist sein; die Begriffe der Politik sind von den Definitionen abhängig, die ihnen jene geben, die sie brauchen. Politische Begriffe sind Mittel des politischen Kampfes.

Mein Interview war eine politische Entgegnung auf eine politische Provokation. Die Provokation bestand in einer Nötigung. Habes Frage, wie ich meinen Antifaschismus begründen könne, wenn ich nicht von Buckwitz abrücke, ist eine Fangfrage: Rücke ich nicht von Buckwitz ab, beweise ich, daß ich nur ein scheinbarer Antifaschist bin, d. h., dann bin ich ein Faschist; indirekt wirft mir Habe vor, was er mir vorwirft, ihm vorgeworfen zu haben.

Als eine Nötigung ist ebenso Habes Ausspruch zu bezeichnen, er führe den Prozeß gegen mich nur, um zu sehen, ob es in der Schweiz noch demokratische Richter gebe; demokratisch handelt nach Ansicht Habes nur, wer Habe freispricht, eine politische Dialektik, die darum ins Gewicht fällt, weil Habe Publizist ist und seine Meinung (in der ›Welt am Sonntag‹, im Verein mit alten Nazis) öffentlich verbreiten kann und verbreitet. Habe ist eine Geisteshaltung, er verkörpert einen Journalismus, der der Demokratie schadet und geschadet hat. Diese Art von Journalismus, die Habe im Falle Buckwitz ausübte (er tut es nicht immer), bezeichnete ich als Exkrement, nicht die Person, sondern eine bestimmte Produktion Habes. Auch gab ich das Interview nicht nur aus politischen, sondern auch aus Gewissensgründen (die sich bei mir freilich nicht vom Politischen trennen lassen).

Wenn Habe behauptet, er habe aus ›Liebe‹ zum Schauspielhaus heraus gehandelt, so muß mir eine noch größere ›Liebe‹ zugebilligt werden. Ich war im Zeitpunkt des Angriffs Habes wohl der einzige Autor, der noch zum Schauspielhaus hielt. Buckwitz erklärte ausdrücklich, ohne meine Mithilfe die Direktion nicht annehmen zu wollen. Alt-Ständerat Dr. Eduard Zellweger – einer der integersten Politiker, die ich kenne, ein Sozialdemokrat und Verteidiger von Kommunisten, als es noch Mut kostete, Kommunisten zu verteidigen – sah, nachdem er sich über die Vergangenheit Buckwitz‘ gründlich informiert hatte, keinen Grund, von ihm abzurücken. Um einen noch größeren Skandal zu vermeiden, wurde Buckwitz gebeten, nicht zu klagen.

Ich sah es als etwas Selbstverständliches an, dem Schauspielhaus zu helfen. Ich handelte einer Sache zuliebe, das Schauspielhaus war durch Habes Angriff und durch Bremers törichtes Handeln in Gefahr, lahmgelegt zu werden; den Gegnern des Schauspielhauses war der Angriff des Springer-Protégés, den sie sonst bekämpften, willkommen (immer bilden sich aus politisch taktischen Gründen faschistisch-ultrakommunistische Allian-

zen), ich handelte, um weitere Kurzschlußpaniken zu
verhindern. Ich mußte schnell handeln. Ich handelte aus
einer psychologischen Notwehr heraus. Das Interview
geschah telefonisch, im Auftrag Dr. Rolf Biglers; mit wem
ich telefonierte, weiß ich nicht mehr, auch nicht, ob der
Text in allen Teilen meine Antworten richtig wiedergibt,
ich nehme es jedoch an.

   Ich fühle mich in diesem Prozeß als Vertreter des
Schauspielhauses. Ich verstehe durchaus die kompromiß-
lose Haltung vieler Schweizer, die sie Buckwitz gegenüber
einnehmen, muß jedoch einräumen, daß es nichts Leichte-
res gibt als diese Haltung. Am Schreibtisch ist jeder ein
Held. Buckwitz war sicher kein Held, will auch keiner
gewesen sein. Auch wir Schweizer waren in jener Zeit keine
Helden. Ich maße mir das Recht nicht an, über Buckwitz
vor und im Kriege zu richten, wie andere Schweizer; für
mich zählen die fünfundzwanzig Jahre Buckwitz *nach* dem
Kriege: er bewies in diesen Jahren einen integren politischen Mut und Zivilcourage. Er führte Brecht auf, als sich
alle anderen deutschen Theater von Brecht distanzierten.
Er ist ein Vertreter jener Theatertradition, der auch ich
zugehöre und in der ich geformt wurde: jene des Schauspielhauses und der alten Münchner Kammerspiele. Die
Schweizer Dramatik verdankt Buckwitz viel, hat er doch,
wie wohl keiner in Deutschland, Frisch gefördert. Buckwitz in der Schweiz, von Schweizern berufen: nachträglich
Sündenbekenntnisse über eine törichte, von Nazis zu-
rechtfrisierte Schrift über Afrika zu verlangen haben vor
allem die Schweizer kein Recht, die es verlangen, die nach-
träglichen Helden; doch am allerwenigsten darf es Habe
fordern, er weiß warum, wir wissen warum, er hat es selber
geschrieben, und wir verschweigen es anständigerweise.

Habe – Buckwitz

1972

Dieser Prozeß ist zugleich unnötig und notwendig. Unnötig, weil er von außen gesehen eine Lappalie, ja eine Komödie darstellt: Als liefe mitten aus einem Faustkampf einer der Faustkämpfer aus dem Ring und zum Kadi mit der Klage, er sei von einem Kinnhaken getroffen worden; notwendig, weil es in diesem Prozeß nicht, wie Habe meint, um seine Ehre, sondern um die Frage geht, wie denn in einer Demokratie eigentlich zu kämpfen sei. Unter den Akten, die Habe einreichte, befindet sich mein dritter *Schweizerpsalm* [siehe Werkausgabe Band 28 *Politik*]. Ich schrieb ihn, Jean Villard zu verteidigen, weil mich unsere Militärjustiz den Kriegsdienstgegnern gegenüber empörte und das milde Urteil, das im Waffenschieberprozeß gefällt wurde. Jean Villard ist inzwischen zum Nationalrat gewählt worden. Aber ich griff in diesem Psalm nicht Personen, sondern Institutionen an: Die Menschen vermögen wir nicht zu ändern, doch unsere Institutionen und unsere Gesetze können geändert und verbessert werden. Diese Verbesserung zu versuchen, ist das Ziel jeder echten politischen Auseinandersetzung innerhalb der Demokratie.

Ich gebe zu, in meinem Interview, Habe betreffend, dieses demokratische Prinzip scheinbar verlassen zu haben und persönlich geworden zu sein, doch nur als Verteidiger dieses Prinzips, denn was mit Habes Angriff auf Buckwitz einriß, war der undemokratische Kampf. Ich nannte Habe einen Faschisten, nicht, weil ich glaube, daß er Mitglied einer faschistischen Partei sei oder weil er einmal ein Faschist war, sondern weil er mit undemokratischen Mitteln kämpfte und kämpft. Es blieb keine andere Wortwahl übrig. Habe ist stolz darauf, Antikommunist zu sein, doch da er durch seine Kampfmethoden unmöglich ein Demokrat sein kann, bot sich im Koordinationssystem der politischen Bezeichnungen nur die Möglichkeit, ihn als einen Faschisten zu bezeichnen.

Sehen wir jedoch von der Frage nach den politischen Kampfregeln der Demokratie ab, um die es in diesem Prozeß in Wirklichkeit geht, und sehen wir statt dessen auf das, worum es Habe angeblich geht, auf seine Ehre, so bleibt nichts als ein Spiel um leere Worte, worum zu bemühen sich ein demokratisches Gericht zu schade sein sollte. Ich griff nicht Habe als Privatmann an, sondern Habe als politischen Publizisten; dementsprechend sind auch die »Exkremente« zu bewerten, sie beziehen sich nicht auf Habe, sondern auf seine Angriffe, sie stellen ein politisches und literarisches Werturteil dar.

Leider weist dieser Prozeß auch eine tragische Seite auf: Es wird noch einem anderen der Prozeß gemacht als mir: Harry Buckwitz. Doch indem Habe mir den Prozeß macht, Buckwitz zu erledigen, macht er auch sich selber den Prozeß, denn alles, dessen er Buchwitz bezichtigt, ist ihm ebenfalls nachzuweisen. Dieser Nachweis braucht nicht bewiesen zu werden: Habe stellte ihn selber auf. Er schrieb das Buch *Ich stelle mich.*

So spielen denn in diesem Prozeß zwei Schriften eine Rolle, jene von Harry Buckwitz und jene von Hans Habe. Die erste Schrift ist gewiß schlimm, die zweite bedenklich, die erste eine Kriegspropagandaschrift, wie es sie zu Tausenden gab, die zweite ein exhibitionistischer Reißer. Die erste wurde von einem Halbjuden und die zweite von einem Juden geschrieben; ich zögere bei dieser Feststellung. Sie sollte heute sinnlos sein, aber sie hatte einst einen fürchterlichen Sinn: Habe zwingt mich, daran zu erinnern. Wir wissen nicht, was in dem Bericht, der von Buckwitz über seinen Aufenthalt in Afrika und seine Rückkehr verfaßt wurde, von Buckwitz stammt und was hineinredigiert wurde. Das ist im Grunde nebensächlich, der Krieg deformierte auch Harry Buckwitz. Er machte ihn, wie Millionen andere, zwar nicht zu einem Nazi, aber zu einem Deutschen, wie ja auch der gleiche Krieg uns auf eine oft zweifelhafte Art zwang, Schweizer zu sein. Doch wenn nun Hans Habe den ersten Stein wirft, besitzen gerade wir Schweizer kein Recht, es dem Kriegshelden Bekessy gleichzutun und weiter zu steinigen. Wir wurden verschont. Harry Buckwitz wurde nicht verschont. Er wurde als Halbjude gezwungen, sich durch das Leben zu listen, ein Mann zwischen den Fronten, stets bedroht, menschlich und beruflich, sicher kein Held, eher ein Schwejk, ein Objekt jeder Erpressung; wer wagt es, ihn, 25 Jahre später, in anderen politischen Konstellationen, vom heutigen Standpunkt aus zu beurteilen; leben wir doch in einem Staate, wo jeder Staatsbürger, verglichen mit damals, gefahrlos lebt und sich jede nur denkbar Weltanschauung leisten darf.

Ist die zweifelhafte Schrift Harry Buckwitz' erpreßt worden, ist sie aus Furcht geschrieben, aus Vorsicht, stellt sie einen dubiosen Schachzug in dubioser Zeit dar, ist Habes *Ich stelle mich* ein Dokument, das aus freiem

Willen geschrieben wurde, nicht um zu büßen, sondern um sich einen Freipaß zu verschaffen, ein Weltenrichter zu werden.

Seien wir gerecht. Auch Habe wurde vom Kriege deformiert und nicht nur vom Kriege. Er war vom Fluche behaftet, der Sohn eines Erpressers zu sein. Von diesem Fluche suchte sich Habe zu befreien. Das Schicksal war ihm auf eine Weise gnädig, daß daneben jenes anderer Emigranten als Unrecht erscheint. Habe war seinem Schicksal nicht gewachsen. Seine persönliche Tapferkeit möchte ich nicht in Zweifel ziehen. Aber für Habe ist ein Held einer, der sich nicht schämt, und so stellt er sich denn als Helden dar: seine Geständnisse sind seine Heldentaten. Er bekennt sich nachträglich zum Judentum. Aber Jude sein, ist keine Entschuldigung, wie Habe glaubt. Ein nur scheinbar grausamer Satz. Ich wage ihn auszusprechen, nicht nur, weil ich für Israel als Staat öffentlich eingetreten bin, sondern auch, weil beinahe alle, denen ich Wesentliches verdanke, Juden waren: Hirschfeld, Horwitz, Ginsberg, Steckel; die Giehse auf der Bühne, Karl Kraus in der Literatur: Kraus, dieser große Schriftsteller, Satiriker und Dichter, war nicht nur Brechts Vorbild, er wurde auch von den wichtigsten Mitgliedern des Schauspielhauses verehrt, das Hans Habe zu lieben vorgibt, in dessen Namen er Harry Buckwitz angreift. Karl Kraus' Angriffe auf Habes Vater sind in die Literaturgeschichte eingegangen, daß ich nun gegen den Sohn anzutreten habe, verpflichtet.

Harry Buckwitz ist eine tragische Gestalt, wird durch den Angriff Habes tragisch. Ich verteidige ihn nicht aus persönlichen Gründen, er führte nicht mich sonderlich viel auf, sondern sämtliche Stücke Brechts und Frischs;

und vor allem galt später seine Liebe Weiss und Hochhuth. Wie auch Harry Buckwitz' erzwungene Irrsale, Feigheiten und Schliche während der Nazizeit gewesen sein mögen, er hat seitdem bewiesen, daß er kein Nazi war; Habes Enthüllungen beweisen nichts, als daß der Mensch sich in der Freiheit ändert. Gerade diese Seite des Prozesses empfinde ich als amoralisch. Es wird versucht, einen Menschen nicht auf Grund seiner Leistungen, sondern auf Grund seiner Schwäche in einer würdelosen Zeit zu verurteilen, einer Schwäche, die vielleicht seine einzige Möglichkeit war zu überleben.

Schließlich steht auch das Schauspielhaus in diesem Prozeß auf dem Spiel. Hans Habe griff in einer unheilvollen Stunde in den Kulturkampf um die Zürcher Bühne ein. Es war ein Kampf um eine Institution. Die Direktion Löfflers war nicht mehr aufrechtzuerhalten, wobei ich den Fehler nicht bei der Stein-Gruppe sehe; ohne deren Anhänger zu sein, muß man ihr ernsthaftes künstlerisches Bemühen und unbestreitbare Erfolge attestieren, aber ihr Theater war für eine Großstadt konzipiert, die Zürich nun einmal nicht ist. Auch Brecht hätte und hat in Zürich nicht die Mittel gefunden, seine Theaterkonzeption durchzusetzen. Gerade am Beispiel Zürichs zeigt sich, daß auf der institutionellen Ebene und nicht auf der personellen diskutiert werden muß, eine Angelegenheit, die lange verpaßt wurde. In diesem Lichte ist die Intendanz Buckwitz zu sehen, als eine Übergangsintendanz, als eine Notlösung.

Habe, angeblich um das Schauspielhaus zu retten, um einen Geist zu bewahren, dessen Kind er nicht ist, griff ein und führte wie immer einen personellen Kampf, den ein Teil der Presse prompt aufgriff, ausgerechnet jener

Teil, der sonst in Axel Springer den Teufel und in Habe
den Beelzebub sieht. Habes journalistischer Meister-
streich ist eines Goebbels würdig.

Auch hier ist nach den eigentlichen Motiven Habes zu
suchen; wie immer sind diese nicht ideell oder gar moralisch, sondern persönlich und in seinem Charakter veran-
kert: Er wußte seit 25 Jahren, daß gegen Buckwitz etwas
vorlag, doch verschaffte er sich das Material erst, als
Buckwitz beschloß, Hochhuths *Guerillas* aufzuführen.
Habes Kampf gegen die Gruppe 47, aber auch gegen
Böll, Graß und Hochhuth ist bekannt; aus welchen
persönlichen und familiären Gründen er beim Falle
Hochhuth zu handeln beschloß, bleibe dahingestellt.
Sicher ist, daß Buckwitz gewarnt wurde, die *Guerillas*
aufzuführen. Hätte Buckwitz die *Guerillas* nicht aufgeführt, wäre Habes Angriff unterblieben. Habe suchte zu
erpressen, und als Buckwitz sich nicht erpressen ließ,
schlug Habe zu.

Ich stelle mich diesem Prozeß aus moralischer Verant-
wortung. Ich handelte nach meinem Gewissen. Persönliche Interessen leiteten mich nicht. Ich bin auch nicht der
neue Direktor des Zürcher Schauspielhauses, wie viele
glauben. Ich zog meine Kandidatur endgültig zurück.
Ebenfalls gab ich meinen Rücktritt aus dem Verwaltungs-
rat. Es tut mir leid, gegen Habe harte Worte ausgesprochen
zu haben; sie waren unumgänglich, ich handelte in einem
Augenblick, wo ich im Interesse des Schauspielhauses nicht
anders handeln konnte, es galt, der Sache zuliebe unerbittlich zu antworten, ich würde es im Interesse der Sache auch
jetzt wieder tun. Ich habe nichts zurückzunehmen, werde
nichts zurücknehmen: Es gibt in diesem Prozeß keinen
Vergleich, ich verlange den Urteilsspruch.

Macht und Verführung –
oder Die Macht der Verführung

Zu Lessings ›Emilia Galotti‹
1974

Die schulgerechte Interpretation

Ort, Zeit und Gang der Handlung
Der Prinz von Guastalla sieht im Bilde der Emilia Galotti, einem Bürgermädchen, das ihm der Maler vorstellt,
das Bild seines Lebens und versucht in ungezügelter
Gier, sich in den Besitz Emilias zu bringen. Dem Hofin-
triganten Marinelli ausgeliefert, wird er zum Mörder von
Emilias Verlobtem, dem streng pietistischen Adelsmann
Appiani. Nach dem Mord versteht es Marinelli, Emilia in
die Hände des Prinzen zu spielen, und vergebens versucht Orsina, die frühere Geliebte, in diesem Augenblick
zum Prinzen vorzudringen. Die rasend Eifersüchtige
setzt alles daran, mit dem Bürger Galotti, Emilias Vater,
gemeinsame Sache zu machen. Odoardo Galotti bezähmt
seine Rachegelüste und tötet sein Kind, nicht den Prinzen. Emilia bittet um den Tod von seiner Hand. In der
ausweglosen Situation kann sie der verführerischen Gewalt nicht mehr widerstehen. Vor der Leiche seines Idols
erkennt der Prinz das verfehlte Spiel. Galotti aber ist
Angeklagter geworden.

Das Stück spielt in Italien auf einem kleinen Fürstenhof, in Guastalla, und auf einem Lustschloß (Dosalo), an einem Tage*.

Meine Deutung

Skizze zu einem deutschen Trauerspiel, flüchtig, während der Proben geschrieben, in einer Nacht im Hotel Sonnenberg, Zürich. *Emilia Galotti*, eines der größten Trauerspiele unserer Literatur, wenn nicht das größte, nur vergleichbar mit Kleists *Penthesilea*, muß, als Werk eines Kritikers, nicht nur interpretiert, sondern auch entschlüsselt werden. Entschlüsselt darum, weil es zugleich die Kritik an einem politischen System und den Konflikt zwischen Mann und Frau darstellt. Das politische System, das Lessing kritisierte, war damals, als das Werk entstand, noch gang und gäbe, der Konflikt zwischen Mann und Frau überdauert jedes politische System, obgleich, mit Karl Kraus zu sprechen, der dramatische Knoten schon längst nicht mehr mit dem Jungfernhäutchen geknüpft wird: Auch jenseits der sexuellen Tabus stehen sich Mann und Frau als Todfeinde gegenüber. Emanzipation hin oder her, ein Blick in den ›Blick‹ genügt.

Emilia wird von dem Mann, der sie zeugte, und vom Mann, der sie zum Weibe macht, gleichermaßen mißbraucht – als ›Ding‹ behandelt statt als Mensch –, bis sie, in der mythischen Schlußszene, in ihrem Vater beides in einem sieht, den Vater und den Geliebten, beide gleich gehaßt und geliebt, und so, aus Stolz, ein Mensch zu sein

---

*Aus: *Lessings Werke in einem Band.* Die Bergland-Buch-Klassiker, bearbeitet und gedeutet für die Gegenwart. Herausgeber und Verfasser: Gerhard Stenzel, Salzburg 1953)

und kein ›Ding‹, herbeizwingt, was als hoffnungsloser
Ausweg am Grunde des Konflikts lauert, den Mord des
Mannes am Weib, des Vaters an der Tochter. (Daß
Lessing diesen Konflikt, den Emilia-Komplex, als Ge-
gensatz zum Ödipus-Komplex, an zwei Gestalten ent-
wickelt, an der Hetäre Orsina und an der Jungfrau
Emilia, am Bewußten und am Unbewußten, setzt uns,
die nach Freud Geborenen, in Staunen.)

Doch wer wird in diesem Stück nicht alles mißbraucht!
Claudia von ihrem Gatten Odoardo, indem er sie unter-
jocht, in steter Furcht hält, alleinläßt, um, wie wir uns
vorstellen können, täglich, schwitzend, von Sabionetta
nach Guastalla reitend, Emiliens Unschuld zu konstatie-
ren, Odoardo wiederum von der Gräfin Orsina, Orsina
desgleichen von Marinelli, indem er sie, die durchs Bett
an die Macht kam wie er durch die Intrige, fallenläßt,
Marinelli endlich durch den Herzog Hettore Gonzaga,
den wir hier mit ›Fürst‹ statt mit ›Prinz‹ anreden lassen,
ist doch die Anrede ›Prinz‹ zu vage und deutet vor allem
nicht auf einen regierenden absolutistischen Landesherrn
hin. Aber auch der Herzog wird mißbraucht, vom Maler
Conti nämlich, der ihm durchaus nicht zufällig das Porträt Emilias zuspielt, Conti mißbraucht, um nicht nach
Brot gehen zu müssen, gleich das ganze System: die
Kehrseite des Mäzenats; das Stück beginnt nicht mit einer
ästhetischen Szene, wie die pädagogische Deutung uns
einredet, sondern mit einer handfesten Kuppelei.

Kritik eines Systems: Im Verhältnis des Fürsten zu
Marinelli wird auf eine geniale Weise dialektisch dargestellt, wie die Maschinerie der Macht ›an sich‹ funktioniert, indem sie nämlich in einen unberechenbaren und in
einen berechenbaren Teil zerfällt, in einen, der die Macht

besitzt, und in einen, der die Macht benutzen will, um an der Macht teilhaben zu können. Die Tradition sieht im Fürsten den durch Geburt mächtigen Schwächling, in Marinelli dessen Verführer, sie nimmt den Schlußsatz des Stückes ernst. »Gott! Gott! Ist es zum Unglücke so mancher nicht genug, daß Fürsten Menschen sind, müssen sich auch noch Teufel in ihren Freund verstellen?«

In meiner sicher ausgefallenen Sicht, die, mißtrauisch gegen jene Worte, in jedem Wort, jedem Satz etwas Doppel-, Drei-, Vierdeutiges wittert, stellt dieser Satz den zynischsten Ausspruch dar, mit dem je ein Stück endete. Nicht Marinelli ist der Verführer, sondern der Fürst verführt Marinelli, Marinelli ist nicht unmenschlich, er ist bloß der Funktionär, der an der Macht bleiben will. Er ist der Berechnende. Er berechnet, was ihn mit der Macht verknüpfen könnte, er führt aus – instinktiv, aus Furcht, seinen Posten zu verlieren –, was ihm der Fürst suggeriert, und wird damit (hier setzt innerhalb des Trauerspiels die Komödie ein) immer ins Unrecht gesetzt: Da Marinelli, eingerostet wie eine alte Zahnradbahn, beinahe schon biologisch stets auf indirekten Befehl handelt, auf eine vage Andeutung des Fürsten hin, steht der Fürst prompt als Unschuldiger da, beinahe wie ein Wunder – er hat alles nie gewollt, wäscht seine Hände in Unschuld –, um so perfider, weil der Fürst durch seine Unberechenbarkeit jeden Plan zunichte macht: Im dialektischen Verhältnis des Fürsten zu Marinelli zeichnet sich gleichsam ein ›kernphysikalisches‹ Muster ab, das jedem Machtzentrum zugrunde liegt, auch den heutigen Machtzentren, machen wir uns nichts vor: Die Macht ist an sich unberechenbar. Was sie zu ihrer Rechtfertigung von sich gibt, ist Ideologie, Ausrede, noch scharfsichtiger gesehen: Phrase. (Eine Phrase, die der einzige ehrliche Mensch des Stückes durchschaut, Camillo Rota, allein, vereinzelt, sein Protest verhallt darum auch im leeren.)

»O Galotti, wenn Sie mein Freund, mein Führer, mein Vater sein wollten!« eine ebenso ungeheuerliche Behauptung wie jene in die Geschichtsbücher eingegangene Meinung eines aufgeklärten absolutistischen Herrschers, der sich als ersten Diener des Staates sah, so gesehen werden wollte: Wehe dem, der ihn nicht in dieser Rolle sah.

Konflikt Mann – Weib: Emilia ist zwischen zwei Vaterfiguren gestellt, von zwei Vaterfiguren umstellt. Noch schlimmer. Im Grafen Appiani, von ihrem Vater als Gatte bestimmt, erscheint ihr eine, wenn auch ins Lächerliche verzerrte, Vaterfigur: ein treuherziger, naiver Mann, der von ihrem Vater schwärmt. Im Fürsten stellt sich der Mann als frei dar, als räuberisch, sexuell allgewaltig, omnipotent, in ihrem Vater als dessen Gegenbild, als einer, der nicht aus sich heraus, sondern gegen sich handelt, als einer, der seine Sexualität unterdrückt, als einer, der sich, zu seinem Schutz, mit Gesetzen umstellt, mit Regeln, in deren Gehege er sich und seine Familie zwängt. Fürchtet Emilia den Fürsten als ein freies Raubtier, fürchtet sie ihren Vater als einen Kerkermeister. Vom Raubtier bezwungen, erkennt sie das Wesen beider: Der eine ist so wesenlos wie der andere. Nicht die Gewalt ist das Entscheidende, die Gewalt, die sie von dem einen wie von dem anderen erlitt, sondern die Verführung, die von dem einen wie von dem anderen ausging, vom Vater wie vom ›Gegenvater‹ (um diese Polarität auszudrücken). Indem der Mensch (ob Weib oder Mann) verführt wird, wird auch sein Wille umgestellt, umgedreht (im kantischen Sinne), man will nun, was man nicht wollte. Doch damit stößt Emilia, ohne es zu wissen – denn sie ist gänzlich unbewußt –, auf den innersten Kern der Diktatur; diese zwingt nicht den Menschen, sondern wird vom Menschen herbeigezwungen (der Mensch zwingt die Diktatur sich selber auf, ein Verdacht, der das ganze Stück vollends außerhalb der heutigen soziologischen Untersuchungen treibt).

Die Antwort Emilias auf die Welt des Fürsten Gonzaga besteht darin, daß sie den Vater aus dem unendlichen Stolz ihres Geschlechts heraus beim Wort nimmt, sie zwingt ihn, nach seiner Tugend zu handeln, nach dem Moraliengebäude, das er gegen den Fürsten errichtete, rein innerlich, um ja nicht handeln zu müssen, sie zwingt ihn, sie, seine Tochter, zu ermorden, und er ermordet sie. Odoardo handelt aus Schwäche, um seine Innerlichkeit nicht aufgeben zu müssen, seine Moral. Um nicht Revolutionär zu werden, ermordet er seine Tochter, nicht den Fürsten (der Richter kann dann etwas Jenseitiges sein, Gott eben, Gott sei es geklagt).

Eine sehr finstere Deutung des Stücks, ich weiß, eine sehr ›kierkegaardische‹. Möglich, war ja Kierkegaard einer der größten Jünger Lessings. Eine Deutung, der nur noch ein Aspekt hinzuzufügen ist: Indem diese Tragödie den Menschen als verführbar zeichnet, hebt sie sich als Tragödie auf: sie wird auf eine schreckliche Weise sinnlos. Emilia, die weiß, daß ihre Unschuld nicht zu bewahren ist, weil sie ihre Unschuld nicht bewahren will, ist als Objekt all der Intrigen, die sich um ihre Unschuld spinnen, als Ursache all des Raubens und des Mordens ein geradezu sinnloses Objekt, eine unsinnige Ursache.

Ich spürte diesen Ureinwand gegen das Stück, während die Regie fortschritt, immer quälerischer, immer beängstigender: Die Opfer, die da fallen, auch Emilia selbst, sind stumpfsinnige Opfer. Mit dieser Tatsache aber wird dem System der Todesstoß versetzt, denn jedes Machtsystem, mehr, jedes totale System fordert, daß die Opfer, die es verlangt, wenigstens sinnvoll dargebracht werden. Die Opfer eines Systems für sinnlos erklären heißt das System für sinnlos erklären. Hier sind wir an der Auseinandersetzung angelangt, die Solschenizyn mit seinem System unheilvoll verfilzt: Wer in Emilias Schuld nur den Verlust ihrer Keuschheit sieht, hat das Stück ebensowenig begriffen wie der, der im Staate Hettore Gonzagas nur ein fingiertes Fürstentum der Spätrenaissance sieht: Es geht um unser aller Schuld, und es geht um ein System, das uns in irgendeiner Form allen droht.

Diese Zeilen sind hingeschmiert (Pinot noir, Hotel Sonnenberg, 28. 5., 20.00 - 29. 5., 0.30), darum auch nur Hinweise. Vor mir steht ein Bühnenbild, das von mir nur improvisiert wurde, das vollendete Bühnentechniker zu meiner Überraschung herstellten, das zu bespielen nun Schauspieler gezwungen werden, die sich ganz meiner Improvisation anvertrauten, die blinder war, als sie dachten: Alles in allem ein Bühnenabenteuer, sicher verantwortungslos, das jene verdammen werden, die kein Bühnenabenteuer mehr wollen und damit kein Theater.

Orsina: die bewußte Emilia, die einzige dem Fürsten entgegengesetzte Kraft. Sie lebt nur noch von der Empörung gegen das Monstrum. Sie ist von der Macht verführt worden, während Marinelli noch verführt wird. Zwei Revolutionen gegen das Männersystem finden statt, Orsina vollführt sie aus dem Verstand heraus, Emilia aus dem Instinkt. Orsina nimmt sich Odoardo als ›Marinelli‹, macht ihn zum Mörder. Odoardo: »Sie wollen mich um den Verstand bringen: und Sie brechen mir das Herz.«

Claudia: Die Mutter Emilias hat nie gehabt, was jene erlebte. Sie kann die Tochter nicht vor dem Fürsten schützen, weil sie deren Gefährdung unentwegt mit Ahnungslosigkeit übergeht. Nur der eigene Ehemann, Odoardo, ist ihr eine Bedrohung für Emilia, weil sie ihn selbst als Herrscherfigur fürchtet. Sie bleibt die gebrochene Gestalt, die sie war.

Der Bräutigam *Appiani* erscheint Emilia nach dem Erlebnis in der Kirche mit dem Fürsten plötzlich als Realität. Der Fürst wollte sie nur in seinen Besitz bringen, sie jedoch erzählt das Erlebnis mit ihm als Bekenntnis unbewußter Getroffenheit, hält für Liebe, was nicht Liebe ist. Die Begegnung mit dem ihr bestimmten Bräutigam wird so zum Schock.

Pirro, der Verräter, der allem beiwohnt und für alles bezahlt wird. Odoardo–Pirro: Lear und sein Narr. Er wendet sich in den Monologen an seinen Verräter und glaubt dabei, die Welt anzusprechen.

Aus Probengesprächen

Dramaturgie eines Durchfalls

1976

Dramaturgie eines Durchfalls: Doch nicht nur weil jener Schauspieler, der den Boss darstellte, seinen Satz gegen die Intellektuellen vielleicht allzu bekenntnishaft in den Zuschauerraum donnerte, fiel das Stück durch, fielen die Geistesriesen der Kritik, ja sogar der Unterhaltung über mich her.

Daß die Angelegenheit nicht gut ausgehen würde, hätte ich schon bei meiner ersten Begegnung mit dem Regisseur und seinem Bühnenbild wissen müssen. Er war Pole, seine Filme berühmt und gerühmt, seine Inszenierung von *Play Strindberg* in Warschau ein großer Erfolg. Die Schauspieler freuten sich, unter ihm zu arbeiten. Über das Stück galt die Ansicht, es müsse nicht viel geändert werden. Beck, der den Boss spielte, meinte gar, als ich ihm vor dem Schauspielhaus begegnete, überhaupt nichts. Er fügte bei, wenn wir diesmal durchfielen, sei es allein unsere Schuld. Alles war zuversichtlich, der Berufskrankheit des Theaters, dem Optimismus verfallen. Die Voraussetzung schien die denkbar günstigste. Die Besetzung war die beste, die das Schauspielhaus hatte auftreiben können, nur noch über Bill und Cop wurde diskutiert.

Doch Beck bekam recht: daß wir mit Pauken und Trompeten durchrasselten, war unsere Schuld, wenn auch nachträglich nicht mehr festgestellt werden kann, wer nun wem zum Opfer fiel. Es machten alle mit. Ein jeder schaufelte jedem das Grab. Alles geschah freiwillig und unfreiwillig, entwickelte sich zwangsläufig und zufällig, wie jeder Mißerfolg war er voraussehbar, aber fand dennoch statt: Das Theater ist unberechenbar.

Hätte der Regisseur seine Absichten durchsetzen können, wäre vielleicht nicht das Stück, aber die Inszenierung ein Erfolg geworden, wenn auch ein falscher. Aber zum Theater gehören die falschen Erfolge. Besonders zum heutigen Theater. Daß sogar ein solcher Erfolg ausblieb, lag nicht allein an mir, es lag ebenso am Theater; das Schauspielhaus war technisch nicht in der Lage, die Absichten des Regisseurs zu verwirklichen, auch wenn ich sie nicht abgelehnt und verhindert hätte: Der Regisseur rechnete mit östlichen, nicht mit westlichen Theatermöglichkeiten. Er rechnete mit Zeit, nicht mit Zeitnot. Seine Regiekonzeption war falsch, doch irrte er sich notgedrungen, er war gekommen, ein anderes Stück zu inszenieren. Wie viele Regisseure neigte er zum Geniestreich, und so inszenierte er nach dem Bilde, das er sich von mir machte, und nicht nach dem Stück, das ihm vorlag. Auch hätte seine Wahl in jenem Augenblick rückgängig gemacht werden müssen, als sich herausstellte, daß seine Deutschkenntnisse mehr als mangelhaft waren, denn der *Mitmacher* ist von der Sprache und von der Interpretation her bestimmt. Er muß interpretiert, nicht exekutiert werden. Er braucht Sprachregie und läßt nur wenige Regieeinfälle zu, doch tröstete sich die Direktion damit, ich sei hinsichtlich der Sprachprobleme ja dann anwesend, und programmierte so den späteren Konflikt vor, während ich mir einredete, es werde sich in der praktischen Theaterarbeit alles einrenken, um so

leichtsinniger, als der Regisseur auch nicht Französisch
sprach. So schlitterten wir dem Durchfall entgegen, ohne
daß sich nachträglich eine Entschuldigung findet, es sei
denn, was den Regisseur betrifft, wahrscheinlich die, daß
er die Verhältnisse, in die er geriet, überhaupt nicht
durchschauen konnte.

Er sah wie ein polnischer Adliger aus, wurde von
anderen Polen respektvoll behandelt, lächelte bisweilen,
war meistens still, blaß und sehr ernst. Er benutzte seinen
Wagen mit großer Feierlichkeit; auch wenn er eine Distanz von kaum zweihundert Metern zu überwinden
hatte, ging er nicht zu Fuß. Oft sah er sich schwierigen
Parkierungsproblemen gegenüber. Wir aßen bisweilen in
guten Restaurants, feudal und reichlich, doch waren
unsere Gespräche trotz der Bemühungen der Übersetzer
und der guten Weine stockend. So bleibt er mir in der
Erinnerung zurück als ein Wesen von großer Vornehm-
heit, aber schweigend und undurchdringlich. Es tut mir
leid, daß er mir im naßkalten Westen begegnen mußte.
Respektheischend wehte mit ihm etwas von der heilen
Kunstwelt des Ostens in das verrottete Zürich, und ich
muß ihm wie ein Gespenst vorgekommen sein, mit Gott,
Welt und mit mir selber in Streit geraten. Er hatte etwas
Unantastbares, Geheimnisumwittertes, auch politisch,
man fragte sich, war er einer oder war er keiner, er war
ein künstlerisches Symbol seines Landes, sein letzter
Film, unter Umständen gedreht, von denen man Phanta-
stisches erzählte, war in Polen verboten worden. Zürich
durfte ihn vorführen, auch ich war von dem Werk faszi-
niert, wie ein unverständlicher, wunderschöner und un-
heimlicher Traum zog es vorüber. Die Stadt ehrte ihn,
indem sie fast alle seine Filme zeigte.

Mein Verhältnis zu der Stadt hingegen war zwiespältig. Nach meinem Theaterabenteuer in Basel, nach dem Erlebnis, wie keine politische oder wirtschaftliche Korruption je auch nur annähernd die geistige zu übertreffen vermag, hatte ich mich ohne Glück mit Zürich eingelassen: ich scheiterte auf eine ebenso unglückliche wie kostspielige Weise. Kostspielig als Mitherausgeber einer Zeitung, unglücklich in meiner Beziehung zum Schauspielhaus: Die Stadt hatte es nun übernommen, damit wurde es zum Spielball der Politik, Leute, die das Theater bestimmten, die einen Direktor zu wählen hatten, ließen mich in ihrer Unentschlossenheit staunen; als sie sich entschlossen hatten, war ihre Entschlossenheit eine Farce. Dazu kam ein Prozeß, in dessen grotesken Hintergrund ich erst später und zu spät eingeweiht wurde. Der gute Baechi trug mit vollendeter Rhetorik einen vollendeten Blödsinn vor und nahm mich auseinander, mein Anwalt versuchte, mich mehr im Freistil wieder zusammenzusetzen, Vorzeichen, die mich hätten warnen müssen. Jeder hätte mir sagen können, daß ich in der Stadt nichts mehr zu suchen hatte, nur ich wollte es nicht wahrhaben, allzusehr klebte ich an den Brettern des Schauspielhauses, die längst nicht mehr die Welt bedeuteten, was hier uraufgeführt wurde, konnte ebensogut anderswo uraufgeführt werden, allzusehr hielt ich an Erinnerungen fest. Doch indem ich mich nicht vom Ort zu lösen vermochte, wo ich einst etwas bedeutet hatte, wurde ich ein Gespenst, und so trat der seltene Fall ein, daß einer an seinem Begräbnis nicht nur passiv, sondern auch aktiv mitmachte. Ich hatte die erste Fassung des Stücks im Januar 1972 abgeschlossen, im Verlaufe des Jahres schrieb ich es dreimal um, im Januar 1973, an einem unentschlossenen Winterabend, verwaschen und feucht, saß ich in der Halle des Hotels Sonnenberg in Zürich meinem Regisseur zum ersten Mal gegenüber, nun, im schneereichen Januar 1976, nach der letzten Manuskriptbearbeitung meines *Nachworts* [Werkausgabe Band 14 *Der Mitmacher*], wird mir auf einmal deutlich, wie alles geschehen konnte, begreife ich das scheinbar unsinnige Handeln der Akteure: erst jetzt wundere ich mich so richtig.

Durch meine Inszenierungen war ich in einen Gegensatz zu mir selber getreten; die Naivität der Bühne gegenüber, die einer beim Schreiben von Theaterstücken braucht, es sei denn, er schreibe für ein bestimmtes Theater, für ein bestimmtes Publikum, in einem bestimmten Stil, in einem bestimmten Sinn, war verlorengegangen. *Play Strindberg* und *Porträt eines Planeten* waren Übungsstücke für Schauspieler gewesen, mit ihnen hatte ich einen Weg eingeschlagen, der zum *Mitmacher* führte. Wie nie ein anderes Stück schrieb ich dieses für einen imaginären Regisseur, der sich schon finden würde, wie ich mir einredete. Daß ich selber dieser Regisseur war, fiel mir nicht ein; daß die Voraussetzungen, den *Mitmacher* zu begreifen, nur noch in mir selber lagen, daß ich mich am Ende meiner Theaterarbeiten in meinem fünfzehnten Stück aus dem Verständnis jedes Publikums in das Mißverständnis hineinkatapultierte, entging mir, der ich einer dramaturgischen Idee nachjagte, die mich in einen Komplex von Überlegungen einsperrte, die eine von der anderen abhängig waren, wie ein Netz, in dem ich mich verfing. Ich war absorbiert von einer dialektischen Auseinandersetzung mit der Bühne als einer Möglichkeit des Schreibens und des Darstellens, die nur mir einleuchtete, die mich auf mich selber zurückwarf und mich am Theater desinteressiert werden ließ: Ich ging, wenn ich nicht auf der Bühne arbeitete, seit langem nicht mehr ins Theater. Doch auch meine Schriftstellerei war mir zum Problem geworden, so sehr, daß ich die Schriftstellerei anderer nicht einmal mehr wahrnahm. Ich war auf mich zurückgeworfen und damit verletzbar wie noch nie. So ging ich schutzlos dem Debakel entgegen. Die Vergewaltigung eines sozialen und damit allgemeinen Mediums durch ein subjektives Denken rächte sich.

Es ist nicht zufällig, daß die bedenkliche Situation des modernen Theaters darin liegt, daß es, übersubventioniert, immer mehr in die Hände des Staates gerät: Ein solches Theater hat nur noch das Recht, das Anerkannte zu spielen, die Klassiker, oder das Modische, wie die heutigen Engländer zum Beispiel, oder, noch berechtigter, das Ideologische, das von einer Minderheit Geglaubte. Nicht zufällig lassen daher auch im Westen gewisse Kritiker von der Modernen nur ideologische Kunst gelten, die marxistische, bestenfalls noch solche, die sie ideologisch zurechtbiegen können. Der Schriftsteller dagegen, der stets nur, ist er konsequent, eine Ein-Mann-Opposition gegen die Zustände darstellt, gegen das Allgemeine somit, verliert den Ort, die Plattform, den Kampfplatz, die Bühne alles in allem, wo sein Protest stattfindet, er hat dort nichts mehr zu suchen, die ›künstlerischen Qualitäten‹, die er aufzuweisen vermag, bestätigt ihm höchstens eine zufällige Modeströmung, nicht eine Ideologie, gegen die er sich ja zur Wehr setzt. In diesem Dilemma wird er ein Klassizist, oder er zieht sich zurück, er greift zu dem, was immer anerkannt wird, zum heilen Wort, auf das ja die progressiven Kritiker besonders gern hereinfallen, und zu den ewig gültigen Themen, an die auch Hinz und Kunz glauben, oder er braucht sie zynisch, nicht als kaschierte Dichtung, sondern als Schädelstätte seines persönlichen Kampfes gegen die Allgemeinheit, die er wortwörtlich auffaßt, als die allgegenwärtige Gemeinheit jeder Gesellschaft: Oder, als letzte Konsequenz, er läßt die Bühne Bühne sein. Indem ich aber die Bühne nicht sein ließ, indem ich sie durch Subjektivität zu erobern versuchte, durch das Denken eines krassen Einzelgängers also, als Usurpator gleichsam, geriet ich ins Unvereinbare.

Einerseits war ich auf eine subjektive Bühnenidee hin fixiert, auf einen subjektiven Theaterstil, den ich mir für mich erarbeitet hatte, der nicht vorher festzulegen war, da er ja in einer unmittelbaren Arbeit mit den Schauspielern bestand, in einer Kollision meiner Ansichten mit jener der Schauspieler, mit der Absicht, eine Synthese zu erreichen. Andererseits hatte ich einen Text geschrieben, um die zukünftige Arbeit eines Regisseurs nicht zu stören, eines Regisseurs, der wieder nicht ich sein sollte. Ich stand mir selbst und dem Regisseur im Wege. Wie noch nie hatte ich mich bewußt auf die Sprache konzentriert, wie noch nie hatte ich ein Stück von innen heraus geschrieben, wie noch nie die verschiedenen Motive, die mich seit jeher bewegten, ineinander verwoben.

So kam es dann, daß ich, nach Zürich zu den Proben gekommen, von dem Stück keine sinnliche Vorstellung besaß: schon während des Schreibens hatte ich die Vorstellung, wie denn nun das Stück in Wirklichkeit aussehen solle, von mir weggeschoben, so mißtrauisch war ich Fixierungen gegenüber. Jene, die ich schrieb, waren provisorisch, was sie natürlich auch vorher immer waren, doch unbewußt und damit unbeschwert, jetzt, da ich wußte, daß sie vorläufig waren, quälten sie mich. So hatte ich das Stück vor mir hergeschoben, statt mich mit ihm zu beschäftigen.

Als ich im Dezember/Januar 1972/73 *Die Physiker* mit Charles Regnier inszenierte, war mir diese Ablenkung nur willkommen. Eine Gelegenheit mehr, mich totzustellen. Ich gab Regnier das Stück zu lesen. Ich erinnere mich noch, wie wir in Reinach nach einer Probe über die nassen Straßen am Rande des Dorfes gingen. Eine Winternacht mit jagenden Wolken, die den schon hohen Orion und den aufsteigenden Sirius immer wieder wegwischten. Auf den Wiesen Schnee. Wir gingen an Bauernhöfen vorbei, Hunde bellten. Die Lichter der entfernten Häuser des Dorfes waren blendend hell: »Dieses Stück wird Zürich nicht spielen können«, sagte Charles, »das Schauspielhaus ist solchen Stücken nicht mehr gewachsen. Du wirst sehen, die Konstellation ist nicht mehr da.« Dann schwieg er, und wir gingen in den ›Bären‹ zurück, setzten uns zu den Schauspielern.

Doch der Pfauenbühne verhaftet, konnte ich mich nicht mehr von ihr lösen, und so saß ich denn ohne sinnliche Vorstellung, wie etwa das Stück sich auf der Bühne materialisieren müßte, dem Regisseur gegenüber. Wir saßen hinten in der Halle des Hotels Sonnenberg, wo ich meistens sitze, im ungewissen Licht der miesen Dämmerung, Whiskys, Tomatenjus mit Wodka, Kaffee. Die Direktion des Schauspielhauses war da, die Bühnenbildnerin, auch aus Polen, ein Übersetzer, auch ein Pole. Die Bühnenbildnerin hatte das Modell des Bühnenbildes mitgebracht. Sie war von meiner Skizze einer Szenenbeschreibung ausgegangen: »Docs unterirdisches

Laboratorium: In der Mitte des Hintergrundes ein Apparat, sein Apparat. Einerseits erinnert er an einen riesigen Tresor, andererseits an ein Höllentor.« Ich verfluchte, was ich ungeduldig geschrieben hatte, statt mir zu überlegen, wie ein Chemiker eine Leiche auflösen würde: in einer Badewanne und Säure über den Toten oder die Tote; aber ich hatte es geschrieben, quod scripsi, scripsi, dennoch spürte ich vage, daß ich mit diesem Satz den Regisseur endgültig verführt hatte, den Weg ins Symbolische statt ins Realistische einzuschlagen, daß das ganze Unterfangen schon für mich verloren war, und nicht nur für mich, für das Theater, das davon abhängt, ob ein Stück bei der Uraufführung ankommt oder nicht, und eine Stimme aus der Direktion sagte: »Das Bühnenbild ist wie von Miró.« Ein Todesurteil in meiner Erinnerung, ist doch dieses erste Zusammensitzen, ich weiß nicht weshalb, verbunden mit der Begegnung mit einem deutschen Intendanten in den Münchner ›Vier Jahreszeiten‹.

Wir saßen da, eine Schauspielerin, ihr Sohn, auch ein Schauspieler, und der Intendant setzte sich zu uns, mehr als ein Jahr nach der Uraufführung: »Wie können Sie ein so schlechtes Stück schreiben?« Ich entgegnete, vielleicht sei es nicht so schlecht, der Intendant gereizt, man dürfe doch noch seine Meinung sagen dürfen. Eine Antwort darauf gibt es nicht, ein durchgefallenes Stück wird zum Komplex, den man wälzt, eine Mutter mit einem idiotischen Kind kommt dem allem am nächsten, warum sie an diesem Kinde hängt, ist unbegreiflich, warum sie ihre ganze Liebe auf dieses Kind wirft, noch unbegreiflicher. So kämpfte ich denn von Anbeginn um meine Mißgeburt und stellte von Anfang an, weil ich kämpfte, die Weichen falsch.

Aus meiner verschwommenen Vorstellung, dieser Verbindung von Tresor und Höllentor, war eine Riesenmaschine entstanden, ein Unding, einem Atomreaktor angenähert, mit einem Schaltpult im Vordergrund. Statt die Leichen zu verbergen (ich hatte sie mir auf leichten Wagen unter weißen Laken vorgestellt), sollten nun während des ganzen Stücks Leichen in durchsichtigen Plastiksäcken vom Lift her in den Kühlraum und von dort in den Nekrodialysator schweben, an einem Laufband an Fleischerhaken aufgehängt, eine Vorstellung, die so abenteuerlich war, daß ich erst später begriff, daß sie dem Regisseur wirklich vorschwebte. Auch mußte Doc in der Liebesszene mit Ann, um den Nekrodialysator zu reparieren, der auf eine geheimnisvolle Weise in Panne geraten war, in eine Art Schutzanzug gegen radioaktive Strahlen steigen. Was dem Regisseur vorschwebte, war vielleicht eine Art mechanisiertes Auschwitz. Doch so verführerisch seine Vision auch sein mochte, sie führte vom Stück und vom Theater weg in das nur im Film Mögliche: Die Unzahl von Leichen, die verfertigt werden konnten, genügte nicht, sie hätten sich mit der Zeit auf der Bühne repetiert: nichts erheitert im Theater mehr als eine Leiche, die öfters auftaucht, sie hätte in einer Konzeption, die mit allen denkbaren Mitteln eine Illusion erwecken wollte, diese Illusion zerstört. Dazu kommt, daß auf der Bühne nichts unglaubhafter wirkt als die moderne Technik: sie ist an sich unglaubhaft, weil sie nicht begreifbar ist, wer begreift schon einen Atomreaktor. Der Riesenapparat des Nekrodialysators auf der Bühne war so unbegreifbar, daß er nicht mehr glaubhaft war. Vielleicht, kann ich mir nachträglich vorstellen, strebte der Regisseur eine makabre Clownerie an, ein bösartiges Kindermärchen für Erwachsene, doch ist seine wahre Absicht nachträglich unmöglich auszumachen, weil wir uns ja nur sehr schwer und mühsam verständigen konnten und uns deshalb vorsichtigerweise, um die Arbeit nicht zu stören, lieber nicht verständigten.

Mein Fehler war, daß ich mitmachte, es wäre besser gewesen, ich hätte mich um das Stück nicht gekümmert und die Bühne des Schauspielhauses nicht mehr betreten. Aber es ging mir um eine richtige Wiedergabe eines Stücks, das der Regisseur anders sah und von dem ich nur wußte, daß er es falsch sah. So arbeiteten wir denn zusammen gegeneinander. Ein Mitarbeiterstab war vorhanden, es wurde Buch geführt, notiert, gegen außen sah es wie eine moderne Theaterarbeit aus, beinahe wie bei Brecht, und da wir auf der Probebühne probten und nicht durch eine Bühnenwirklichkeit getäuscht wurden, bemerkte weder der Regisseur, noch fiel es mir auf, daß alles im Illusorischen, Nicht-zu-Verwirklichenden geschah, das Technische, dachten, glaubten, hofften, erflehten wir, werde dann schon stimmen. Wir wollten beide nicht wahrhaben, daß die Bühnenwirklichkeit die ganze Probiererei vernichten würde: Wer sonnt sich nicht gerne vor der Höllenfahrt. Der Umstand, daß an einem Repertoiretheater das Bühnenbild erst in den letzten Tagen dasteht (hat man Glück), kam uns entgegen.

Die Proben wurden immer verworrener, unwirklicher. Der Regisseur ließ die Schauspieler spielen, wie sie wollten. Sie warteten verblüfft auf seine Kritik, die nicht kam, auf einen Einwand oder auf ein Lob, auf einen Vorschlag sogar. Sie waren schon glücklich, wenn er sie grüßte. Den Schauspielern gegenüber brachte er kein persönliches Verhältnis zustande. Ich sprach mit ihm darüber, er war erstaunt, meinte, die Schauspieler würden schließlich bezahlt: Ich begreife erst jetzt seinen Standpunkt. Er mußte nach Polen für drei Tage, er bat mich, mit den Schauspielern ›sprachlich‹ zu arbeiten – wir hatten schon bald vier Wochen geprobt. Ich wandte ein, daß es für mich ein sprachliches Arbeiten nicht gäbe, ich wüßte nicht, was ich mir darunter vorstellen solle, ich sei bereit, über das Wochenende mit den Schauspielern zu arbeiten, aber auf die Interpretation hin, was aber dann in verschiedenen Fällen eine Änderung der Regie bedeute. Er lehnte es ab. Ich hätte es auch abgelehnt. Bevor er nach Warschau flog, hielt er den Schauspielern einen Vortrag, der sie beruhigte, bis jetzt sei alles nur skizziert gewesen, erst nach seiner Rückkehr beginne die wirkliche Regie. Ich kehrte nach Neuchâtel zurück.

Am 21. Februar nahmen wir die Theaterarbeit wieder auf, eine Änderung seiner Arbeitsweise war nicht festzustellen. Die Meinungsverschiedenheiten verschärften sich. Er hatte eingesehen, daß sich seine Idee mit den vielen Leichen nicht realisieren ließ. Ich schlug ihm vor, statt Leichen Kisten zu nehmen, in denen sich die Leichen befänden, ahnungslos, was dieser scheinbar einfache Vorschlag später bewirken sollte; doch nun kamen andere Schwierigkeiten hinzu. Wir konnten uns über die Interpretation des Stücks nicht einigen, die ja endlich erfolgen mußte. Er sah Bill anders als ich. Er meinte, mich in seinem Sinn verstanden zu haben. Ich glaubte, er hätte mich begriffen, es stellte sich heraus, daß wir auch im Grundsätzlichen nicht einig waren, nicht einmal dort, wo wir uns einig zu sein glaubten.

Dazu hatte er mit der Bühne Mühe. Er ging nicht von der Erfahrung aus, sondern von einer Theorie. Offenbar

war der *Mitmacher* erst seine dritte Theaterregie, falls ich
richtig unterrichtet wurde. Als Filmregisseur, dozierte
er, vermöge er die Optik des Zuschauers durch die
Kamera zu lenken, auf der Bühne sei ihm das unmöglich.
Deshalb sei die Bühne Bewegung, nicht der Film, der
zwar auch Bewegung sei, der ihm aber ermögliche,
immer wieder Großaufnahmen herauszuschießen. Daß
diese Funktion auf der Bühne die Sprache übernimmt,
entging ihm. Ein Mensch, der redet, zieht die Blicke der
Zuschauer auf sich.

Hier noch weiter zu diskutieren, hatte keinen Sinn. Es
mußten Entscheidungen gefällt werden. Der Regisseur
verlangte meine Entfernung von der Bühne, mit Recht, er
war der Regisseur. Ich wurde zwanzig Jahre nach der
Uraufführung meines ersten Stücks bei den Proben zur
Uraufführung meines fünfzehnten Stücks aus dem Theater geschmissen: zum ersten Male. Auch mit Recht. Die
Erlaubnis, wieder zurückzukehren, erhielt ich für Montag, den 5. März, auf den 8. März war die Uraufführung
angesetzt.

Warum ich alles treiben ließ, warum ich das Stück
nicht zurückzog, warum ich mich nach Neuchâtel ver-
kroch, warum die Direktion das ganze Experiment nicht
abbrach, ist wie alles Irrationale nicht zu beantworten.
Alle hatten den Kopf verloren, alle dachten, es werde
schon gehen und es müsse gehen, alle waren in Notwendigkeiten verstrickt, die keine waren, in fixe Vorstellungen; die Kritiker reisten an, die Premierenabonnenten
hatten abonniert, die Zwangsvorstellung eines heutigen
Schauspielhauses, es gebe nur ein Gesetz, nämlich jenes,
eine Uraufführung durchzusetzen, genau auf den Termin
hin, feierte einen Sieg um den anderen über die Vernunft,

ohne Böswilligkeit, ohne Absicht, nur dem Gesetz gehorsam, nach dem sie angetreten, und ich machte beim ganzen Unsinn mit, eingenistet in all die gespenstischen Scheinnotwendigkeiten und falschen Rücksichtnahmen eines heutigen Theaterbetriebs mit seinem Geschwätz und mit seinen ins Wichtige aufgeblähten Nichtigkeiten, umgarnt, umsponnen, eingepuppt. Ich ließ den Regisseur allein arbeiten, »ganz in meinem Sinn«, wie er versprach, ohne daß er noch ich wußten, was denn eigentlich dieser mein Sinn noch sei. Zu Hause war ich unruhig, lief in die Wälder, den Jurawald hinauf, neben mir keuchten die Hunde, abends soff ich, fluchte gewaltig, die besorgten Telefonanrufe mehrten sich, schon am 1. März fuhren wir nach Zürich ins ›Sonnenberg‹. Am nächsten Tag, einem Freitag, schlichen meine Frau und ich uns heimlich auf die Probe. Wir saßen auf dem Balkon, die Köpfe ängstlich eingezogen, in der Hoffnung, niemand erblicke uns.

Auf der Bühne spielte sich ein heilloses Durcheinander ab, endlich saß auch die Direktion in der Probe – es war ein Wunder. Sogar ihr fiel es allmählich auf, daß sich da Unmögliches zusammenbraute. Nichts stimmte.

Die Direktion entschloß sich zu handeln. Der Direktor und sein künstlerischer Leiter griffen ein, beide bemüht, mir zu helfen, aber zusammen die Vertreter einer Institution, welche die Aufgabe übernommen hatte, die Produktion von Stücken an der Theaterwerkstätte Schauspielhaus zu garantieren, unabhängig davon, ob diese Produktion noch einen Sinn hatte oder nicht. Beide waren Profis, die zwar mich, aber kaum den *Mitmacher* mochten, die ihn angenommen hatten, weil sie auf meinen guten Stern vertrauten und dabei übersahen, daß dieser längst in den Sümpfen der Kritik erloschen war, daß ich nur noch das Relikt einer Theaterepoche darstellte, die vorbei war, die die beiden jedoch fortzuführen entschlossen waren. Der eine hatte den anderen geholt, um sich von ihm, der der unerbittlichste Kritiker des Hauses gewesen war, helfen zu lassen. Ich hielt zu beiden, um mitzuhelfen, nichts bindet mehr als eine Treue zu einer verlorenen Sache. Jeder schadete den beiden anderen, indem er zu ihnen stand, und so ließ denn auch im heillosen Durcheinander, in das die Proben geraten waren, getreulich niemand niemanden fallen: Der Regisseur wurde nicht fallengelassen, und ich wurde wieder hinzugezogen. Er probte auf der Bühne, ich gleichzeitig auf der Probebühne. Daß man dieses aberwitzige Experiment überhaupt unternahm, war nicht nur durch den Zeitdruck erklärbar, in den alles geraten war: Ein wirklicher Aberwitz hatte sich eingestellt: es standen schließlich keine Laien auf der Bühne, sondern gute Schauspieler.

So entstand trotz allem – ohne daß jemand eigentlich wußte, wie – ein Stück auf der Bühne, hatte Gestalt angenommen, ein Eigenleben bekommen. Natürlich hatte es nur sehr vage mit dem zu tun, was ich suchte, auch nur ungefähr mit der Vision eines mißverstandenen Stücks, die dem Regisseur vorgeschwebt hatte, doch schienen die Fehler irgendwie noch zu verbessern zu sein; daß sie in der Grundkonzeption lagen, wurde auf einmal durch das schon Entstandene verdeckt. So arbeitete denn ein jeder drauflos, der Regisseur versuchte, seine Vision irgendwie doch noch heraufzubeschwören, und ich, die Schauspieler im Sinne meines Stücks zu leiten.

Doch als wir die Resultate zusammenführten, kam es

zur unvermeidbaren Kollision. Daß jeder etwas anderes
wollte, war nun offensichtlich, ich entschloß mich, nach
Neuchâtel zurückzukehren, der Regisseur legte die Regie
nieder, die Direktion bat mich, die Regie zu übernehmen, ich konnte sie und mich und das Stück nicht im
Stich lassen – warum eigentlich nicht? – und stürzte mich
in die Arbeit. Der Theaterkrach war am Montag, die
Premiere am Donnerstag, die Generalprobe wurde auf
den Donnerstagmittag angesetzt, dazu wurde mir am
Mittwochabend die Bühne zur Verfügung gestellt.

Von diesen zweieinhalb Tagen schwerer Theaterarbeit
ist mir wenig in Erinnerung geblieben. So etwa Willy
Birgel. Er spielte die Rolle des Jack. Nächtliche Proben
im alten Waldhotel Dolder, das kurz darauf abgerissen
wurde. Ich saß mit meinen Mitarbeitern vor den markierten Kulissen der Probebühne. Ich war müde. Die Auseinandersetzungen, der Föhn. Birgel kam, pünktlich wie
immer, achtzig, kerzengerade. Ich kannte ihn seit 1967.
Er hatte in den *Wiedertäufern* eine Doppelrolle gespielt,
Jan Matthison und den Kardinal, zwei entgegengesetzte
Rollen; den gläubigen Täufer, der allein den Landsknechten entgegenzieht, um sie zu besiegen, wie Simson die
Philister besiegte, spielte er einfach und mit einer seltsamen Kindlichkeit, die seinen Glauben glaubhaft machte,
er erinnerte mich auf eine gespenstische Weise an meinen
Vater; als Kardinal im zweiten Teil war er ganz ein
souveräner großer Fürst. In meiner Inszenierung des
Urfaust spielte er gleich drei Rollen: den Erdgeist,
Frosch, den bösen Geist in der Gestalt eines violetten
Bischofs. Auf den Proben zum *Mitmacher* hatte ich ihn
seltsam unbeholfen gesehen, er spielte wie unbeteiligt.
Ich machte mich auf eine schwere Probe gefaßt. Ich nahm

ihn auf die Seite. Ich erklärte dem Schwerhörigen die Rolle des Jack, erläuterte ihm, wie ich sie mir vorstelle. Er hörte mir aufmerksam zu – wie bei allen Schwerhörigen war man unsicher, ob man verstanden worden war. Er fragte, ob er die Rolle vorspielen könne, er habe begriffen, was ich wolle. Ich nickte, und er spielte den Jack mit einer derartigen Souveränität und Sicherheit, daß wir wie erstarrt dasaßen. Dann sagte Birgel, er danke mir, es sei das erste Mal gewesen, daß während der mehrwöchigen Probenarbeit jemand mit ihm gesprochen habe, eine weitere Probe sei nicht nötig, er wisse nun wie und könne sich vorbereiten. Dann ging er. In der Uraufführung hatte er Szenenapplaus. Es war seine vorletzte Rolle.

Oder der Darsteller des Bill: Bevor das Publikum zur Generalprobe in den Saal gelassen wurde, probierte ich mit ihm seinen Monolog. Der Regisseur hatte ihn nackt in einen Plastiksack aufhängen und seinen Monolog wie ein Hitler-Monolog sprechen lassen wollen, durch Lautsprecher; ich ließ ihn durch den Lift herunterkommen und vor dem Publikum der Rampe entlanggehen; ich riet ihm, während des Monologs bald diesen, bald jenen im Publikum zu fixieren; ein Notvorschlag, aber ein möglicher; die Idee des Regisseurs war eindringlicher, aber da sie nicht vorbereitet worden war, nicht zu realisieren. Doch die Idee des Regisseurs, die Monologe vom Ende her zu inszenieren, habe ich auch in Mannheim beibehalten, wenn ich sie auch anders löste.

Die Frage ist aufzuwerfen, ob bei diesem Arbeitstaumel, in welchem alle versanken, überhaupt noch jemand an die Sache glaubte: sicher die, die arbeiteten, sicher auch ich, sicher nicht die, die uns arbeiten ließen: ein

Durchfall spielt für ein subventioniertes Theater nicht mehr die Rolle wie früher; es geht ohnehin durch alle Abonnemente und rentiert ohnehin nicht. Die Krise setzte bei mir erst nach der Generalprobe ein: von nun an war ich machtlos und damit auch wehrlos.

Bei der Premiere war ich während des ersten Teils nicht anwesend. Ich hielt mich meistens im Pfauen-Restaurant auf, trank. Die Meldungen aus dem Theater lauteten günstig. Ich schien noch einmal gut davonzukommen. Auf den Proben war der erste Teil eine Katastrophe gewesen, der zweite möglich; an ihm hatte ich dann aus Zeitmangel am wenigsten gearbeitet; er war auch der theaterwirksamere. Beck spielte den Boss, einen Gangster. Nun hielt und halte ich die Szene, mit der der zweite Teil beginnt, für etwas vom Besten, das ich für das Theater geschrieben habe. Es war daher verständlich, daß ich von der Inspizientenseite her neben der Bühne Beck beobachtete.

Er spielte den Boss überzeugend, aber bedachte so wenig wie ich, der ich immer von den Personen her denke, die ich schreibe, daß Boss' Angriff auf die Intellektuellen nicht als der Angriff eines Gangsters, sondern als ›Angriff an sich‹ genommen würde. Von diesem Augenblick an wandte sich die Gunst des Publikums ab. Beck spürte es sofort, wie er mir nachher bestätigte, und ich spürte es auch. Von da an ging alles schief.

Nach dem Vorhang Buh-Rufe und Klatschen durcheinander, hinter dem Vorhang Freudentänze, wie immer in solchen Fällen. Man funktioniert sich gegen das Publikum um. Der Präsident des Aufsichtsrats gratulierte mir freudestrahlend. Nach der Premiere lief mir vor dem Schauspielhaus, als ich meine Frau suchte, ein Kritiker,

dem ich vorher ein Interview gegeben hatte, über den
Weg. Er murmelte etwas und huschte verlegen davon.
Später Empfang bei einem reichen Zürcher, irgendwo in
der Stadt oder neben der Stadt, an den Wänden alte
Holländer, es war wie bei Boss, enormes Buffet, ein
wildes Durcheinander von Schauspielern und Gästen,
niemand sprach über das Stück, Birgel saß allein da, still,
trank Sekt, der Auftritt eines Starkritikers mit einer
Filmschauspielerin: Er war überzeugt von seiner Weltbedeutung. Ich diskutierte mit ihm, redete ihn in Grund
und Boden, erfand dramaturgische Theorien am laufen-
den Band, sank klaftertief in der Weltbedeutung, die er
sich beimaß. Das Positivste des Abends: Starkritiker soll
man sich vom Leib schütteln. Dann die Müdigkeit, das
Gefühl des Sinnlosen, das über mich hereinfällt, der
Zeitverschwendung, des Schreibens in Sand, über den
man nun stampft ...

Anhang

Nachweis

Dramaturgischer Rat. Manuskript 1961.

Etwas über die Kunst, Theaterstücke zu schreiben. ›Die Weltwoche‹, Zürich, 15. Juni 1951. Auch in *Theater-Schriften und Reden.* Verlag der Arche, Zürich 1966. [Im folgenden zitiert als *TR*]

Schriftstellerei und Bühne. 1951. Aus *TR*.

Anmerkung zur Komödie. ›Die Weltwoche‹, Zürich, 22. Februar 1952. Um den Schlußsatz gekürzt, der wörtlich in die *Theaterprobleme* übernommen wurde, in *TR*.

Die alte Wiener Volkskomödie. ›Die Weltwoche‹, Zürich, 2. April 1953. Auch in *TR*.

Theaterprobleme. Vortrag, gehalten im Herbst 1954 und Frühjahr 1955 in verschiedenen Städten der Schweiz und der BRD. Buchausgabe: Verlag der Arche, Zürich 1955. Auch in *TR*.

Wer die Erde wohnbar machen will... Manuskript 1963.

Gedanken vor einer neuen Aufführung. ›Die Weltwoche‹, Zürich, 12. April 1957. Auch in *TR*.

Amerikanisches und europäisches Drama. Vortrag, gehalten 1959 in New York, anläßlich der Verleihung des Preises der New Yorker Theaterkritiker für ›Der Besuch der alten Dame‹. Aus *TR*.

Literatur nicht aus Literatur. Notizen für Kurt Hirschfeld. Aus ›Theater-Wahrheit und Wirklichkeit‹, Freundesgabe zum 60. Geburtstag von Kurt Hirschfeld, 10. März 1962. Auch in *TR*.

Teo Otto. Begleittext zur Ausstellung in Frankfurt am Main, 1964. Als Vorwort in: Teo Otto, ›Meine Szene‹, Kiepenheuer & Witsch, Köln, Berlin 1965. Auch in *TR*.

Gedenkrede auf Teo Otto. Gehalten im Schauspielhaus Zürich, anläßlich der Gedenkfeier für Teo Otto, 16. Juni 1968. Aus *Dramaturgisches und Kritisches. Theater-Schriften und Reden II*, Verlag der Arche, Zürich 1972. [Im folgenden zitiert als *D*]

Aspekte des dramaturgischen Denkens. 1964. Aus *D*.

Gedenkrede auf Kurt Hirschfeld.. Gehalten im Schauspielhaus Zürich, anläßlich der Gedenkfeier für Kurt Hirschfeld, 15. November 1964. Aus *TR*.

Zum Tode Ernst Ginsbergs. Gedenkrede, gehalten im Schauspielhaus Zürich, anläßlich der Gedenkfeier für Ernst Ginsberg, 7. Februar 1965. Aus *TR*.

Brief an Maria Becker. Programmheft ›Die Ehe des Herrn Mississippi‹, Die Schauspieltruppe Zürich, November 1967.

Zum Beginn meiner Arbeit an den Basler Theatern. ›Zeitung der Basler Theater‹, August 1968.

Zwei Dramaturgien? ›Zeitung der Basler Theater‹, September 1968. Auch in *D*.

Über die Freiheit des Theaters. ›Zeitung der Basler Theater‹, Oktober 1968. Auch in *D*.

Mein Rücktritt von den Basler Theatern. ›Sonntags Journal‹, Zürich, 18./19. Oktober 1969.

Wutausbrüche. Manuskript 1969.

Dramaturgie des Publikums. Rede anläßlich des 24. Volksbühnentags in Düsseldorf, 31. Mai 1970. ›Sonntags Journal‹, Zürich, 6./7. Juni 1970. Auch in *D*.

Sätze über das Theater. ›Sonntags Journal‹, Zürich, 18. April bis 30. August 1970. Überarbeitete Fassung aus ›Text und Kritik‹, Heft 50/51: ›Friedrich Dürrenmatt‹, München, Mai 1976.

Zu meinem Prozeß gegen Habe. Manuskript 1971.

Habe – Buckwitz. Schlußwort vor dem Bezirksgericht Zürich, 27. März 1972. Manuskript.

Macht und Verführung oder die Macht der Verführung. Zu Lessings ›Emilia Galotti‹. Manuskript, geschrieben 29. Mai

1974 für das Programmheft zu Dürrenmatts Inszenierung von ›Emilia Galotti‹ am Schauspielhaus Zürich.

Dramaturgie eines Durchfalls. Manuskript Februar 1976.

Für die in *Theater-Schriften und Reden* und *Dramaturgisches und Kritisches* erschienenen Texte: Copyright © 1966, 1972, 1980 by Peter Schifferli, Verlags AG ›Die Arche‹, Zürich.

Für alle übrigen Texte: Copyright © 1980 by Diogenes Verlag AG Zürich.

Namenregister

Friedrich Dürrenmatt
im Diogenes Verlag

Theorie · Philosophie · Historie · Theologie
Politik · Polemik
in Diogenes Taschenbüchern

William Shakespeare
Dramatische Werke in zehn Bänden

In der Übersetzung von Schlegel/Tieck. Als Vorlage dient die Edition von Hans Matter. Jeder Band mit einer editorischen Notiz des Herausgebers und Illustrationen von Heinrich Füßli aus der Ausgabe von 1805.

Romeo und Julia / Hamlet
Othello
detebe 200/1

König Lear / Macbeth / Timon
von Athen
detebe 200/2

Julius Cäsar / Antonius und
Cleopatra / Coriolanus
detebe 200/3

Verlorne Liebesmüh / Die
Komödie der Irrungen / Die
beiden Veroneser / Der Wider-
spenstigen Zähmung
detebe 200/4

Ein Sommernachtstraum / Der
Kaufmann von Venedig / Viel
Lärm um nichts / Wie es euch
gefällt / Die lustigen Weiber von
Windsor
detebe 200/5

Ende gut, alles gut / Was ihr wollt
Troilus und Cressida / Maß für
Maß
detebe 200/6

Cymbeline / Das Wintermärchen
Der Sturm
detebe 200/7

Heinrich der Sechste / Richard
der Dritte
detebe 200/8

Richard der Zweite / König
Johann / Heinrich der Vierte
detebe 200/9

Heinrich der Fünfte / Heinrich
der Achte / Titus Andronicus
detebe 200/10

Außerdem liegen vor:

Shakespeare's Sonette
Deutsch und englisch. Nachdichtung von Karl Kraus. Statt eines Nachworts ein Essay von Karl Kraus aus der *Fackel:* »Sakrileg an George oder Sühne an Shakespeare?«
detebe 137

Shakespeare's Geschichten
Alle Stücke von William Shakespeare nacherzählt von Walter E. Richartz und Urs Widmer. Mit vielen Bildern von Kenny Meadows. In zwei Bänden. detebe 220/1–2

Molières Komödien
in sieben Einzelbänden

herausgegeben und neu übertragen von Hans Weigel

Als Ergänzungsband liegt vor:

Über Molière

Zeugnisse, über Molière auf der Bühne, über Molière in deutscher Übersetzung von Audiberti, Anouilh, Baudelaire, Börne, Brecht, Elisabeth Brock-Sulzer, Bulgakow, Cocteau, Flaubert, Friedell, Gide, Goethe, Georg Hensel, Hofmannsthal, Jean Paul, Louis Jouvet, Klabund, Lessing, Th. Mann, Proust, A. W. Schlegel, Schopenhauer, Jürgen v. Stackelberg, Stanislawski, Voltaire, Hans Weigel u.a. Chronik und Bibliographie. detebe 37

Anton Čechov
im Diogenes Verlag

● Das dramatische Werk

in 8 Bänden. In der Neuübersetzung und -edition von Peter Urban: jeder Band bringt den unzensierten, integralen, neutranskribierten Text und einen Anhang mit allen Lesarten, Textvarianten, Auszügen von Čechovs Notizbüchern, Anmerkungen und einen editorischen Bericht:

Die Möwe
Komödie in vier Akten. detebe 50/1

Der Waldschrat
Komödie in vier Akten. detebe 50/2

Der Kirschgarten
Komödie in vier Akten. detebe 50/3

Onkel Vanja
Szenen aus dem Landleben in vier Akten. detebe 50/4

Ivanov
Drama in vier Akten. detebe 50/5

Drei Schwestern
Komödie in vier Akten. detebe 50/6

Platonov
Das ›Stück ohne Titel‹ in vier Akten und fünf Bildern. Erstmals vollständig deutsch. detebe 50/7

Sämtliche Einakter
detebe 50/8

Die detebe-Nummern 50/9–10 sind den frühen *Humoresken* vorbehalten.

● Das erzählende Werk

in 10 Bänden. In Übersetzungen von Gerhard Dirk, Wolf Düwel, Ada Knipper, Hertha von Schulz, Michael Pfeiffer und Georg Schwarz. Neutranskribiert, mit Anmerkungen und Nachweis der Erstveröffentlichungen von Peter Urban:

Ein unbedeutender Mensch
Erzählungen 1883–1885. detebe 50/11

Gespräch eines Betrunkenen mit einem nüchternen Teufel
Erzählungen 1886. detebe 50/12

Die Steppe
Erzählungen 1887–1888. detebe 50/13

Flattergeist
Erzählungen 1888–1892. detebe 50/14

Rothschilds Geige
Erzählungen 1893–1896. detebe 50/15

Die Dame mit dem Hündchen
Erzählungen 1897–1903. detebe 50/16

Eine langweilige Geschichte
Das Duell
Kleine Romane I. detebe 50/17

Krankenzimmer Nr. 6
Erzählung eines Unbekannten
Kleine Romane II. detebe 50/18

Drei Jahre · Mein Leben
Kleine Romane III. detebe 50/19

Die Insel Sachalin
Ein Reisebericht. detebe 50/20

● Briefe

in 5 Bänden. die größte nicht-russische Briefausgabe in der Neuübersetzung und -edition von Peter Urban. Jeder Band enthält Faksimiles, einen umfangreichen Anhang mit editorischem Bericht, Anmerkungen und einer Chronik; im letzten Band zusätzlich ein Personen- und Werkregister.

Federico Fellini
im Diogenes Verlag

Werkausgabe der Drehbücher und Schriften. Herausgegeben von Christian Strich. Die Drehbuchbände enthalten zusätzlich das Treatment, Äußerungen Fellinis zum Film und zahlreiche Szenefotos.

Roma
Aus dem Italienischen von Toni Kienlechner. Mit 50 Fotos. detebe 55/1

Das süße Leben
Deutsch von Bettina und Toni Kienlechner und Eva Rechel-Mertens. Mit 57 Fotos. detebe 55/2

8½
Deutsch von Toni Kienlechner und Eva Rechel-Mertens. Mit 52 Fotos. detebe 55/3

Julia und die Geister
Deutsch von Toni und Bettina Kienlechner und Margaret Carroux. Mit 66 Fotos. detebe 55/4

Amarcord
Deutsch von Georg-Ferdinand von Hirschau, Eva Rechel-Mertens und Thomas Bodmer. Mit 62 Fotos. detebe 55/5

Aufsätze und Notizen
Herausgegeben von Anna Keel und Christian Strich. Mit einer kompletten Fellini-Filmographie. detebe 55/6

Casanova
Deutsch von Inez De Florio-Hansen und Dieter Schwarz. Mit 54 Fotos. detebe 55/7

La Strada
Mit einem eigens für diese deutsche Erstausgabe geschriebenen Vorwort von Fellini. Deutsch von Georg-Ferdinand von Hirschau, Thomas Bodmer und Dieter Schwarz. Mit 55 Fotos. detebe 55/8

Die Nächte der Cabiria
Mit einem eigens für diese deutsche Ausgabe geschriebenen Vorwort von Fellini. Deutsch von Olga Gloor und Dieter Schwarz. Mit 53 Fotos. detebe 55/9

I Vitelloni
Deutsch von Georg-Ferdinand von Hirschau, Thomas Bodmer und Dieter Schwarz. Mit 56 Fotos. detebe 55/10

Orchesterprobe
Deutsch von Trude Fein. Mit 50 Fotos. detebe 55/11

Satyricon
Deutsch von Dieter Schwarz u.a. detebe 55/12

Die Stadt der Frauen
Deutsch von Beatrice Schlag u.a. detebe 55/13

Faces
Aus Fellinis Foto-Archiv ausgewählt von Anton Friedrich. kunst-detebe 13

In Vorbereitung:

Lichter des Varietés – Der Weiße Scheich – Eine Agentur für Heiratsvermittlung – Il Bidone – Die Versuchungen des Dottor Antonio – Toby Dammit – Die Clowns – Interviews

Außerdem liegen vor:

Casanova
Federico Fellinis verhaßter und verherrlichter Frauenheld. Mit einem Essay von Stefan Zweig, Zitaten aus Casanovas Memoiren, Texten von D. H. Lawrence bis Federico Fellini, Interviews mit modernen Casanovas und Wissenschaftlern sowie zahlreichen Fotos

Federico Fellini's Zeichnungen
Einhundertachtzig Entwürfe für Figuren, Dekorationen und Kostüme; Telefonzeichnungen und Graffiti. Mit einem Vorwort von Roland Topor

Federico Fellini's Filme
Über 450 Bilder aus seinen fünfzehneinhalb Filmen. Mit kompletter Filmographie und Inhaltsbeschreibungen. Vorwort von Georges Simenon. Herausgegeben von Christian Strich

Liliana Betti
Federico Fellini
Ein Porträt. Deutsch von Inez de Florio-Hansen. detebe 149

Neue deutsche Literatur
im Diogenes Verlag

● Alfred Andersch

Die Kirschen der Freiheit. Bericht. detebe 1/1
Sansibar oder der letzte Grund. Roman.
detebe 1/2
Hörspiele. detebe 1/3
Geister und Leute. Geschichten. detebe 1/4
Die Rote. Roman. detebe 1/5
Ein Liebhaber des Halbschattens.
Erzählungen. detebe 1/6
Efraim. Roman. detebe 1/7
Mein Verschwinden in Providence.
Erzählungen. detebe 1/8
Winterspelt. Roman. detebe 1/9
Aus einem römischen Winter. Reisebilder.
detebe 1/10
Die Blindheit des Kunstwerks. Essays.
detebe 1/11
Ein neuer Scheiterhaufen für alte Ketzer.
Kritiken. detebe 1/12
*Öffentlicher Brief an einen sowjetischen
Schriftsteller, das Überholte betreffend.*
Essays. detebe 1/13
Neue Hörspiele. detebe 1/14
Einige Zeichnungen. Graphische Thesen.
detebe 151
empört euch der himmel ist blau. Gedichte
Wanderungen im Norden. Reisebericht
*Hohe Breitengrade oder Nachrichten von der
Grenze.* Reisebericht
Der Vater eines Mörders. Erzählung
Das Alfred Andersch Lesebuch. detebe 205

Als Ergänzungsband liegt vor:
Über Alfred Andersch. detebe 53

● Rainer Brambach

Für sechs Tassen Kaffee. Erzählungen.
detebe 161
Kneipenlieder. Mit Frank Geerk und Tomi
Ungerer
Wirf eine Münze auf. Gedichte
Moderne deutsche Liebesgedichte. Von Stefan George bis zur Gegenwart.
detebe 216

● Karlheinz Braun und Peter Iden (Hrsg.)

Neues deutsches Theater. Stücke von
Handke und Wondratschek.
detebe 18

● Friedrich Dürrenmatt

Das dramatische Werk:
Es steht geschrieben / Der Blinde. Frühe
Stücke. detebe 250/1
Romulus der Große. Ungeschichtliche
historische Komödie. Fassung 1980.
detebe 250/2
Die Ehe des Herrn Mississippi. Komödie und
Drehbuch. Fassung 1980. detebe 250/3
Ein Engel kommt nach Babylon.
Fragmentarische Komödie. Fassung 1980.
detebe 250/4
Der Besuch der alten Dame. Tragische
Komödie. Fassung 1980. detebe 250/5
Frank der Fünfte. Komödie einer
Privatbank. Fassung 1980. detebe 250/6
Die Physiker. Komödie. Fassung 1980.
detebe 250/7
*Herkules und der Stall des Augias
Der Prozeß um des Esels Schatten.*
Griechische Stücke. Fassung 1980.
detebe 250/8
Der Meteor / Dichterdämmerung.
Nobelpreisträgerstücke. Fassung 1980.
detebe 250/9
Die Wiedertäufer. Komödie.
Fassung 1980. detebe 250/10
König Johann / Titus Andronicus.
Shakespeare-Umarbeitungen. detebe 250/11
Play Strindberg / Porträt eines Planeten.
Übungsstücke für Schauspieler.
detebe 250/12
Urfaust / Woyzeck. Bearbeitungen.
detebe 250/13
Der Mitmacher. Ein Komplex.
detebe 250/14
Die Frist. Komödie. Fassung 1980.
detebe 250/15
Die Panne. Hörspiel und Komödie.
detebe 250/16
*Nächtliches Gespräch mit einem
verachteten Menschen / Stranitzky und der
Nationalheld / Das Unternehmen der
Wega.* Hörspiele. detebe 250/17

Das Prosawerk:
Aus den Papieren eines Wärters. Frühe Prosa.
detebe 250/18
Der Richter und sein Henker / Der Verdacht.
Kriminalromane. detebe 250/19
Der Hund / Der Tunnel / Die Panne.
Erzählungen. detebe 250/20